U0948490

XIAOZHIDEGUSHI

校址的故事

主　编：韩宪洲

副主编：姜素兰　王　岩　徐　娟

中国政法大学出版社

2019・北京

声　明　1. 版权所有，侵权必究。
　　　　2. 如有缺页、倒装问题，由出版社负责退换。

图书在版编目（CIP）数据

校址的故事/韩宪洲主编. —北京:中国政法大学出版社,2019.9
ISBN 978-7-5620-9220-9

Ⅰ.①校… Ⅱ.①韩… Ⅲ.①北京联合大学—校史 Ⅳ.①G649.281

中国版本图书馆CIP数据核字(2019)第221822号

出版者　中国政法大学出版社
地　址　北京市海淀区西土城路 25 号
邮寄地址　北京 100088 信箱 8034 分箱　邮编 100088
网　址　http://www.cuplpress.com (网络实名：中国政法大学出版社)
电　话　010-58908437(编辑部) 58908334(邮购部)
承　印　固安华明印业有限公司
开　本　148mm×210mm　1/32
印　张　11
字　数　260 千字
版　次　2019 年 11 月第 1 版
印　次　2019 年 11 月第 1 次印刷
定　价　59.00 元

《校址的故事》编委会

主　编：韩宪洲

副主编：姜素兰　王　岩　徐　娟

编　委：（以姓氏笔画为序）

文　松　王　颖　王　鹤　王　薇　王文杰　王育红

王建远　王艳莉　丛　森　田　夏　安传钢　闫　龚

孙　琳　宋丹丹　李　白　李　敬　李静文　李伟华

吴中平　张　宇　张　利　张　楠　张文杰　张远利

杨桂明　罗明书　苑焕乔　赵丽军　姚志敏　高　蕾

徐永利　夏木美　龚文婷　姜　南　梁　怡

序 PREFACE

1978年，为解决首都经济社会发展人才奇缺的困难和满足广大青年要求上大学的强烈愿望，北京市依靠北京大学、清华大学、中国人民大学、北京师范大学等25所高校创办了36所大学分校，其中的24所为北京联合大学的前身。1985年，经教育部批准，调整后的15所大学分校组建了北京市属唯一一所综合性大学——北京联合大学。2018年是北京联合大学办学40周年，谨以此书致贺。

本书以校址为线索，记载学校从无到有、从小到大的发展历程，记录大学分校时期以及北京联合大学建设阶段每个校址的联大人“不负使命，勇于担当”“自强不息，艰苦奋斗”“改革创新，与时俱进”的奋斗故事。

自1978年大学分校创立至今，在40年的办学历程中，因社会需求变化、体制结构更新等因素，大学分校及北京联合大学经历了多次调整、整合，先后拥有过几十个办学地点，可谓变迁大、校址多。每一次变迁都牵动过无数人的心，每一处校址都发生过鲜为人知的感人故事。如今，许多曾经的校址随着北京城市建设的发展已不复存在。

本着抢救历史、缅怀前辈精神、激励后人的宗旨，我们挖掘和记载大学分校时期及北京联合大学建设阶段校址变迁历程，整理编辑出版《校址的故事》，积淀和萃取联大精神，提炼和巩固学校办学特色，让广大师生员工从校址的故事中感受学校艰苦创业、发展壮大的艰辛历程，增强对学校的归属感和认同感，坚定学校发展壮大的历史自信和文化自信。

2018 年 11 月

目　录 *CONTENTS*

原东城区安定门外外馆斜街5号

——北京外贸学院分院校址（1978年—1983年）

北京师范大学第二分校校址（1978年—1983年）

北京师范大学分校校址（1983年—1985年）

北京联合大学职业技术师范学院院址（1985年—2003年）

北京联合大学师范学院院址（2003年至今）

北京联合大学师范学院现校址位置示意图（百度网截图）

北京市东城区安定门外外馆斜街5号曾为北京市外馆中学校址。1978年年底，北京市创办大学分校，将北京外贸学院分院（以下简称“外贸分院”）和北京师范大学第二分校（以下简称“师大二分校”）校址选于此。在之后的大学分校调整中，北京师范大学第一分校与师大二分校合并为北京师范大学分校

（以下简称“师大分校”），合并后的校址仍设置于此。1985 年后，在校址南侧和东南侧进行征地扩建，现该址用于北京联合大学师范学院办学。

外馆斜街东起安定门外大街，西至黄寺大街，东段略偏向东南，为大体呈东西走向的斜街，又因位于原外馆地区，故称外馆斜街。外馆是个地名，也是个政府官署的名称，亦名哈尔哈馆，始建于明代，是京城六馆之一。这里是隶属于清廷理藩院接待少数民族上层人士的地方。据《清会典》载：蒙古王公和西藏黄教领袖按照“年班制度”，每年轮班进京朝贡，谒见皇上，被分别安排在外馆和黄寺居住。另据传，当时外馆占地 48 亩，因当时蒙古共有 48 家王公贵族，故设大小宅院 48 所。一些随员及商人则用骡马、骆驼载运皮毛、药材等土特产，搭帐篷在此，与内地商人就运来的丝绸、布匹、金银首饰等物品进行易货交易。

安定门外外馆斜街 5 号，原属东城区，现属朝阳区，校舍建于 20 世纪 50 年代，原为交通部的交通干部管理学校，20 世纪 50 年代中期，为支持北京市的普通教育事业，经国务院批准，划拨给北京市东城区教育局，成立了北京市外馆中学。1978 年时其占地面积为 6933 平方米，建筑面积不足 5000 平方米，仅有一座四层的教学楼。

1978 年，中国共产党北京市委员会（以下简称“北京市委”）、北京市人民政府（以下简称“北京市政府”）为解决首都经济社会改革发展人才奇缺的困难和满足广大青年要求上大学的强烈愿望，决定依靠地方财政和北京地区高等学校办学资源，利用部分中小学校址和企业厂房创办一批大学分校。外贸分院和师大二分校即为当时创办的大学分校。1978 年 11 月，北京市委教育工作部向北京市委呈报大学扩大招生工作会议情况报告，附《北京市高等学校分校扩大招生方案》，提出由东城区为主管单位、依靠北京对外贸易学院（以下简称“外贸学院”）的支持创办外贸分院，设置英语、日语、法语专业，计划招生300人，校址选于当时位于东城区安定门外黄寺的外馆中学，实行部分远郊学生住读；由东城区为主管单位、东城区教育局为协作单位、依靠北京师范大学的支持创办师大二分校，设置数学、物理、化学、生物、地理专业，计划招生520人，校址也选于外馆中学，同样实行部分远郊学生住读。

1978年11月，北京市委教育工作部通知外贸学院，根据北京市委扩大招生的安排，建议从1978年暑假高考总分在300分以上的考生中扩大招收学生，毕业后少部分由国家统一分配，大部分由北京市分配。根据北京市大学分校扩大招生会议精神，外贸学院决定办分院，扩大招生300人，其中英语学生165人，日语学生80人，法语学生55人。经对外经济贸易部批准后，从1978年12月开始，外贸学院会同北京市高等教育局（主管局，以下简称“市高教局”）、市外贸局（协作局）积极进行建校筹备工作。外贸分院的党委直属市委领导，党的工作由北京市委教育工作部归口管理，教学工作由本校负责领导。1979年2月，外贸分院成立，市高教局委派周型镬任分院院长，外贸学院任命李德滋为副院长，并在短时间内为分院配备了42名教师和工作人员。1979年2月12日，外贸分院正式上课。分院的办学层次为大学本科，设置了英语、日语、法语专业，教学方面由外贸学院安排，各专业教学采用本校的教学计划。1978年至1983年，分院共招收了五届学生。其中，1978级和1979级共招收本科生337人，毕业333人。1983年7月，外贸分院与中国人民大学第一分校实质性合并，外贸分院在校学生全部转入中国人民大学第一分校学习，大部分教职工也并入中国人民大学第一分校，外贸分院在外馆斜街使用的部分校舍转给师大二分校。

1978年11月底，北京市政府与北京师范大学协商，组建北京师范大学第一分校、第二分校，分别为北京市普通教育培养文科和理科师资。师大二分校校址设在位于安定门外外馆斜街的原东城区外馆中学，隶属市高教局，成立了由冀民任组长，孙煜（负责教学工作，由北京师范大学委派）、王雷（负责思想政治工作）、李继续（负责总务工作）为成员的党政合一领导小组，负责筹建和组织分校全面工作。师大二分校设三处一室，即政治处、教务处、总务处和办公室，负责党政日常工作；设物理系、化学系、生物系、地理系及数学教研室，开设物理、化学、生物、地理、数学5个专业。教学机构的负责人由北京师范大学派出，教务处由管甲仁、王杰负责（日常教务工作由张炳辉主持），图书馆和电教室亦由其管理。系主任由北京师范大学相应各系主管教学的副系主任兼任。专业设置、教学计划、课程设置、教学大纲、教科书等照搬北京师范大学的，属于普通高等师范教育。任课教师全部由北京师范大学委派。分校的教务管理、电教管理、后勤管理、图书馆及实验工作和食堂、医疗保健等工作，由原外馆中学部分留下的干部和职工，从教育系统、机关、工厂调入人员和面向社会招聘的人员承担。1979年2月初，首届学生入学，共招收本科生526人。学生培养采用“四同”方案——与北京师范大学同系同级学生，师从同一教师，使用同一教材，采用同一试卷。北京师范大学配合各系陆续招考教师，建立分校教师队伍。

师大二分校最初的办学条件是艰苦的。仅有的一座教学楼是与外贸分院合用的，师大二分校用一、二层，外贸分院用三、四层。因为没有操场、缺少体育器材，分校都是向附近中学或小学租借操场开展体育教学。分校没有实验室，各系的学生实验课都到北京师范大学相应系去做实验。由于校舍有限、学生众多，除少数远郊区县的学生被批准住校，绝大多数学生都要走读，学生们利用自行车和公共汽车每天往来于家和学校，一些家住得较远的学生在附近租住民房。但学生并没有抱怨每日在家校之间奔波，而是把走读生活视为接触社会、倾听百姓声音的机会。在路上时时将所学的知识应用到现实生活中，比如会随时注意路边的植物，想想它们的界、门、纲、目、科、属、种；看到工厂的大烟囱，会联想到微积分原理；看到青年湖里大量的鱼死去，会联想到鱼类生活的习性。面对学生们的吃饭、住宿、教学安排等问题，分校的领导和老师们克服重重困难，千方百计地想办法解决，使学生们能够安心学习。老师们也是想尽办法把学生教好，北京师范大学的老师学问渊博，热爱学生，教书育人，诲人不倦，对教育特别精心。在老师们的教育和影响下，学生们认真刻苦地学习，既学习理论，也接触实践，既积淀了较为深厚的科学文化知识，也培养了良好的学习能力。与此同时，分校的专任教师也经历了从无到有的过程。建校伊始，分校便陆续引进专业教师，其中绝大多数是业务基础好、有一定教学经验、年富力强的中年人。应当说，分校创立的过程，也是师生们共同艰苦奋斗的过程，分校时期这种艰苦奋斗的精神成为分校的优良传统和宝贵的精神财富。

师大二分校时期楼前留影

1979 年至 1981 年，由于没有教室，师大二分校暂停招生。1982

年9月恢复招生，共招收本科生124人。1983年2月，首届学生（1982级）毕业，同年7月第二届学生（1983级）毕业。

1982年12月22日，北京市委、北京市政府同意并转发市委大学工作部和市高教局《关于大学分校调整和建设问题的请示报告》（京发〔1982〕60号）。依据文件精神，北京的大学分校开始调整，北京师范大学第一分校和师大二分校将合并为师大分校，培养中等教育师资，规模为1000人。1983年9月，北京师范大学第一分校和师大二分校实质性合并，合并后的师大分校校址定在原师大二分校所在的外馆斜街5号。合并后，分校成立了统一的领导小组负责党政日常工作，赵先任组长，冀民任副组长，孙煜、章文、王雷、李继续为小组成员。分校行政机构增设人事处。1984年12月，成立了分校党委，任命李式蕙为党委书记、尹金翔为党委副书记。同时，撤销政治处，组建了党委组织部、宣传部和团委。1983年，招收本科生268人；1984年，招收本科生166人。1984年9月，北京市委61号文件批准了师大分校转向培养职业技术教育教师的建议。

师大分校时期校门前的合影

师大分校时期主楼概貌

师大分校时期西小院

1985 年 1 月，教育部和国家计委批准建立北京联合大学。1985 年 3 月，北京市政府发文《关于建立北京联合大学的通知》（京政发〔1985〕38 号），明确北京师范大学分校并入北京联合大学，更名为北京联合大学职业技术师范学院（以下简称“职业技术师范学院”）。职业技术师范学院办学地址仍为安定门外外馆斜街 5 号。更名初期，北京师范大学分校的名称仍继续使用。

更名为职业技术师范学院后校门前的合影

学院开始从普通高等师范教育向高等职业技术师范教育转变，按照为中等职业教育培养师资的要求，有计划、有步骤地调整学科专业，改造原有专业，增设新专业。具体措施为：停办历史专业，增设服装专业和学前教育专业，改造中文、政教、数学、物理、化学、生物等专业，先后开设了文秘教育、经济学（会计）、应用数学、应用物理（电子、电气）、医学基础、食品科学与营养学、计算机科学教育、生物技术、应用电子技术等专业。同时，将中文系改为文秘系，后又将外语教研室合并到文秘系，为招收外事文秘做准备；政教系改为经政系，担负培养政治课和财会学校专业课教师的双重任务；生物系改为保健科学系，为卫生学校培养师资；物理系改为电气工程系；历史系、教育学、教育心理学教研室合并建立职教系，为幼教培养师资；新增设服装系。1992 年化学系、数学系、计算机系合并成立基础部。1995 年取消基础部，成立计算机系，同时为加强院内外职业技术教育的研究，成立职教研究所。到 1995 年，初步建立起符合中等职业教育师资培养需要的学科专业体系，学院基本完成从普通高等师范教育向高等职业技术师范教育的转变。1999年以后，根据社会对师资供求情况的变化，学院进一步调整系部设置，将职教系改为艺术教育系，服装系改为艺术设计系，计算机系改为计算机与信息技术系，增设高职部，培养两年制的高等职业技术人才。

1986年，学院获批拆掉了西小院平房，开始建设一座8900平方米的综合教学楼，并于1991年正式使用。1991年，学院建标准篮球场2个，排球场1个，舞美教室1间（150平方米）。1992年开始，学院利用世界银行贷款及北京市政府配套款和市教委专款，先后建立了电教中心、语音教室、电子技术实验室、计算中心、服装工艺室、服装CAD、商检实验室、综合经济实验室、数码钢琴室等一批高水平的实验室。1995年学院建健身房（40平方米）和乒乓球室。1996年学院经批准，征用校园南侧国有土地2700平方米，拆迁了学院南侧34户居民住处，修通了学院门前道路。1996年12月11日，北京市原副市长胡昭广来院召开现场办公会议，确定于学院建设中贯彻“统筹规划、分步实施”的原则，计划建设20 000平方米综合教学楼，作为教学、实习、实验用房。1997年6月，北京市计划委员会（以下简称“市计委”）和北京市规划局批准了校园总体规划设计方案：建设用地面积13 100平方米；绿地率32.1%；建筑面积30 300平方米，其中原有建筑面积10 300平方米，新建20 000平方米，一期工程12 360平方米，二期工程7640平方米。根据北京市规划局审定的设计方案，整个校园由1号楼、3号楼、4号楼、实验教学楼（一、二期）、配电室、锅炉房组成。1997年3月，学院基建办公室建立。1997年12月，学院获批征用校园东南侧国有土地1300平方米，1998年拆迁了征用地上的26户居民住处，1999年1月又拆除了学院不符合抗震要求的2号楼，达到三通一平，为新的实验教学楼一期工程开工做好了准备。同年12月9日，学院实验教学楼一期工程正式开工，计划工期 387 天，建筑面积 12 440 平方米，总投资 2962 万元。1997 年至 2000 年，学院于基建期间，因改建 2 号楼减少教室 13 间、车间 7 个。学院租借了实验大学教室 13 间，173 中学教室 8 间，特教学院教室 2 间，琴房 10 间，舞蹈教室 1 间。2 号楼一期工程于 2001 年 8 月竣工并投入使用，建筑面积约 12 000 平方米。二期工程于 2002 年 5 月上旬开工，至 2003 年 7 月中旬竣工并投入使用，建筑面积约 7755 平方米。

2003 年 2 月，根据北京市机构编制委会《关于北京联合大学职业技术师范学院更名的批复》，学院更名为北京联合大学师范学院，这标志着学院的办学思路完成了一次大调整。学院在坚持为首都中等职业教育培养师资的同时，还努力跟进首都经济社会发展步伐，加大了对生产、服务、管理、建设等一线的各级各类应用型人才的培养力度。

2003 年 8 月下旬至 2004 年 11 月底学院进行校园整治，完成了路面石材铺装、地下供暖、雨水管线改造、校园绿化以及篮球场、传达室、留学生公寓改造等系列工程，学院基础设施趋于完善。2005 年以后，校园整治方案主要是对学院内各处的装修、改造、粉刷和加固等，这使办学条件得到进一步改善，并进一步美化校园环境。

至 2017 年，学院占地面积近 1.3 万平方米，建筑面积 4.2 万余平方米。有全日制在校生 1824 人，教职工 215 人，其中专任教师 129 人。学院建有创意媒体实践中心、基础语言实验室、应用心理学专业实验室、信息控制技术实验室、数字媒体专业实验室、音乐与舞蹈专业教室等校内实践教学场地。学院设有小学教育、学前教育、应用心理学、汉语言文学、英语、音乐学、计算机科学与技术、数字媒体技术等本科专业，还设有教育硕士（小学教育、心理健康教育、职业技术教育方向）和教育智能化技术硕士点，同时包括市级示范性校内创新实践教学中心1个、校级重点建设学科1个。

多年来，学院秉承“学为人师、行为世范”的育人理念，致力于为首都基础教育和职业教育培养高水平师资，构建了“多能一专”全科教育和“一专多能”单科教育并行的教师教育格局，以普通本科教师教育为主，积极推进“3+2+2”贯通式师资培养模式，稳步发展硕士研究生教育，努力为北京基础教育、学前教育事业培养更多优质师资。

校址现貌

资料主要来源：

①《对外经济贸易大学校志》

②《北京联合大学志（1978—2000）》

③《心中的记忆——纪念北京联合大学（大学分校）建校30周年》

④《与改革开放同行——建院30周年回顾》

（整理：王岩、王艳莉　审核：姜素兰）

东城区安定门外蒋宅口花园街 22 号

——北京中医学院分院校址（1978 年—1985 年）

北京联合大学中医药学院院址（1985 年—1986 年 6 月）

北京联合大学中医药学院院址之一（1986 年 6 月—2001 年 3 月）

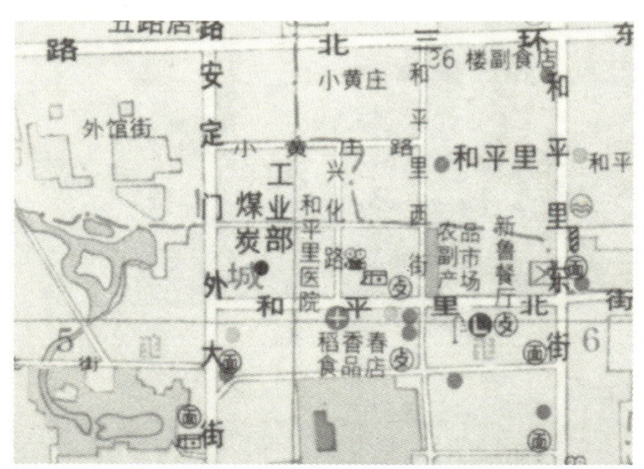

20 世纪 80 年代初蒋宅口地区地图

北京市东城区安定门外蒋宅口花园街 22 号，和平北街小学曾在此办学。1978 年年底，北京市创办大学分校，将北京中医学院分院（以下简称“中医学院分院”）校址选于此。后中医学院分院更名为北京联合大学中医药学院，仍在此办学。2001 年，学院并入首都医科大学，此处成为首都医科大学中医药学院的办学地址。

东城区安定门外蒋宅口花园街22号

校址对应现今地图（百度网截图）

1978年，为适应国家政治经济形势变化，解决高等教育供需矛盾，北京市委、北京市政府决定依靠地方财政和北京地区高等学校办学资源，利用部分中小学校址和企业厂房创办一批大学分校。中医学院分院是当年北京市创办的大学分校之一。1978年11月，北京市委教育工作部向北京市委呈报大学扩大招生工作会议情况报告，附《北京市高等学校分校扩大招生方案》，提出以东城区为主管单位、东城区卫生局为协作单位，创办中医学院分院，设置中医、中药两个专业，计划招生400人，校址选于位于东城区和平里蒋宅口的原和平北街小学。当年年底，中医学院分院成立，高敏任领导小组组长，设三处一室，即教务处、政治处、总务处和办公室。

1979年1月9日，中医学院分院录取第一批新生414人，其中中医专业（五年制）本科生335人，中药专业（四年制）

本科生79人。建院初期，分院缺乏师资和实验条件，于当年8月建成了初具规模的闭路电视系统，中医专业本科8个班采用闭路电视授课，中药专业采用大班面授。分院没有教师，教学和实验教学任务由北京中医学院承担。1978级学生上课方式及流程按北京中医学院的教学计划实行。1980年以后，分院逐渐建立了自己的师资队伍，改闭路电视授课与大班面授为分班面授，并逐步增加了讨论式、启发式教学，增设了幻灯机、投影仪等电化教学和标本等辅助教学。1980年以后分院逐步建起实验室：1981年初，分院筹建人体解剖学、组织胚胎学、医学微生物学实验室；1981年底，分院筹建药理学、病理学、生物化学实验室。

至1981年初，分院房屋面积2485平方米，有教职工106人，开设中医、中药两个专业。1978级和1980级共招生460人。分院开设的两个专业中，中医专业除1979年外，每年持续招生。中药专业因师资及实验室等条件欠缺，于1980年以后暂停招生。

1985年1月11日，北京市政府关于成立北京联合大学的请示获得教育部批复，同意组建北京联合大学。3月6日，按照北京市政府《关于建立北京联合大学的通知》(京政发〔1985〕38号)，调整后的12所大学分校组建成北京联合大学，中医学院分院为其中的一所大学分校，更名为北京联合大学中医药学院(以下简称“联大中医药学院”)。1985年，联大中医药学院占地面积5.16亩（相当于3440平方米)，校舍总建筑面积2897平方米，其中教学、行政用房1584.8平方米，生活及福利附属用房226平方米，其他用房1086.2平方米。有在校生245人，其中，本科生207人，专科生38人；有专任教师41人，其中，副教授2人，讲师21人；有教职工85人，其中行政人员38人，

东城区安定门外蒋宅口花园街22号

教辅人员26人。图书馆馆藏图书2.89万余册，期刊100种。

联大中医药学院校门

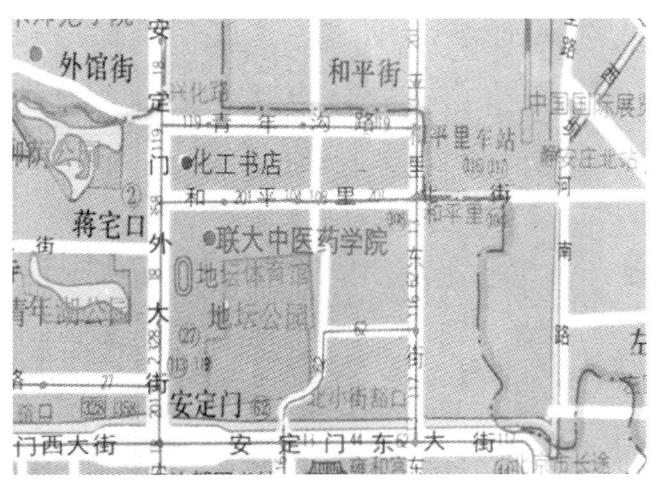

联大中医药学院校址位置示意图

1986年1月27日，北京市委教育工作部副部长廖叔俊、市委宣传部副部长李筠、市文教办副主任张熙增以及市高教局、市卫生局和北京联合大学的领导到学院共同讨论决定，学院由市高教局领导转为以市卫生局领导为主、市高教局共同领导。

1986 年 6 月，北京卫生职工学院中医部并入联大中医药学院，学院拥有了蒋宅口和东四十条两处办学地址。学院办学面积增加，同时因并入增加了 33 名有中医教学和临床经验的教师。

1987 年 12 月，学院成立基础部。同年，成立科研处。1991 年 6 月，成立中医系。1993 年 3 月，成立中药系。2000 年 5 月，撤销科研处，成立科研中心，管理学院科研工作，各系、部予以协助。

1989 年，学院建立了计算机房。1992 年 11 月，成立糖尿病研究中心。1993 年 8 月，成立中医肝病研究室。1992 年，筹建无机分析、有机药化、药植鉴定、制剂炮制实验室。1998 年，在实验室评估工作中，学院将实验室调整为生物化学、生理病理、解剖组胚、微生物寄生虫、无机分析化学、有机中药化学、药理、中药鉴定药用植物、中药药剂、中药炮制 10 个实验室。2000 年，学院成立实验设备中心，又将实验室调整为化学、药剂炮制、生药药理、形态、机能 5 个实验室。

1988 年 4 月，学院用获得的专款兴建教辅楼，总建筑面积 2000 多平方米，地上三层为实验室、图书馆、阅览室和会议室，半地下一层为食堂，其中图书馆 510 平方米，教职工学生食堂 510 平方米，实验室 1020 平方米。

1990 年 5 月，教辅楼竣工。1997 年，学院在原有的教学楼、教辅楼顶部加层，新增建筑面积 1263 平方米，建成多功能厅 200 平方米、古籍馆 130 平方米、教室 10 间。

2000 年，学院有教职工 193 人，其中教师 87 人、职员 48

人。1978 年至 2000 年累计招收本、专科学生 2239 人，其中本科生 1638 人。图书馆现在有 800 平方米，馆内设采编室、阅览室、图书借阅室及古籍馆，电子阅览室正在筹建中。图书馆藏书以医学图书为主，共 10 万余册。

校内

2001 年 3 月 7 日，在北京市高等院校调整工作会议上，市教委和市卫生局领导宣布《关于北京医学高等专科学校、北京职工医学院、北京联合大学中医药学院并入首都医科大学的通知》。联大中医药学院并入首都医科大学，更名为首都医科大学中医药学院。自此，安定门外和平里北街 22 号成为首都医科大学中医药学院的办学地址。

校址现貌（2018 年摄）

资料主要来源：

①《北京联合大学志（1978—2000）》
②《北京地区普通高等学校概况》

（整理：王岩、闫奕　审核：姜素兰）

东城区东四十条27号

——北京联合大学中医药学院院址之一（1986年6月—2001年3月）

北京市东城区东四十条27号，因北京卫生职工学院中医部的并入而成为北京联合大学的办学地址之一。1986年6月，北京卫生职工学院中医部并入北京联合大学中医药学院，学院由此拥有蒋宅口和东四十条两处办学地址，此处为办学地址之一，为学院的南院。

东四十条位于东城区东部、东四路口北。从今东四北大街到东直门南大街一线路东至今朝阳门北小街到东直门南小街一线路西，分别有14条东西向的胡同，称为东四头条至东四十四条，东四十条是其中的第十条胡同。东四十条是一条具有丰富历史和文化背景的街道，沿线有南新仓等文物保护单位。东四十条往东是工人体育场北路，坐落有北京工人体育馆、北京工人体育场等体育场馆，还有三里屯酒吧一条街；东四十条往西为张自忠路，沿线分别坐落了段祺瑞执政府、欧阳予倩故居、和敬公主府等历史建筑。20世纪50年代东四十条被扩宽，并延长至今东二环东四十条桥处，同时城墙部分被拆除，形成豁口，并延长修建了今工体北路，随后通上了公共汽车和无轨电车，并在现东四十条桥西的地方设十条豁口站。20世纪70年代北京

修建二环路，建设了东四十条立交桥。北京地铁 2 期（现北京地铁 2 号线）在东四十条东端（今东四十条桥的位置）设站，即东四十条站。20 世纪 90 年代，北京修建平安大街，东四十条再次被扩宽，形成现有规模。

东四十条 27 号位于胡同的东部。为满足办学需要，1999 年 3 月，学院开始拆除南院，实施修复工程，共投资 190 万元，于当年 10 月竣工。1988 年 12 月经东城区卫生局批准，学院成立中医门诊部，设立于位于东四十条 27 号的学院南院校舍内，平均年门诊量达到了 4000 人次以上。

设立门诊部后的学院校门

2001 年 3 月 7 日，在北京市高等院校调整工作会议上，市教委和市卫生局领导宣布《关于北京医学高等专科学校、北京职工医学院、北京联合大学中医药学院并入首都医科大学的通知》。联大中医药学院并入首都医科大学，更名为首都医科大学中医药学院，东城区东四十条 27 号成为首都医科大学中医药学院的办学地址。现首都医科大学中医研修学院和职业技能培训学校等单位位于此处。

东城区东四十条 27 号

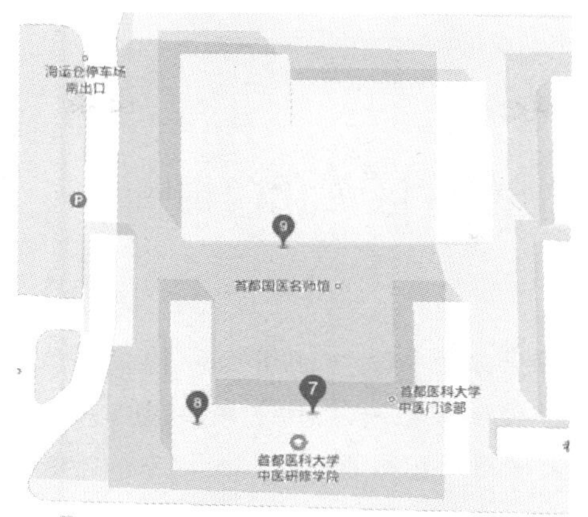

校址现平面示意图（百度网截图）

2008 年前后校门

资料主要来源：

《北京联合大学志（1978—2000）》

（整理：王岩　审核：姜素兰）

东城区黄化门街5号

——清华大学第一分校校址（1978年—1982年）

清华大学分校校址之一（1982年—1985年）

北京联合大学自动化工程学院院址之一（1985年—1994年）

北京联合大学电子自动化工程学院院址之一（1994年—2000年）

北京联合大学广告学院院址（2000年—2001年）

清华大学分校时期校门

校址现貌（2018年摄）

北京市东城区黄化门街5号曾是北京市第九十一中学（以下简称“91中学”）的校址。1978年年底，北京市创办大学分校，将清华大学第一分校（以下简称“清华一分校”）校址选于此。在之后的大学分校调整中，清华一分校与清华大学第二分校（以下简称“清华二分校”）合并为清华大学分校（以下简称“清华分校”），清华分校两址办学，这里是办学地址之一。1985年，北京市组建北京联合大学，清华分校加入并更名为北京联合大学自动化工程学院。之后该处校址先后用于电子自动化工程学院和广告学院办学，后置换给北京市成人教育学院，现为北京教育学院的黄化门校区。

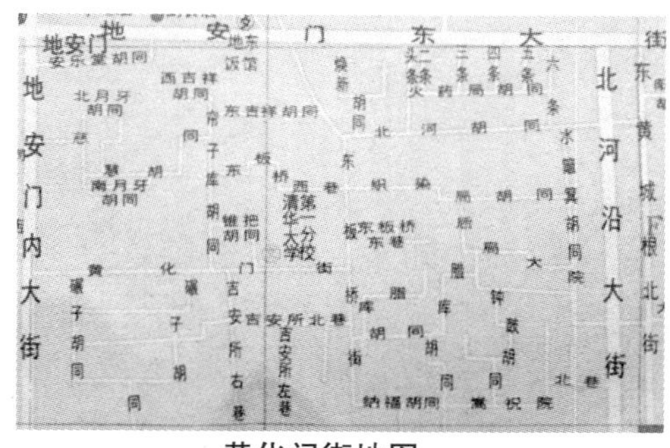

黄化门街地图

黄化门街属东城区景山地区，位于景山公园东北侧，呈东西走向，东起东板桥街，西至地安门内大街，南与碾子胡同、吉安所右巷相通，北与帘子库胡同、锥把胡同相通，全长409

米，宽12米，沥青路面。明清时，此地为皇城禁区，是皇宫后勤集中之地，民国时变成居民区（摘自北京皇城旅游网）。据《芜史》记载可知，今黄化门街形成于明代，是黄瓦东门内尚衣监和司设监两个衙署之间的通道。乾隆年间，该街有了正式的名称，曰黄花门街，光绪年间改称黄化门大街，1965年整顿地名时改称黄化门街，沿用至今。

黄化门街5号在胡同东段路北，1946年，中国共产党北京共产主义小组发起人之一张申府（周恩来和朱德的入党介绍人）重回北平便住在5号院。张申府之女张燕妮曾回忆，黄化门大街5号（旧时门牌号）是一座很大的宅院，分东西两院，我们住东院，学生联合会在西院。东院有三进院落，雕梁画栋，轩敞雅静。院内花木扶疏，颇为宜人。1958年，东城区教育局要在此处建一所中学，张申府搬离，此处遂被改建。

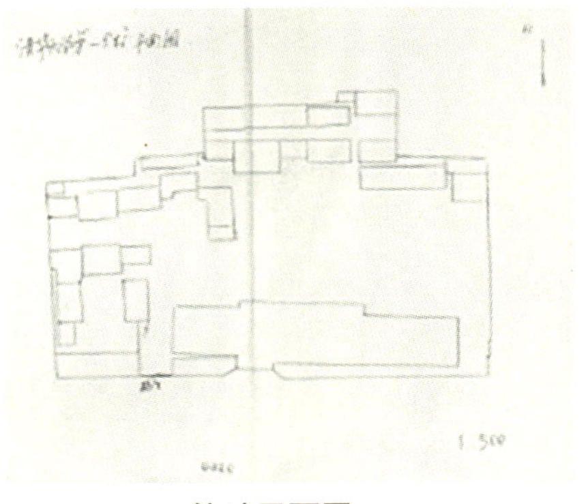

校址平面图

1978年，为适应国家政治经济形势变化、解决高等教育供需矛盾，北京市委、北京市政府决定依靠地方财政和北京地区高等学校办学资源创办一批大学分校，组织较有基础的大学各办1—3所分校。在《北京市高等学校分校扩大招生方案》中，北京市委、北京市政府提出由东城区为主管单位、仪表局和电力局为协作单位，在清华大学的支持下创办清华一分校，设置电子技术和电力工程专业，计划招生1000人，校址选于当时位于东城区黄化门街5号的91中学。

1978 年 11 月，经北京市委同意，清华一分校临时领导小组建立，孙涛任领导小组第一负责人，钟铮、邝守仁、李军、郝广友、杨玉荣、刘国瑞为领导小组成员，在 91 中学原有条件基础上开始筹建清华一分校。当时的 91 中学占地面积 6400 平方米，总建筑面积 5424 平方米，院内有四层教学楼一栋，共 4300 平方米，有平房 40 多间，共 1124 平方米。经过短期筹建，1979 年 2 月，学校正式开课，首届招收了 25 个班。学校未设系，直接由清华大学相应系办专业并配备教师，执行清华大学相关专业的教学计划。

用一所中学的校址办大学，在使用面积上难免捉襟见肘，因此在校舍使用上必须精心安排，将每一平方米都用在“刀刃”上。清华一分校实行走读制，节省了修建学生宿舍的面积；采用学生包伙制，节省了修建食堂的面积。在人均面积有限的情况下，学校建立了电教室，使学生可以坐在各自教室里收看电视直播或教学录像，既解决了当时招生人数多、师资力量紧缺的困难，又让学生有机会收看名师的授课。学校还拿出 70 平方米建了图书馆，为学生提供了更多的学习资源。

除了对校舍使用精心安排，学校对校园面积也是据理力争，在 1981 年就曾为 3 平方米打了一场“官司”。当时的公安部第五局在东城区东板桥 33 号有一所平房，因年久失修已不堪使用，于 1981 年初委托北京市房修一公司一处在原基础上进行翻建，在原基础墙砌完之后，与之西邻的清华一分校提出地界不符。经东城区房管组测定北房西山墙多占了清华一分校的地皮长 8. 33 米、宽 0. 37

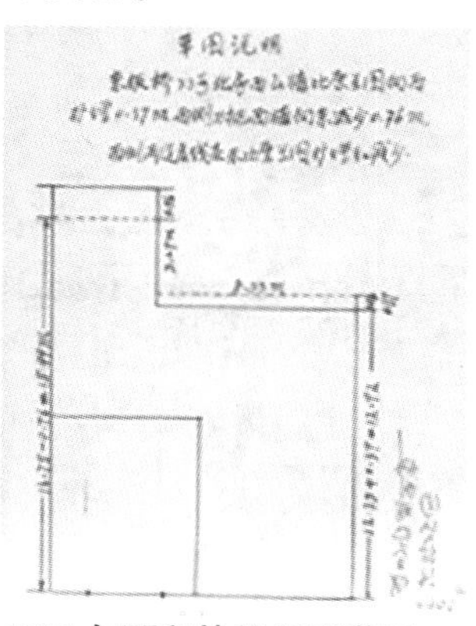

1981 年面积协议所附草图

注：两道虚线表示比原蓝图扩增和减少

米，共 3.08 余平方米。为节省国家财产，双方协商议定：已砌完的北房西山墙不再拆动，将西侧刀把西墙拨出长 4.06 米、宽 0.76 米共约 3.09 平方米的面积，归清华一分校使用。

清华一分校在办学中努力逐步改善教学条件。1981 年，学校利用联合国教科文组织的贷款筹建物理实验室，先后购置仪器设备 300 多台（套）（价值 20 余万元），调配专职教师 3 名、实验员 3 名。1982 年学校正式成立物理实验室，面积 240 平方米，可以每年开出 18 个实验课程，给本专科 8—12 个班上课。学校逐步扩大图书馆面积至 380 平方米，1982 年馆藏图书达到 5 万册。

广播操比赛　　　　做早操

清华一分校于 1978 年年底招收第一届学生后三年未招生，于 1982 年招收了第二届学生，为电子技术专业的两个班。1982 年，北京市委召开会议研究讨论大学分校的调整和建设问题。同年 12 月 22 日，北京市委、北京市政府同意并转发市委大学工作部和市高教局《关于大学分校调整和建设问题的请示报告》（京发〔1982〕60 号），其中提出将清华一、二分校合并为清华分校，培养工科机电方面的通用技术人才，规模为 1200 人。1983 年 1 月起，政府开始落实大学分校的调整工作。

合并后的清华分校于东城区黄化门街 5 号和原崇文区永定

门外安乐林路 18 号两址办学，设置两系一部，即电子技术系、机械系和基础课教学部。电子技术系设在黄化门校址，设置应用电子技术和自动控制两个专业，于 1983 年各招收了一个班。1984 年前后，为适应电子技术专业的实验和课程设计教学需求，清华分校在黄化门校址建立了模拟电子技术实验室和数字电子技术实验室，先后购置了稳压电源、示波器、晶体管测试仪、失真度测试仪等仪器仪表和测试设备共 100 台（套）。

1983 年 9 月，北京市政府决定成立北京市职业大学（专科），下设经济管理学院和机电学院，规模各 800 人。清华分校承办机电学院，加挂北京市职业大学机电学院牌子，与机电学院为“两块牌子一个办学实体”。同时，学院接受世界银行短期大学项目贷款 130 万美元，用于机电学院发展。

1985 年 1 月 11 日，教育部批复北京市政府关于成立北京联合大学的请示，同意组建北京联合大学。3 月 6 日，按照北京市政府《关于建立北京联合大学的通知》（京政发〔1985〕38 号），调整后的 12 所大学分校组建成北京联合大学，清华分校为其中

校门前合影

的一所大学分校，更名为北京联合大学自动化工程学院。清华分校的名称可继续使用，原级别待遇不变，并继续受市委教育部和市高教局的领导。直至 1986 年 4 月，北京市委、北京市政府决定，学院不再使用清华分校的名称，市高教局遂收回清华分校的印章。

1986 年毕业生合影

早从 1984 年开始至 1992 年，学院陆续拆除原有危旧建筑并予重建。1985 年，在黄化门校园内开始筹建新图书馆楼。1987 年，图书馆实验楼竣工，有地下一层、地上五层，建筑面积 5300 平方米，投资 305 万元。1987 年，综合楼竣工，有地下一层、地上五层，建筑面积 5430 平方米，投资 293. 6 万元，并拆除原有图书馆平房。1988 年 1 月，新图书馆投入使用，总面积为 1200 平方米，阅览室面积为 659 平方米，共分为五室二库，即综合阅览室、第一阅览室、第二阅览室、教师阅览室、视听室、过刊库、参考书库。1989 年，办公楼食堂三层楼房（不含地下室）竣工，总投资 155 万元，当年食堂投入使用。1991 年底，车库竣工，建筑面积 248 平方米，投资 5 万元。1992 年，冷库和花房竣工，投资5.5万元。1995年，锅炉房竣工，安装工厂锅炉一台，建筑面积321平方米，投资28万元。1997年，配电室竣工，安装2250千伏安变压器一台，建筑面积60平方米。陆续完成的大小基建项目共17项，总建筑面积10 824平方米，总投资584.6万元。学院在兴建新工程的同时，拆除危旧平房1135平方米。经过逐年建设，此处被改建为组楼房的建筑群。

1994年3月，北京市政府办公厅发文“厅秘字〔1994〕14号”批复市高教局的《关于联合大学所属学院调整合并中有关问题的请示》，同意北京联合大学自动化工程学院与北京联合大学电子工程学院合并，成立电子自动化工程学院。同年9月16日，召开全院中层干部会，市教工委副书记朱全俊代表北京市委、北京市政府宣布：北京联合大学自动化工程学院与电子工程学院即日起合并，成立北京联合大学电子自动化工程学院。同时宣布了领导任命方案。电子自动化工程学院于黄化门、沙子口和五道口三址办学。1994年9月至1995年12月，其仍维持原两院办学的格局，办学地点不变。

自动化工程学院时期校园

1996年1月，除计算机工程系、自动化工程系暂留黄化门校区外，电子自动化工程学院迁至校部的小营新址办学。

2000年2月，市教委发文《关于同意成立北京联合大学广告学院的批复》（京教计〔2000〕006号）。广告学院成立后办学地点设在黄化门街5号。

2000年6月，北京联合大学将黄化门校址置换给北京市成人教育学院，此处成为北京市成人教育学院的办学地址。随后，广告学院迁出黄化门街5号。2000年9月，北京市成人教育学院、北京实验大学、北京市成人教育服务中心并入北京教育学院，此处成为北京教育学院的办学地址。现今，此处是北京教育学院的黄化门校区，体育与艺术学院和学前教育学院在此办学。

校址现平面示意图（百度网截图）

资料主要来源：

①《北京联合大学志（1978—2000）》

②北京联合大学档案馆馆藏档案

③北京市档案馆馆藏档案

④《心中的记忆——纪念北京联合大学（大学分校）建校30周年》

⑤《北京地区普通高等学校概况》

（整理：王岩、张远利　审核：姜素兰）

东城区朝阳门吉市口潘家坡胡同 1 号

——北京第二外国语学院分院校址（1978 年—1985 年）

北京联合大学旅游学院院址（1985 年—1991 年）

老校舍

北京市东城区朝阳门吉市口潘家坡胡同 1 号，是北京第二外国语学院分院校址。在这之前，此处是北京市原第七十三中学（以下简称“73 中”），现已不具原貌。

20 世纪 70 年代末，中国实行改革开放政策，敞开国门，与国际接轨，需要大量的人才。1978 年，为解决大量人才需求的问题，在时任北京市委书记的林乎加大力倡导与协调下，北京市建立了36所大学分校，北京第二外国语学院分院（以下简称“二外分院”）便是其中一所。

1978年年底，二外分院成立。学院占地7亩，约4667平方米，有一个很小的操场和一栋四层教学楼（教学和办公都在这个楼里）。1979年2月，学院正式开学，招收第一批学生。英语、法语、日语三个专业有1978级学生490名，加上当年招收1979级学生60名，学院共有学生550名。教师队伍由少数骨干教师和青年教师组成，约40人，年龄普遍为25岁至28岁。机关工作人员由部分73中留下的人员与北京市委下派的、二外总院支持的人员一同组成，约30人。1980年初，学院经北京市委批准又聘请了13位外籍教师，其中英语专业教师6人、法语专业教师2人、日语专业教师5人。这13位外籍教师中，只有1位日语教师是男性，其余都是女性。女性中年龄最大的60岁，最小的24岁。这些外籍教师有些是外国工商界驻京机关负责人或工作人员的妻子，有些是从国外来京的华裔、华侨家属。

20世纪70年代末的改革开放使得我国旅游业发展非常迅速，国家迫切需要大批具有旅游知识的专业人才，因而发展旅游高等教育成为国家紧迫的任务。当时，北京第二外国语学院副院长李越然兼任二外分院院长，他曾任中央领导的高级翻译，对旅游管理专业人才的培养极为重视，特别撰写了一份“申办旅游学院及旅游管理专业”的报告，提交给时任人大副委员长的廖承志同志。

1980年春，申办报告得到国家旅游局、北京市旅游局的大力支持和充分肯定，旅游学院及旅游管理专业的筹备工作开始了。第一个紧迫任务就是制订办学方针和旅游管理专业（本科）的教学计划。同年5月，李越然院长带领王洪滨老师（我国旅游管理专业本科教育的最早创办者）去南方旅游业比较发达的城市如上海、杭州考察、学习。当时，我国北方和南方各有一位管理旅游业、经营饭店实践经验非常丰富的代表人物。北方的代表人物是北京市旅游局局长、新中国成立后北京饭店第一任总经理张忠实；南方的代表人物是上海市机关事务管理局副局长、锦江饭店总经理任百尊。通过拜访张忠实得知，从事现代旅游业的人，最需要的是职业素质、服务意识和管理企业的实际能力。回京后，李越然院长和王洪滨老师带领团队根据我国高等教育的要求，并参考美国、瑞士、德国和日本等国资料，设置了各专业课程，初步形成国内第一个旅游管理本科专业教学计划。

第二个紧迫任务是组建旅游管理专业的教师队伍。一是聘请社会各界能人志士组成专职教师队伍。当时，二外分院的办学条件差，校舍小，设备简陋，且没有校园，重点院校的教师都不愿意来，只能向社会各界招聘各路专业人士。招聘条件要求人品端正、名牌大学毕业、有真才实学、热爱旅游教育事业。通过登门拜访，分院先后请到了刘振礼、刘德谦、张汝昌、岳祚茀、刘尔夫等多名专家，由他们分别担任各门课程的专业教师。二是邀请高等院校相关学科的教师组成兼职教师队伍，以应急需。例如，邀请中国人民大学商业经济系教研室主任纪宝成同志讲授旅游经济学课程；邀请中国科学院地理所郭来喜、杨冠雄等六位同志来讲授旅游地理课程；邀请北京大学陈传康、谢凝高教授讲授旅游资源的观赏和规划课程；邀请中国林业大学孟兆桢先生讲授园林景观设计课程；邀请建国饭店的四位高层管理人员分别讲授饭店总体管理、餐饮管理、客务管理和人力资源开发等课程；导游课则是邀请中国国际旅行社的著名导游来授课。他们讲课生动活泼，案例分析多、应用性强，学生们感到耳目一新，喜欢听，收获大。1980 年 9 月，教育部批准二外分院成立北京旅游学院筹备处，全国第一个旅游管理本科专业开始正式招生。当年 9 月 3 日，学院在北京工人体育场举行了开学典礼，廖承志同志亲自为学院题写了“北京旅游学院”的校名，中国旅游高级人才的培养有了一个良好的、蓬勃发展的势头。

当年的在校学生年龄差异很大，年龄最大的 35 岁，最小的 18 岁。学习能力参差不齐，有的学生非常珍惜学习的机会，有的则自由散漫。英语六班有个 19 岁男生，非常羡慕西方的自由化，在造句和作文中常以爱情为主题虚拟情节。老师发现这种倾向，多次和他谈心，后来这个学生的思想状况有了很大转变，外语的应用能力也有所提高。

有位女教师是美籍华裔，叫张渝君。她的丈夫郭大厦是联合国环境保护委员会中文翻译组组长。这位女教师 34 岁，非常热爱中国，为人热情，精力充沛，有时每周上课 24 节，还自己打字，自编教材，教学效果也比较好。她在京时，学院给了她一张第四届全运会开幕式的请柬，她观后激动地流下眼泪说：“这是我一生难忘的事。我要写信把亲眼看到的情景告诉给国外的亲友，让他们都感受一下祖国雄壮、振奋人心的气象。”

还有一位外籍女教师，是美国人，叫孔慧芝，她的丈夫黄砥石是联合国日内瓦办事处的翻译。夫妇二人特别热情，对学院帮助非常大。学院领导们把她当成自己的教师一样，每当她遇到困难，都及时帮助她。有一次，她滑冰把手摔断了，学院派了一位女学生与她同住，照顾她起居，她很感激。每天早上六点多，她总是第一个上班车来学校，下午五点多又坐班车回住所，从不利用特殊身份坐出租车，给学院节约了不少资金。孔慧芝为人谦和开朗，比较认真，虽看起来有些“固执”，不太通情理，但与学生打成一片，认为离开了学生就是“特殊化”，对学生很有耐心，在她的指导下，学生英语口语能力提升很快。

1983年春天，学院第一届旅游管理专业本科生毕业，学院挑选了几名优秀学生如高苏、刘艳华、唐苏明、曹芙蓉留校任教，充实了专业教师队伍。

1985年1月，国家教委批准组建北京联合大学，二外分院并入并更名为北京联合大学旅游学院。北京市委、北京市政府对北京联合大学旅游学院的建设十分关心，北京市计委在“京计科〔1985〕230号”中作出《关于建设北京旅游学院立项的批复》。时任北京市市长的陈希同及有关领导亲自过问，北京市规划局为学院选定了新址，在朝阳区大屯公社小营生产队界内，总建筑面积为39 700平方米。1991年，学院搬离潘家坡胡同1号，迁入在朝阳区大屯公社小营生产队界内新建的校舍（后地址为北四环东路99号）。

学院新校址奠基典礼

校址现貌（2018年摄）

资料主要来源：

①北京联合大学旅游学院档案室

②《在旅游高等教育发展的最初日子里》

③王常基，原北京联合大学旅游学院党支部书记，口述整理

（整理：田夏、李白　审核：姜素兰、王岩）

东城区中山公园西北角

——北京联合大学校部机关办公地址（1985 年 4 月—1986 年 2 月）

中山公园西门

在中山公园这座颇具古坛庙神韵的纪念性园林的西北隅，公园西门北侧不足百米的地方，曾有十来间小平房是北京联合大学校部机关的办公地点。

1985 年 1 月 11 日，教育部发文《同意建立北京联合大学》（教计字〔1985〕002 号），同意在北京原有 12 所大学分校的基础上建立北京联合大学，在校学生总规模近期为 12 000 人。并提出鉴于学校规模较大，为便于领导管理，北京联合大学可设立若干学院。

1985 年 2 月 11 日至 12 日，中共北京市委教育工作部、市高教局在华都饭店召开北京联合大学成立会议。会议由市委教育工作部副部长廖叔俊主持，高教局副局长许德贵宣读了教育部关于建立北京联合大学的批复，廖叔俊宣布学校校级领导班子成员名单。并要求领导班子尽快上马。

1985 年 3 月 6 日，北京市政府发文《关于建立北京联合大学的通知》（京政发〔1985〕38 号），明确了建立北京联合大学的有关事项：北京联合大学是一所市属的、多学科的综合性大学，简称北京联大，在校学生总规模近期为 12 000 人；下设 12 所学院，各学院仍为相对独立的实体，其级别和待遇不变，各学院的专业设置由北京联合大学统一规划，要互有分工，各有重点，并实行多层次办学；在办好四年制本科的同时，积极发展多种形式的二、三年制专科；本市现有的短期职业大学机电学院和经济管理学院以及郊区 10 所大学分校一并纳入北京联合大学统一协调管理。

北京联合大学组建之初，校部地无一亩，房无一间。在紧迫、无奈的情况下，学校找到了中山公园，从此西门北侧角落里，一个原是公园工作人员的宿舍及堆放杂物的小院，以及小

原办公地点现貌（外）

院里的 11 间平房，就成了校部的办公场地。1985 年 4 月 15 日，校部的十几个人满怀激情地进入驻地，把里里外外打扫得干干净净，自此开始办公。在这里，校长办公室、教务处、人事处、郊区分校处、总务处、党委办公室等部门相继建立。但是，随着工作的开展，各学院领导时来开会，小屋里摆满了长条桌子和木板椅，十分拥挤，来校办事的工作人员，时常还要受到公园售票处的盘问，大家深感诸多不便。更主要的压力是来自有些同志对是否应该成立北京联合大学的质疑，认为多了这么一个既不管钱，又不管物的二级领导（有的说又多了一个“婆婆”），担心给学院的工作带来麻烦。他们希望白手起家辛辛苦苦创办了七年的大学分校能够成为独立的大学。校部的领导们完全理解这种心情，但也深知他们没有看到当时高校正在调整，大学分校规模小、条件差，只有组合成联合大学才能被教育部承认，否则将面临被“整编”的严峻形势。面对财、物的短缺和某些压力等种种困难，大家没有泄气，还常用苏联电影《列宁在 1918》里瓦西里的话——牛奶会有的，面包会有的，一切都会有的！憧憬着北京联合大学美好的未来。这个从四面八方调来的老中青相结合的团队，在校长、书记的带领下，从中山公园的小院踏上了北京联合大学创业之路。

直到 1986 年，北京联合大学校部在海淀区花园北路花园春旅馆租借了两层楼用于办公，于当年 2 月 24 日迁出了中山公园。

原办公地点现貌（内）

资料主要来源：

①《心中的记忆——纪念北京联合大学（大学分校）建校30周年》

②《北京联合大学志（1978—2000）》

③北京联合大学档案馆馆藏档案

（整理：王岩 审核：姜素兰）

西城区前海东沿 50 号

——北京化工学院第一分院校址（1978 年—1983 年）

北京化工学院分院校址（1983 年—1985 年 5 月）

北京联合大学化学工程学院院址（1985 年 5 月—1991 年）

北京联合大学化学工程学院院址之一（1991 年—1996 年）

北京联合大学成人教育部地址（2001 年—2003 年 11 月）

北京联合大学继续教育学院院址之一（2003 年 11 月—2012 年 10 月）

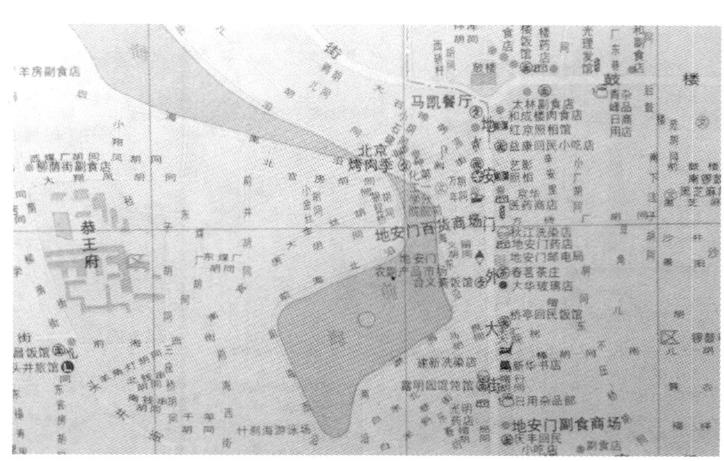

20 世纪 80 年代初校址位置示意地图

北京市西城区前海东沿 50 号，这里曾是北京化工学校的校址。1978 年，北京市创办大学分校，将北京化工学院第一分院（以下简称“化工学院一分院”）校址选于此。后化工学院一分院更名为北京化工学院分院（以下简称“化工学院分院”），仍在此办学。现此处为北京联合大学的什刹海校区。

现校址位置地图（百度网截图）

前海东沿位于北京城享誉盛名的历史文化旅游风景区什刹海，景区由前海、后海、西海水域、沿岸名胜古迹和民居民俗组成。什刹海也写作“十刹海”，四周原有十座佛寺，因此得名。元代时叫海子，有宽而长的水面，是京杭大运河的起始点，元朝建设都城的中轴线依托的就是这片水域的东岸。明代初期水面缩小，后来逐渐形成西海、后海、前海，三海水道相通。自清代起这里就已成为游乐消夏之所。作为西城区东北部的胡同，前海东沿北起银锭桥[1]，沿着什刹海前海向南，南到金锭桥[2]与前海南沿连接，走向呈弧形，随后由金锭桥北侧向东到达万宁桥[3]北侧，同地安门外大街连接，整条胡同沿前海画了个月牙，俯视整条胡同颇感鬼斧神工之意境。因临近义溜胡同，民国时期曾称其为“义溜河沿”。“海”的边为什么称“河”沿呢？原因是历史上什刹海周围有外河，称为“套河”，用以调节水位。

前海东沿风景

---

〔1〕 银锭桥位于什刹海的前海和后海之间的水道上，南北横跨在连接两海细脖处的单孔石拱桥，因形似银锭而得名，因燕京小八景之一“银锭观山”而闻名。更为出名则缘于1910年3月汪精卫在桥下埋藏炸弹，想要刺杀每日进宫必经过此桥的摄政王载沣。银锭桥始建于明代，距今已有500多年历史，如今的桥是1984年与2011年重建的。

〔2〕 金锭桥是2000年整治六海水系时，为了方便行人环湖游览，在专家的倡议下，于什刹海东南出口处修建的一座汉白玉三孔石桥。

〔3〕 又称后门桥、地安桥，是北京城中轴线上的一座桥，始建于元世祖至元二十二年（公元1285年）。因桥在地安门之北，地安门为皇城的后门，因此称为后门桥。原为木桥，元代改为石拱桥，名万宁桥，又称海子桥、后门桥。元代石桥跨在什刹海入玉河口处，是元代大运河漕运的始点。

所以在什刹海，凡是临“海”的地方均称某某河沿，如“前海南河沿”“前海北河沿”。新中国成立后，套河被填平，地名随之改变，“河”字被去掉，改为前海南沿、前海北沿等。民国时期，义溜河沿设有小市，当时烤肉季曾在此处临时设摊售卖烤肉。1965 年，义溜河沿更名为“前海东沿”。在这条半圆形的胡同上，有两座什刹海最有特色的桥——金锭桥和银锭桥。著名的燕京小八景之一“银锭观山”说的就是这里。据传，过去人们站在北京城内的任何一块平地上，都看不到郊外的西山，唯独站在与地面等高的银锭桥上，可以引颈西望领略西山浮烟晴翠的绰约丰姿。后来，陆续拔地而起的烟囱和高楼大厦让人们已无法再领略这美丽的景观。但直到今天，前海东沿依然是个让人着迷的地方，这里不仅有如画的风景，更有地道的北京味。垂柳依依，水波荡漾，烤肉季、爆肚张、庆云楼这些名振京城的老字号让人们的生活有滋有味。

前海东沿 50 号位于胡同中部偏北，面朝什刹海，其成为化工学院一分院校址始于 1978 年。当年，为适应国家政治经济形势变化、解决高等教育供需矛盾，北京市委、北京市政府决定依靠地方财政和北京地区高等学校办学资源，利用部分中小学校址和企业厂房创办一批大学分校。化工学院一分院是当年北京市创办的大学分校之一。当年 11 月，北京市委教育工作部向北京市委呈报大学扩大招生工作会议情况报告，附《北京市高等学校分校扩大招生方案》，提出由北京市化学工业局（以下简称“市化工局”）为主管单位，创办化工学院一分院，设置化学工程、化工机械、化工分析、自动化 4 个专业，计划招生 400 人，校址选于位于西城（区）什刹海的化工学校。按照文件精神，化工学院一分院同时接受北京市和市化工局的双重领导，其教学工作由北京化工学院（以下简称“化工学院”）负责，分院将主要依靠本院的教学资源办学。

当年年底，在化工学院的支持下，市化工局开始筹建化工学院一分院。市委任命赵庆合（时任市化工局党组书记兼局长）为分院领导小组负责人，成员有高致民、李一枫和蔡耀宗（时任化工学院副院长、基础部主任），由高致民主持日常工作。市化工局指定高致民、李一枫、蔡耀宗、杨启泰、孙长俊、张锦标、史纪文7人组成临时领导小组，高致民为负责人，主持全面工作。分院设置三处一室，即政治处、教务处、总务处和院办公室。政治处负责党务、共青团、人事、劳资、保卫工作，下设辅导组，负责学生思想政治工作；教务处负责教学、教学辅助以及对全院所有教师的管理；总务处负责学院后勤管理、物资供应、运输工作等；院办公室负责对内协调、处理日常事务及对外联络等。最初，临时领导小组办公地点设在槐柏树街市府大楼市化工局办公楼内，后于1978年12月29日进驻分院，搬迁至前海东沿50号的分院办学地点办公。自此，临时领导小组带领着40余名教职工开始了紧张的筹建工作。同年12月31日，全体筹备人员围坐在一间教室里，召开了分院的第一次全体教职工大会。

这处原北京化工学校的办学地址，占地面积三亩八分（相当于2535平方米），狭小的院落里仅有一栋二层教学小楼和十几间高低错落的平房，总建筑面积仅3267平方米。在这里办大学，真可谓是“袖珍大学”。但没有人气馁，大家有的反而是小小的激动和撸起袖子加油干的热情。接到了布置的工作任务，所有人立即投入到筹备建设工作中。全体人员兵分四路，有人负责采购设备，有人负责修缮校园，有人负责招生，有人负责人事。人人干劲十足，干起活来不分干部职工、也不分男女老少。需要往院里拉教学设备和基建材料时，大家齐动手，女同志抬桌椅，男同志搬砖瓦。连和泥砌墙与整修庭院也是人人都参与。工作一天下来，每个人都很累，但心里是止不住地高兴。负责人事的同志也不辞辛苦，在取得市化工局大力支持后，每天起早贪黑，到市化工局所辖的企事业单位中挑选人才，招收来了分院最初所需的一批教职工。经过大家努力，小院一天一个样，只用了两个月的时间，分院就基本具备办学条件了。

在北京化工学院的帮助和指导下，经统一招生，学院首届招收了 14 个班共 575 人。1978 年 2 月 3 日，全体分院的 1978 级新生参加了在首都体育馆举行的北京市 36 所大学分校首届新生开学典礼。2 月 5 日，学生正式开始上课。由于缺乏师资，分院的教学以电视教学为主、面授辅导为辅，以化工学院教师为主，由化工学院和分院教师共同承担教学和辅导工作。人才培养模式、教学计划、教学大纲和内容基本上按化工学院的模式安排，实验教学环节完全在化工学院进行。高教局为分院提供了一批 21 英寸的彩色电视机，学生可以同期上电视大学的公共课程，课后由教师辅导。上课的时候，正面是黑板，背后是电视，需要前后转来转去。虽然是这样的教学方式，但学生们的学习热情高涨，学习自主性非常强，对知识的渴求使他们根本不在意学习上的不方便。在这个没有操场的小学院里，同样也不缺乏体育精神。分院想尽一切办法为学生提供体育教学场所。由于没有操场，就借校外的体育场馆去上体育课，甚至还到天安门广场上过体育课。冬日的体育课借助紧挨什刹海的优势，设置了滑冰课。尽管经费紧张，分院还是想办法购买了 200 多双滑冰鞋。每到冬天，什刹海上都可以看见同学们飞扬的身影，这成为学生记忆中一抹难忘的亮丽风景。分院的第一支学生足球队于 1981 年获得了北京市高等学校“三好杯”足球比赛第四名，与清华大学、北京市师范大学和北京钢铁学院比肩，彰显了一所“小小大学”的荣耀和荣耀背后的凝聚力。这凝聚力来源于全体师生内心的呐喊：我们学校很小，但是我们不弱！

由于校舍太小，仅有的 14 间教室全部用于首届学生教学。受办学场地限制，1979 年至 1982 年，分院一直没有招生，直到 1983 年首届学生毕业，分院才招收了第二届学生。首届学生和第二届学生之间间隔了四年，只有送走一批才能招收下一批，由此还引出了一句顺口溜：烟袋斜街抽烟袋，抽完一锅再一锅。这形象地反映出当年办学的艰苦。

分院没有因为办学条件简陋而降低教书育人的标准，学生认真执着的求学精神也鼓舞着教师们。分院当时的口号是：办学条件差，教学质量不能差。在这个小小的院落里，师生相互激励，克服学业和事业上一个又一个的困难。分院通过各种渠道为学生寻找工厂和科研院所实习，部分学生因为表现优秀，毕业后被实习单位直接录用。学生的毕业设计都是真题真做，标准严格。很多学生因为离家较远，为了节省时间就在教室里搭地铺睡觉，早上醒来简单洗把脸，继续进行毕业设计。虽然分院不具备正规实验室，但这并没有阻碍专业教师对科学研究的热情，他们坚持以科研促进教学、丰富教学、支撑教学的理念，在简易楼里开辟出几平方米的实验室，不断进行学科前沿的研究工作。分院于 1979 年成立了第一个实验室——化学实验室，面积仅 100 平方米，承担着无机化学、有机化学、分析化学等基础化学实验教学工作。

1982 年底，中国共产党北京市委员会、北京市人民政府对 36 所大学分校进行统一规划和调整，于 12 月 22 日同意并转发市委大学工作部和市高教局《关于大学分校调整和建设问题的请示报告》（京发〔1982〕60 号）。按照文件精神，政府将原有 36 所大学分校中的 18 所调整为 13 所保留，其余分校原则上在现有学生毕业后停办，或主管部门认为确实还需要办的，在报经北京市委、北京市人民政府批准后，改为由主管部门自办。化工学院一分院不在拟保留的大学分校之列。市化工局根据对化工人才的需求情况，向北京市委、北京市人民政府递交了“关于北京化工学院第一分院继续办学的请示”。1983 年 10 月 28 日，北京市委教育部、市高教局联名函复市化工局，同意北京化工学院第一分院继续办学，并更名为北京化工学院分院，由市化工局自办和管理，地位、待遇与其他大学分校相同，办学经费由市化工局提供，教学工作由化工学院继续协助。分院领导仍由高致民（主持日常工作）、李一枫、蔡耀宗三人组成，机构设置同建校初期。

为了分院的发展，自建院初期开始，市化工局和分院领导就为易地建校问题多次向北京市人民政府反映和请示。1985 年 4 月，北京市计委发文《关于北京化工学院分院易地新建立项的批复》（京计字〔1985〕324 号）。但是，由于 1984 年市化工局改建为北京市化学工业总公司，原来的政府拨款没有了，而企业为分院拨款的渠道又不顺，办学的经费立刻陷入窘境，易地建校无法启动。

1985 年 1 月 11 日，教育部批复北京市人民政府关于成立北京联合大学的请示，同意组建北京联合大学。3 月 6 日，按照北京市人民政府文件《北京市人民政府关于建立北京联合大学的通知》（京政发〔1985〕38 号），政府将调整后的 12 所大学分校组建成北京联合大学。同月，北京市化学工业总公司向北京市人民政府递交了“关于北京市化工学院分院加入北京联合大学的请示”。5 月 9 日，市政府发文“厅秘字〔1985〕21 号”，同意北京化工学院分院加入北京联合大学，定名为北京联合大学化学工程学院，原定待遇不变，仍由市化学工业总公司主管，所需的基建投资和事业经费继续由总公司自筹解决，在教学上继续依靠北京化工学院的支持和帮助。学院业务方面的工作，包括审定招生计划、检查教学质量、授予学位、评定职称、教学研究、学术交流以及改革试验等由北京联合大学统一协调管理。化学工程学院的办学地址仍在前海东沿 50 号。

1985 年，学院有在校生 468 人，其中，本科生 438 人，专科生 30 人；有专任教师 73 人，职工 105 人。学院图书馆面积 165.4 平方米，馆藏图书 5 万册，期刊 149 种。学院占地面积 2535 平方米，校舍总建筑面积 366.06 平方米，其中教学和行政用房 2124.4 平方米（其中教室 906.9 平方米、实验室 122.7 平方米）。

由于市化工局改制成立北京化学工业总公司，改由北京市财政局工管处拨款，学院的办学经费遇到了困难。在学院的努力下，于 1989 年促成与北京炼焦化学厂（以下简称“焦化厂”）的联合办学，并于 2 月 11 日举行了厂校联合办学协议的签字仪式。在北京化工总公司的支持下，焦化厂为学院补充部分办学经费，并且由北京市化学工业集团公司和焦化厂共同投资，为学院在北京市东南郊垡头地区建设新校。同时，学院积极

校门前合影

教学楼内

探索高等教育改革，实行“厂校联合合作教育”试点，提出了“背靠焦化厂，面向全行业，服务北京市”的办学指导思想。1990年7月，学院被列为北京市高教改革试点单位，焦化工合作教育试点班被列为“产学结合、合作教育”试点班，试行“四年学制，五年管理”的合作教育办学模式。学院教师研制出的在常温条件下可固化的静电植绒胶于1991年3月获批国家专利局实用新型专利，于1994年3月通过化工部鉴定，填补了国内于该项上的空白。

1991年12月24日，垡头新校区基建工程破土动工。1992年4月27日，新校区举行正式奠基仪式。1996年，学院迁往垡头新校舍办学。2001年，市教委发文《关于北京市化工局职工大学管理体制的批复》（京教计〔2001〕1号），撤销北京市化工局职工大学，在其基础上设立北京联合大学成人教育部。成人教育部在此办学。2003年11月，学校上报的《关于成人教育部并入继续教育学院的意见》（京联党组〔2003〕43号）获得批复，校成人教育部并入继续教育学院，此处成为北京联合大学继续教育学院的办学地址之一。2012年，北京联合大学盆儿胡同校区改造完成，继续教育学院结束了在什刹海和丰盛胡同两址办学的历史，迁至盆儿胡同 55 号办学。

校址现貌

校址现貌（院内全景图）

2018 年探访什刹海校址

资料主要来源：

①《北京联合大学志（1978—2000）》

②《心中的记忆——纪念北京联合大学（大学分校）建校30周年》

③北京联合大学档案馆馆藏档案

④《北京联合大学年鉴（2013）》

⑤《北京地区普通高等学校概况》

（整理：王岩、李敬　审核：姜素兰）

西城区阜成门外西口

——北京大学第一分校校址（1978 年 12 月—1983 年 5 月）

北京外国语学院分院校址（1978 年 12 月—1980 年 3 月）

北京语言学院分院校址（1978 年 12 月—1980 年 3 月）

北京外国语学院分院校址之一（1980 年 3 月—1981 年 8 月）

北京大学分校校址（1983 年 5 月—1984 年 7 月）

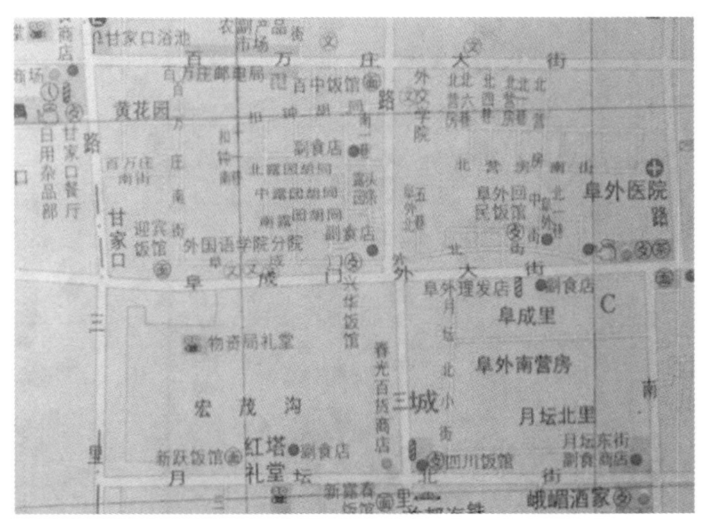

分校时期校址位置示意图

现北京华文学院阜外西口校区位置示意图（百度网截图）

北京大学第一分校校门（1982 年）

现北京华文学院阜外西口校区校门（2018 年摄）

在北京市西城区阜成门外西口，临近海淀甘家口地区曾有一所北京归国华侨学生中等补习学校（以下简称“北京华侨补校”）。北京市第一八三中学（以下简称“183 中学”）和北京市西城区教师进修学校（以下简称“西城教师进修校”）曾在原北京华侨补校校址内办学。1978 年年底，北京市创办大学分校，将北京大学第一分校（以下简称“北大一分校”）校址选在了 183 中学，将北京外国语学院分院和北京语言学院分院校址选在了西城教师进修校。在之后的大学分校调整中，北大一分校更名为北京大学分校（以下简称“北大分校”），并于一年多以后迁至海淀区后八家于庄子双清路原双清路中学校址临时办学；北京外国语学院分院、北京语言学院分院与北京外国语学校合并为新的北京外国语学院分院，此处为新北京外国语学院分院校址之一，新分院于一年多以后西迁至位于海淀区阜成路白堆子的原北京外国语学校的校址办学。现此处校址有北京华文学院的办学地址之一，为其老校区，地址为北京市西城区阜成门外大街 39 号。

阜成门外地区位于西城区西部。新中国成立后，对其进行过规划调整，在原有通往西山的斜向官道南侧新建了一条直道，1965年定名为“阜成门外大街”，原有斜街因其位于新道北侧，改称阜成门外北街（后因阜成门外大街拓宽而成为阜成门外大街道路北侧路面）。阜成门外大街东起阜成门立交桥，与阜成门内大街、阜成门北大街、阜成门南大街连接，西到三里河路，与阜成路连接。明清时期及后来很长时间，若将京西门头沟、斋堂挖出的煤运往北京城内，都走前述提到的斜向官道过阜成门进入，故阜成门又称煤门。据说在阜成门瓮城的门洞内刻有一束梅花，就是因为“梅”“煤”同音。老北京“阜成梅花报暖春”的俗话也源于此用途。新中国成立后阜成门及内城的城墙不断被拆除，最终因环线地铁施工，阜成门等老城荡然无存。“阜成门”渐渐和其他城门一样演变为一个抽象的地名，泛指阜成门桥附近，即阜成门南、北大街，阜成门内、外大街一带。此处校址位于阜成门外大街西侧，公交有“阜外西口”站，其西邻甘家口地区，再往西就是白堆子。在提及此处校址时，有说甘家口，有说阜成门外，还有说阜外西口，均是大致方位，但说的都是原北京华侨补校这一地址。

北京华侨补校始建于1950年，其位于西城区阜成门外的校舍建成于1953年，于当年9月启用。该处校舍是在时任中央人民政府华侨事务委员会何香凝主任和廖承志副主任亲自领导下建成的，占地8万平方米，建筑面积达2万平方米，是当时阜外地区最早兴起的建筑楼群。学校设施包括一座有20间标准教室和实验室的教学楼，4座学生宿舍楼，一个标准的足球场和400米跑道，以及稍后兴建的游泳馆。这种规模的教学及生活设施，在当时全国的中等学校中是绝无仅有的。1960年，北京华侨补校在校生曾多达3500多人，达到历史上的最高峰。当时的归国侨生主要来自印度尼西亚，其次是泰国、新加坡、马来西亚、印度、老挝、柬埔寨、越南、缅甸、日本及我国香港、澳门特别行政区，也有少数来自英国、美国、法国及菲律宾、毛里求斯等国。北京华侨补校于1966年6月15日停课。

1978年，中国共产党北京市委员会、北京市人民政府为解决首都经济社会改革发展人才奇缺的困难和满足广大青年要求上大学的强烈愿望，决定依靠地方财政和北京地区高等学校办学资源，利用部分中小学校址和企业厂房创办一批大学分校。北大一分校、北京外国语学院分院和北京语言学院分院即为当时创办的大学分校。1978年11月，北京市委教育工作部向北京市委呈报大学扩大招生工作会议情况报告，附《北京市高等学校分校扩大招生方案》，提出由西城区为主管单位，依靠北京大学（以下简称“北大”）的支持创办北大第一分校，设置数学、物理、化学、生物、地理、中文、历史、图书馆学（文、理）8个专业，计划招生1200人，校址选于位于阜成门外的原183中学；依靠北京外国语学院的支持创办北京外国语学院分院，设置英语、日语、法语3个专业，计划招生300人，校址选于位于阜外甘家口的原西城教师进修学校；依靠北京语言学院的支持创办北京语言学院分院，设置英语、法语两个专业，计划招生100人，校址选于位于阜外甘家口的原西城教师进修学校。方案为三所大学分校选中的是两个不同单位的地址，但实际上都在位于阜外西口的原北京华侨补校校址内。

北大响应号召，积极组织力量创办北大的分校。市委指派胡聚长、王岳、关兆兰、黄耘、彭幼华5人组成北大一分校的领导小组，负责学校的筹建及日常工作，胡聚长任领导小组组长。分校职工主要是来自北大、183中学和从北京市党政机关调来的部分人员。当时的183中学只有一座6000平方米的五层教学楼。把一所中学在短短的两个月时间内改建成一所高等学校，并非易事。183 中学全校师生从大局出发，按照统一部署，尽快腾出校舍，在两周的时间内，将近千人的教学人员和学生有序地输送到了附近中学授课和就读。留下 20 多位行政人员投入到白手起家、艰苦创校的任务中去。原校址年久失修，新建的学校要有一个清洁整齐的环境，于是筹建小组请来了修建队，在短短半个月内，把整个教学楼粉刷一新。1979 年春节，大家没有休息，领导小组成员也和大家一起奋战。教学楼内没有大教室，分校就借来院内原北京华侨补校的一间大仓库，将其粉刷后改建成教室，可容纳 100 多人。自行车和仅有的一辆三轮摩托车是当时建校的主要交通工具。经过两个月的紧张劳动，因陋就简，分校总算给学生提供了可以上课的条件。

1979 年 2 月，在这个直径不到 100 米的校园里，北大一分校学生开始正式上课。首届招收 1262 人，其中理科 934 人，文科 328 人。设有数学、物理、化学、生物、地理、中文、历史、图书馆学 8 个系并开设相应的 8 个专业，其中 6 个理科系，包括了数理化生地等主要的自然科学门类。北大对分校从办学方向、专业设置、课程建设、干部配备、师资培养及实验室设备等方面都给予了很多支持与帮助，为分校的初期建设和长远发展奠定了坚实的基础。分校在办学模式、培养目标和专业设置上都与北大一致。建校初期，教学任务由北大承担，主要依靠北大的教师进行教学。但分校仍然缺乏师资，不能做到教师去每个班面授，于是只能依靠教学的辅助工具——闭路电视，教学形式为电视教学与面授相结合。市里统一为分校配备了电视网络的全部设备，每个班级配有两台 24 英寸的黑白电视机。一个老师在学校的演播室内讲课，许多班级在教室内收看，或把授课先录制下来，根据需要给学生播放。学院没有实验室，学生全部实验课程由北大统一派车将学生送到本校进行，在北大各系实验室内完成。政治理论课也全部由北大派教师教授。

北大一分校为市属普通高等学校，局级编制，学校实行党政合一的领导体制。根据 1979 年 6 月 7 日北京市委的“京发〔1979〕203 号”文件精神，北大第一分校的党务工作由市委负责，行政工作由市高教局负责，教学工作由北大负责。1978 年，北大一分校设立党政办公室、政治处、教务处、总务处、保卫组。建校初期还成立了体操队、武术队、乒乓球队。1979 年，分校共有教职工 83 人。

由于是短时间内改建的大学，办学环境很是艰苦。学生用的课桌椅都是附近中学淘汰下来的，高低大小各不相同，颜色也各种各样，连讲台都是用参差不齐的木板好赖钉成的，老师走上讲台时常说“如履薄冰”。仓库改建的大教室为了能容纳更多的学生，教室里只能摆椅子，而且是没靠背的长条凳，有的已摇摇晃晃，坐上去嘎嘎作响，甚至有学生因体重过大，有一次坐上去，连人带椅坍了下来。学生全部走读，虽然不住校，但中午需要在学校就餐。学生分校没条件办食堂，学生就到附近的饭馆订餐，每天中午饭馆用三轮车把饭送到学校。学生们冬天在教室或楼边，夏天在院内，一起欢乐地吃着简单的饭菜，从没有一人有过怨言。从大街到校门口，有一条长约 50 米的甬路，每逢下雨就泥泞不堪，很难行走。开学后，分校发动部分学生，一起把土路铺上了砖头，变成了砖路。学校没有操场，体育课就像打游击，学生上体育课有时到月坛体育场，有时就在院内只有双杠的小空场上，后来又到位于学校正西的北京轻工业学院去上体育课，还到北京师范大学、北京工业学院上过游泳课。分校的首届运动会也是在北大的五四操场展开的。建校初期，在原 183 中学图书馆的基础上建了图书馆，没有独立馆舍，只有一间20多平方米的屋子用于存放图书和借书，且仅有5名工作人员，图书全是由北大各系支援来的。

虽然当时的学习环境简陋、条件艰苦，但学生们那种刻苦、顽强的学习精神是十分感人的。“要把十年浩劫损失的宝贵时光夺回来，也要把走读路上耽误的时间夺回来”，这是当时学生们共同的心声。早上六七点钟，就有学生到校学习了。有的同学说：“无论你去得多早，走得多晚，总会有同学比你去得更早，走得更晚。”学生们在路上坐车时看书，骑车时念外语或背单词。当时来授课的都是北大的一流教师，大多是四五十岁的中年人。他们对学问的满腔热忱，在长久压抑之后初次迸发，对学生谆谆教诲。课堂里，讲台上下交织着相互的交流，使学生感觉听讲是一种享受。学生们十分珍惜这难得的学习机会，都如饥似渴地吸收各方面的知识，上课认真听讲、做笔记，下课抓紧时间请教老师。晚上大多数学生都自觉在校复习，每晚到九点多，值班老师到教室催促多次，才勉强离校。有的学生在回忆中写道：“当时尽管学习条件艰苦，但那种欢愉的心情是无法用语言来表达的。每天早上五点就起床，复习功课后匆匆赶路上学。上课时专心致志，下课后不断向老师请教。寒暑假更是不敢放松，时间充分利用到了极限，连上厕所都捧一本外语书看。上下学回家的路上，我的大脑也在不断地运转。尤其使我感到庆幸和终生难忘、刻骨铭心的是我遇到了好多关心我、诲人不倦、知识渊博的北大老师。老师的品质、学识、教诲成为我不断进取的动力，我至今也在深深感谢那些给我知识、教我怎么做人的北大老师。”这段自述代表了当时学生们学习的状况和感受。

学习条件虽然很艰苦，但学生们的业余生活是丰富的，同学间的情感是真挚的。北大一分校注重学生的政治思想，和本校一样开展“三好生”评选活动，定期给学生组织形势报告和各种讲座，开展多种多样的文体活动，周末举办舞会，经常组织各种球赛和文体活动。

在北大的支持下，分校逐步建立了自己的师资队伍。1979年时，分校只有12名专职青年教师，是来源于北大的毕业生，占全院教职工的10.1%。1979年以后，分校陆续补充教师，主要来源还是北大，其中引进了11名研究生学历的教师，还有部分本校毕业生留校任教。北大安排留校任教的青年教师来校进修，不用交培养费，只交答辩费。分校教师的学历结构得到较大提高，授课方式全部改为课堂讲授。1981年，分校成立了法律系，使分校具有了综合的特点和优势。从1982年开始，北大一分校按照面向北京、服务北京的方向，在深入调查、反复论证的基础上，对原有的专业及方向进行了调整和改造，如1983年创建的食品科学与营养学专业填补了当时国内综合性大学生物学科设置应用专业的空白。至1983年7月，北大一分校电教组完成了全校30多间教室闭路电视安装调试任务，并自行设计施工建了两个演播室，建立了闭路电视系统，可承担全校开设的电化教学课程，直播、录播和接收中央电视台广播电视大学的教学节目，主要有公共英语、高等数学、普通物理、中国法制史、大学语文等课程。之后，电教组又承担了直播和录播公共英语课程。自1984年开始，分校为适应社会对人才的需求，开始举办成人高等教育。1984年，分校组建了隶属党委宣传部的马列教研室。

1982年，北大一分校招收了第二届学生共178人，其中文科78人，理科100人。1983年招收第三届学生共336人，其中包括首次招收的专科学生79人。1983年1月，首届毕业生1106人毕业（1981年，为适应北京市人才需求，有很多历史和中文系学生转学法律专业，这部分学生推迟半年毕业）。

北京大学第一分校临时党委于1980年12月29日经市委组织部批准建立，胡聚长任临时党委书记，尹企卓任校长。1983年1月，市委组织部决定北大一分校建立正式党委。市委大学部批复同意胡聚长、李椿、曹芝圃、贾世起、吴代封、彭幼华、关兆兰为北大一分校党委委员。同年7月，任命胡聚长为党委书记、曹芝圃为党委副书记，李椿任校长，贾世起、吴代封任副校长。党、政和业务工作委托北大管理，由北大和北京市合办分校。1983年5月15日，经中国共产党北京市委员会、北京市人民政府批准，北京大学第一分校更名为北京大学分校。分校1983年，分校撤销政治处，设立组织部、宣传部、学生工作部。1984年，分校撤销党政办公室，设立校长办公室、党委办公室、人事处、保卫科、财务科。1984年6月，市委教育工作部、市高教局在对《关于北京大学分校若干问题会议纪要》的批复文件中明确规定：北京大学分校是一所市属高等学校，其任务是为北京市现代化建设培养人才。为了进一步依靠北京大学的力量办好北大分校，对北大分校实行北京市委和北京大学合办。其党和业务行政的经常工作，委托北京大学领导管理，以此作为北京市大学分校管理体制的一种形式，进行试验，并力求使它稳定地发展下去，继续总结实践经验，以至完善成熟。1983年至1984年期间，北京市计委、北京市规划局，市建委等单位分别对分校建设校址规模发文。1984年9月，在市委教育部、市计委科教处、市高教局、基建处领导及北大党委书记、副校长和北大分校党委书记、校长等参加的关于北大分校总体规划方案审查会上，决定北大分校办学规模为1600人。

北京外国语学院分院和北京语言学院分院，是两块牌子一个办学实体，校址也在原北京华侨补校内，使用的是西城区教师进修校占用的校舍。1978年12月4日，中国共产党北京市委员会、北京市人民政府派王常文（原北京自动化公司副经理）主持筹建北京外国语学院分院和北京语言学院分院，为此还建立了党政合一的五人领导小组，由王常文负责全面工作，成员有邓福卿、彭厚枫、孟岩（北京外国语学院委派）、李爽秋（北京语言学院委派）。领导小组负责分院党的工作、行政工作和学生工作，下设办公室、政治处、教务处和后勤处，政治处兼管学生工作，配有专职政治辅导员，与团委共同负责学生的思想政治教育和管理工作。

领导小组边筹建边招生，由北京外国语学院和北京语言学院联合招收学生。历时两个多月，1979 年 2 月 9 日，分院正式开学，首届招收了 400 人，为四年制本科，主要是为北京市培养现代化建设所需的翻译和教师。学生实行走读制。分院开设了英语、日语、法语 3 个专业，没有建立系和教研室，教学工作的组织与管理由教务处在领导小组领导下具体实施。教务处同时受北京外国语学院和北京语言学院的指导。分院没有自己的专职教师队伍，任课教师主要由北京外国语学院和北京语言学院派遣。

1980 年 3 月，北京市人民政府为充实分院的办学力量，更多更好地培养外语专业人才，进一步适应首都现代化建设的需要，经国务院教育部同意后，决定将当时的北京外国语学校与北京外国语学院分院、北京语言学院分院三校合并，成立新的北京外国语学院分院。合并后的北京外国语学院分院的主要任务是培养北京市急需的中学外语师资和少量翻译人才，并在有条件的情况下，承担部分在职中学外语师资培训工作。按京政发〔1980〕20 号文件通知，分院成立了以刘寿彭（原北京师范学院党委副书记）为组长，程璧、邓福卿为组员的领导小组。

学院由 3 个专业增设为英语、日语、德语、法语、西班牙语、俄语 6 个专业，同时分专业建立 6 个外语教研室和马列教研室、汉语教研室、体育教研室、数理化教研室、美育教研室、史地教研室6个公共课教研室。分院在原外国语学校的教师队伍基础上陆续调进了部分教师，逐步建立起一支自己的教师队伍，到1981年8月，全院共有教师144名，其中讲师6名、助教1名、教员137名。为加强教师队伍建设，分院党委规划用3年至4年时间使教师队伍业务水平上到一个新台阶。党委分工副院长周起骥负责这项工作，主要采取几项措施：一是办进修班，让外国专家给教师上课，重点弥补青年教师在口语实践和基本功方面的不足，使他们能逐步胜任基础课教学。二是定向进修，采取定课程、定教师、定专家的“三定”的定向进修法，让有一定教学经验的教师选1—2门课程，采取听专家的课，在专家指导下备课，请专家辅导答疑，最后独立上讲台的措施。三是组织外国专家和本院教师合编教材。四是开展教学研讨活动。五是选派部分教师到国内重点大学学习和出国进修。分院实行预科两年、本科四年的六年一贯制的教学体制（即招收初中毕业生，预科两年结业后，经考试合格升入本科）。1980年，分院既招收第二届本科生，又招收预科生。招收的第二届本科生是1979年底全国统考已达到录取分数线但年龄超过23岁的学生，其作为师资班由分院录取。

1981年6月16日，北京市委组织部批准北京外国语学院分院建立临时党委，由刘寿彭任临时党委书记兼院长，党委成员有刘寿彭、吴珊、程璧、周起骥、邓福卿、张树勋、彭厚枫、孟岩、李爽秋。

1981年8月，北京外国语学院分院、北京语言学院分院与北京外国语学校三校完成实体合并，合并后的北京外国语学院分院结束阜成路白堆子和阜成门外西口两址办学，全部迁入原北京外国语学校位于海淀区阜成路白堆子的校址办学。

1980年3月，国务院侨务办公室成立了复办北京华侨补校筹备组。1981年5月，国务院侨办和教育部联合颁发文件，决定恢复北京华侨补校。同年9月1日，北京华侨补校正式复办并开学上课，同时立即着手收复校园。1982年5月，北京华侨补校增挂“北京中国语言文化学校”校牌。

1983年，北京市计划委员会“京计基字〔1983〕190号”《关于北京大学一分校计划任务书的批复》中明确道：同意北大一分校从北京华侨补校迁出，另选新址进行建设；北大一分校总建设规模面积控制在11 000平方米以内，总投资控制在600万元以内。1984年7月，北大分校（原名北大一分校，1983年更名）在海淀区土城北路59号征地43.3亩建设新校舍，学校临时搬迁至海淀区后八家于庄子双清路原双清路中学旧址办学。

1999年11月，在北京中国语言文化学校的基础上，北京华侨补校与国务院侨办侨务干部学校合署办公，升格为北京华文教育中心。2000年5月，经教育部批准，北京华文教育中心改建为北京华文学院，成为一所位于首都北京的专门从事海外华文教育的高等院校。原北京华侨补校所在的院落现大部分归国务院侨办下辖的多个单位使用，如北京华文学院、国务院侨务办公室侨务干部学校、中国新闻社、中国华文教育基金会等。

资料主要来源：

①《北京联合大学志（1978—2000）》

②《心中的记忆——纪念北京联合大学（大学分校）建校30周年》

③北京联合大学档案馆馆藏档案

（整理：王岩　审核：姜素兰）

西城区西四丰盛胡同13号

——中国人民大学第二分校校址（1978年—1984年8月）

中国人民大学第二分校校址之一（1984年8月—1985年）

北京联合大学文法学院院址之一（1985年—1986年）

北京联合大学文法学院院址（1986年—1994年3月）

北京联合大学校部办公地点（1990年12月—1996年1月）

北京市高校干部培训中心地址（1992年—2012年10月）

北京联合大学应用文理学院院址之一（1994年3月—2012年3月）

北京联合大学继续教育学院院址（1994年3月—2003年11月）

北京联合大学继续教育学院院址之一（2003年11月—2012年10月）

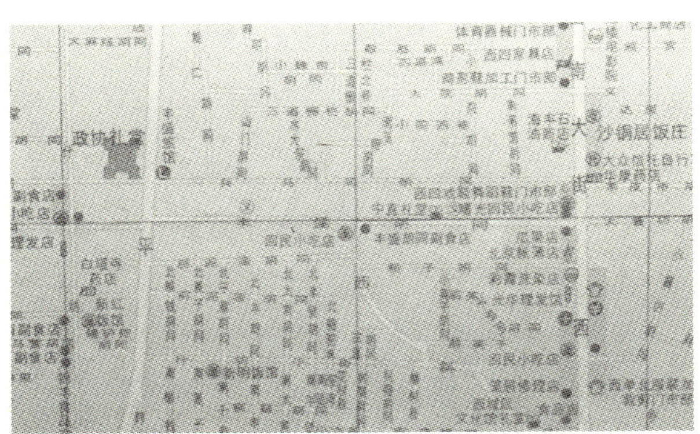

分校时期校址位置示意图（13号位于胡同东段中部）

北京市西城区西四丰盛胡同 13 号，这里曾是北京市第一六二中学（以下简称“162 中学”）的校址。1978 年年底，北京市创办大学分校，将中国人民大学第二分校（以下简称“人大二分校”）校址选于此。1984 年，此处重建新校舍，人大二分校搬迁至海淀区红联东村租借的校舍临时办学。1986 年人大二分校迁回时，其已更名为北京联合大学文法学院。之后，北京联合大学的校部机关和不同学院，以及北京市高校干部培训中心都曾在此办学，直至 2014 年前后此处被置换。

人大二分校时期校门

丰盛胡同位于北京市西城区金融街地区东北部，为东西走向，东起西四南大街，西至太平桥大街，全长 765 米，没有改造之前均宽 6 米。关于丰盛胡同的来历有两种说法，一是认为与天启皇帝的乳母奉圣夫人有关，二是认为与明初大将丰城侯有关。事实上，两种说法都没有错，在北京东、西城曾经各有一条丰盛胡同。东城的那条与乃兹府胡同垂直相交，清末时是一条也叫丰盛胡同的小胡同，现名为丰富胡同。丰富胡同因老舍和他在北京的故居丹柿小院[1]而闻名，现老舍纪念馆就位于丰富胡同，在北京市东城区灯市口西街。丰盛胡同在明代时被称为丰城胡同，因明成祖朱棣的名将丰城侯李彬[2]府邸在此而得名，清初讹称为丰盛胡同。2008年1月15日，人们在丰盛胡同西口南侧附近一处建筑工地施工过程中发现一座唐代壁画墓，始得知丰盛胡同及附近区域在唐代时地名为幽都县礼贤乡胡村，坐落于唐幽州城东北郊外（唐幽州大致范围与辽南京同，金中都则以辽南京为基础扩建）。

丰盛胡同旧时大宅门多，曾坐落有多个官宦的宅第，其在过去是当之无愧的“贵人聚集区”。清康熙皇帝废太子允礽第七子辅国公宏晀的宅子曾在此，宅邸大门与现在丰盛胡同居委会使用房屋的位置相当；清咸丰年间文华殿大学士阿鲁特·赛尚阿宅曾位于丰盛胡同东段路北（今丰盛胡同13号），后成为满蒙学堂址及人大二分校校址，大学士赛尚阿其子崇绮是清同治三年状元，崇绮之女是同治皇帝的皇后；清光绪年间户部右侍郎常麟宅也曾在丰盛胡同；民国初年，徐世昌任大总统时的锦州知府荣厚（伪满洲国成立后任中央银行总裁）住宅曾位于丰盛胡同西口路北；丰盛胡同71号曾是阎锡山家眷居住的二进四合院。

在丰盛胡同长大的孩子大多毕业于原来的丰盛中学，最初

---

〔1〕 丹柿小院是老舍于新中国成立后的住宅，他从1950年4月搬入直至1966年8月去世，在这个院子里生活了16年。这里是他在北京居住时间最久的一处住宅，新中国成立以后他的全部作品都是在这个小院里写成的。老舍夫人为小院取名“丹柿小院”。1997年，老舍家属有偿将其捐献给国家。1999年2月1日，老舍100周年诞辰前夕，老舍纪念馆正式对社会开放。

〔2〕 丰城侯李彬字质文，安徽凤阳定远人。明太祖朱元璋在南京称帝时，李彬任济川卫指挥佥事。燕王朱棣起师南下时，李彬为前锋，因转战有功，累迁至右军都督佥事，明永乐元年（公元1403年）被封为丰城侯。

的校址在今天丰盛胡同的东口（今丰盛胡同 69 号）。它的前身是 1923 年成立的北平私立志成中学女生部，由李大钊先生创办。抗战时期，王光美曾转至志成中学就读。新中国成立后，中学更名为北京第九女子学校，“文革”后又更名为北京市丰盛中学，2008 年，该校与原北京教育学院西城分院附属中学合并，更名为北京教育学院附属中学。离丰盛中学不远的胡同中部马路北侧，是中直礼堂，与人大二分校的校址东邻。礼堂全名为中共中央办公厅直属礼堂，是新中国成立后北京市第一座兼有礼堂和剧场功能的建筑，由著名建筑师赵冬日设计（他还设计了全国政协礼堂、北京市委大楼）。除此之外，讲到丰盛胡同，还有一所因中医骨科而闻名的丰盛医院，尽管它已经超出了丰盛胡同的范围，但因名气之大，总是让人一听到“丰盛”就与之联系起来。

丰盛胡同旧貌（2005 年）（转自筑城通鉴微信公众号）

丰盛胡同于 1992 年被列为西城区首批“危房改造”地区，胡同里的大宅门陆续被拆。现今的丰盛胡同以什坊小街界分为形态迥异的东西两部分。东部东起西四南大街，西至什坊小街；西部东起什坊小街，西至太平桥大街。东部仍基本维持胡同原有空间形态及宽度，但两侧已被多处居住、办公等多层建筑围起的大院割裂为支离破碎的片段，失去整体的连续性；西部已经被拓宽改造为城市干道，两侧高层楼宇林立，不再具有胡同风貌。

丰盛胡同 13 号位于胡同东段中部，其成为人大二分校校址始于 1978 年。1978 年下半年，为适应改革开放和首都经济建设及社会发展的需要，北京市决定借助在京国家重点大学在师资力量和办学经验上的优势，利用部分中小学校址和企业厂房，创办一批以走读为主的大学分校。当年 11 月，北京市委教育工作部向北京市委呈报大学扩大招生工作会议情况报告，附《北京市高等学校分校扩大招生方案》，提出由西城区为主管单位，创办中国人民大学第二分校，设置哲学、政治经济学、国际共产主义运动史、中共党史、法学、国民经济计划、统计学、财政金融、财务会计、商业经济、工业经济、农业经济、中国文学、

丰盛胡同东口（转自筑城通鉴微信号）

新闻、档案 15 个专业，计划招生 880 人，校址选于位于西城区丰盛胡同的原 162 中学。按照文件精神，人大二分校的教学工作由中国人民大学（以下简称“人大”）负责，分校将主要依靠本校的教学资源办学。

丰盛胡同东口路标

丰盛胡同西端

（转自筑城通鉴微信公众号）

中国人民大学响应号召，积极支持人大二分校的筹办工作，在建立专业、制定教学计划、开设课程、配备教师等方面提供帮助。1978 年 12 月 3 日，市委宣布成立中国人民大学第二分校领导小组，由顾炎、傅瑞峰、王兆庸三人组成，顾炎为负责人。12 月 4 日，市委教育部指示成立中国人民大学第二分校（以下简称“人大二分校”）党的领导小组，负责学校的筹建工作和决定学校的重大事情，领导小组组长为顾炎，副组长为傅瑞峰，成员为朱德明、牛世英、王兆庸。建校初期，人大二分校设政治处、教务处、总务处和办公室，政治处下设组织组、宣传组、人事组、工会筹备组和保卫组，并领导团委工作。在大家共同的努力下，分校顺利完成筹建和招生工作，首届招收了 22 个班共 901 人。1979 年 2 月 2 日，分校首届开学典礼在地质礼堂举行，共有901名学生和78名教职工参加。领导小组负责人顾炎在讲话中鼓励学生，要继承和发扬中国人民大学艰苦奋斗的光荣传统，克服困难，努力学习。中国人民大学副校长胡林匀到会并讲话。同年2月3日，全体学生和教职工参加了北京市36所大学分校在首都体育馆举行的开学典礼。分校将22个教学班分成四“片”管理：一是政治理论片，包括哲学、中共党史、政治经济学、国际共产主义运动史专业等7个班。二是社会科学片，包括新闻、中国文学、法学、档案专业4个班。三是经济管理一片，包括工业经济、农业经济、商业经济、国民经济计划专业等6个班。四是经济管理二片，包括财务会计、统计学、财政金融专业等5个班。2月5日，学生正式上课。政治理论课和公共基础课以广播教学为主，英语课则实行电视教学，以收看电视大学英语课为主要模式。分校教学采用人大的教学大纲，基本没有专任教师，主讲教师主要由人大的教师担任，实验课程也是借用人大的实验室完成。

原162中学占地面积约五亩六分（相当于3733平方米），校舍总建筑面积近4500平方米，校园内仅有两排平房、一个小操场和一座四层的教学楼。小小的校园却要容纳近千名师生在这里学习和生活，其中困难着实不少。每到课间休息时，院子里总是挤满了学生。分校没有食堂，于是在附近的餐馆为学生预定包伙解决中午饭，图书馆馆室仅有100平方米。但是，简陋的条件丝毫没有减弱学生们渴求知识的热情。没有正规的教科书，学生们就拿着油印的提纲，跟着闭路电视学英语，跟着黑板上方的广播喇叭学政治。大家都认真极了，没有交头接耳的，没有走神睡觉的，只见各自手中的笔在迅速地记着、记着……在分校搭建的简易板房中，一百多人挤在一起上大课，到冬天就在房子中间生起一个大炉子，让人深刻体会到火烤胸前暖的意境。学生们每天走读，早出晚归，在拥挤的公交车上挤到学校，放学后又挤回家。在分校没有食堂的日子里，学生放学后吃遍了沿街的小吃店。分校没有专门的清洁工，学生们就自己打扫教室。尽管条件十分有限，却没有人有任何抱怨的情绪。学生需步行半个多小时去月坛体育场上体育课，同样能兴奋地打球、跑步。每天放学后，小小的图书馆门口都会有由书包排成的队，学生们在等待着进馆读书的快乐。多学知识，丰富自己，锻造本领，为祖国四化多添砖、多加瓦，这是当时很多学生真挚的想法。

1978 级学生的年龄参差不齐，既有 30 出头的“大”学生，也有刚刚毕业于高中的应届毕业生，既有在社会上摸爬滚打了十几年的老职工，也有刚踏入社会的学生娃。年龄大的有过插队、进工厂、当兵等经历，还有抱着孩子上大学的，每天早晨要先进幼儿园再进大学。年龄小的还不满 20 岁，是刚从高中毕业考入的。为了“对付”期末考试，学生们组织起几个“互助组”，组长是学习好、有见解、善于言辞的好学生，围着听的是理解能力差些、学习劲头小点的学生。组长一番深入浅出的讲解，把枯燥的哲学、逻辑学讲得出神入化。经过“互助组”帮助后，学生们的期末成绩往往一下子能从“中”“差”水平，一跃取得“优”“良”成绩。

老师来自四面八方，有来自人大的、来自师大的，还有来自北大的；有正式的、临时的、代课的、实习的，还有从退休教师里聘来的。这些老师经历了十年浩劫重回讲台，再加上觉得自己是代表所在学校的教学水平，教学很是热情、投入。1978 级的学生又极其渴望学习，非常珍视获得的学习机会，学习态度十分积极、认真。没有人因校舍的狭小而自卑、因设备的简陋而抱怨，师生的共同愿望营造出浓郁的学习气氛和融洽的师生关系。学生们从心底里尊重每一位老师，为老师准备休息的椅子，打好开水，还用班费购买新产品“无尘板擦”，让老师们非常感动。许多老师和学生成了朋友，不但参加学生的班会、联欢会，还和学生们一起春游。

首届招生后4年内分校招收学生并不多。1979年，只有财政金融专业招收了42人；1980年，停招一年；1981年，科技档案专业招收了一个班；1982年法学、文书档案专业各招收了一个班；1983年后，法学、文书档案管理、科技档案管理和汉语言文学4个专业连续招收四年制本科学生。与此同时，分校也在努力建设自己的教师队伍。1980年，分校调入一批以工农兵大学生为主的人员，其中有专任教师18名；1983年1月，分校从1978级毕业生中择优留校一批学生作为专任教师，开始形成自己的专任教师队伍，人数达到71人。但在1983年至1985年期间，这批留校的学生只担任助教，主要任务是进修提升，分校教学工作的主体仍是人大的教师。

1980年11月17日，经北京市委决定，学校成立临时党委，任命顾炎为党委书记，刘正业为党委副书记兼副校长。为适应经济建设和社会发展的需求，分校不断在培养目标和专业设置上进行调整。1981年6月，根据市委教育部、市高教局和中国人民大学的意见，校临时党委研究，拟将学校办成以文法类为主的文科大学，主要为首都培养政法、档案、政治理论和机关文秘等方面的管理干部，为此分校进行专业调整拟设法学、档案、政治及中文4个系，学制为四年，各系每年招生250人左右，总办学规模定为1000人。1982年，北京市对大学分校进行调整。当年12月22日，中国共产党北京市委员会、北京市人民政府同意并转发市委大学工作部和市高教局《关于大学分校调整和建设问题的请示报告》（京发〔1982〕60号）。按照文件精神，人大二分校继续保留建制，将教学目标定位为培养法律、档案方面的专业人才，规模为 800 人。人大二分校开始调整专业设置。1983 年 2 月，学校成立法律系、档案系，建立基础课和政治理论教研室，之后又设置了法学、文书档案、科技档案、汉语言文学、行政管理专业及政治理论专修师资班。1984 年，分校开始着手制定具有自身特色的教学大纲。

为改善办学条件，分校于 1979 年成立食堂，操作间在临时改建的仅 30 多平方米的低矮平房内，因还没有餐厅，师生员工凭餐证就餐。1981 年 4 月 17 日，北京市副市长白介夫来分校了解情况，并到附近的粉子胡同 12 号原 162 中学校办工厂视察。视察后，白副市长同意分校在此建立自行车棚。原 162 中学校办厂厂址划归人大二分校。1982 年，分校拆除了校园内原有旧平房，新建起一栋建筑面积为 7400 平方米的教学楼。1984 年 3 月，学校组成基建办公室。因原有教学楼属于危险楼房，分校于 3 月上报市规划局划定“红线”，进行重建新校舍的设计，于 5 月获市规划局批准。8 月，施工图纸完成。9 月，初步设计获市计委、建委批准，重建新校舍的工作进入倒计时，分校暂时搬迁至海淀区红联东村租借的校舍办学。当年 7 月，分校组织全体教职工利用假期完成了搬迁。1984 年 8 月 6 日，分校开始拆除丰盛胡同 13 号的旧校舍。同年 12 月 13 日，新教学楼破土动工，施工任务由房修一公司承担。经过 20 个月的艰苦奋斗，在克服了扰民、施工地点狭小等数不胜数的困难之后，新教学楼在 1986 年 8 月正式竣工交付使用。

建设中的丰盛胡同 13 号建筑工地

1983 级中文班部分学生在施工工地

1985 年 1 月 11 日，教育部批复北京市人民政府关于成立北京联合大学的请示，同意组建北京联合大学。3 月 6 日，按照市政府文件《北京市人民政府关于建立北京联合大学的通知》（京政发〔1985〕38 号），调整后的 12 所大学分校组建成北京联合大学，人大二分校为其中的一所大学分校，更名为北京联合大学文法学院。学院仍为相对独立的事业单位法人，局级编制不变。

1985 年，学院在马列教研室和干部专修科的基础上又设立了政治系，并设立了相应的院长办公室、人事处、教务处、学生处、总务处、保卫科和财务科。

1986 年暑假，全体教职工、学生从海淀临时校舍迁回，于 9 月 1 日在新校舍正式开学上课。新校舍占地面积 5000 平方米，总建筑面积为 10 500 平方米，总投资 480 万元，每平方米造价约 450 元。新校舍有教学楼、综合楼和锅炉房三处建筑。教学楼建筑面积为 7646 平方米，包括地下一层、地上六层，设置有教室、图书馆、电化教育演播室、健身室、办公室等，配置电梯两部、图书升降梯一部。综合楼建筑面积 2500 平方米，包括地下一层、地上三层，设置有实验室、计算机房、语音室、200 人和 500 人阶梯教室、电影放映室、暗室、厨房操作间、餐厅及汽车库等，配置运货升降梯一部；锅炉房建筑面积为 259 平方米，为二层砖混结构，配置两吨暖气锅炉一台、开水锅炉一台、热水锅炉一台、浴室、休息室等。学院的办学条件得到了大大改善。

学院确定了从基础型学科向应用型、复合型学科转变的发展方向，先后把中文专业以培养汉语言文学人才为目标变更为以培养新闻、编辑、秘书等应用型人才为目标，合并文书档案专业和科技档案专业为档案学专业，改法学专业理论型为应用型以培养普法人才为主，且根据经济发展的需要还增加了经济法方面的课程。行政管理专科专业教学目标改为以培养中小企业、事业单位、街道办事处等基层单位的行政管理人员为主。1987 年 4 月，为加强基础课教学，学院成立基础部，下设数学与计算机教研室、体育教研室、外语教研室。同年 9 月，学院成立文法学院法学研究所。1989 年 5 月，学院先后成立“台湾研究室”和公共关系研究室。

重建后的校门

1990年12月16日，北京联合大学校部从海淀区花园北路暂借校址迁入丰盛胡同13号办公。

1992年5月4日，市高教局发文《关于北京联合大学文理学院中文系与文法学院中文系合并的批复》（京高教办字〔1992〕013号），同意将北京联合大学文法学院中文系调整到文理学院，与该学院中文系合并。调整工作自5月上旬开始实施，至6月底以前结束。

1994年3月，北京市人民政府办公厅发文“厅秘字〔1994〕14号”批复市高教局的《关于联合大学所属学院调整合并中有关问题的请示》，同意北京联合大学文理学院与文法学院的中文、法律、政治等系合并，成立北京联合大学应用文理学院，北京联合大学文法学院改名为北京联合大学继续教育学院，并在文法学院校址基础上，办好北京联合大学继续教育学院和北京高校干部培训中心。学院调整后，继续教育学院与应用文理学院共同使用丰盛胡同13号办学，此处为应用文理学院的南院，其部分职能部门在此办公，人文与管理科学系在此办学。继续教育学院机关办公室占用房屋 25 间共 360 平方米，使用两个 100 人教室，3 个 40 人教室办学，与应用文理学院共同使用 200 人教室、500 人教室、健身房。原文法学院的大部分实验室和仪器设备，除档案和法律两个实验室归应用文理学院使用外，都划归继续教育学院使用。教学楼六层归北京市高校干部培训中心使用。

继续教育学院承担着北京市成人继续教育和北京市高校干部培训两项任务。其中，成人继续教育从 1994 年 5 月启动，北京市高校干部培训工作从 1992 年开始。继续教育学院不设党委，实行院长负责制，接受联合大学党委和校长的领导；高校干部培训中心的工作接受中共北京市委教育工委和北京市教委的领导。

1995 年，学院首届成人学历教育（夜大学）招生，共招 4 个专业，分别为涉外财会、国际金融、外贸英语、广告摄影专业，共 201 名学生。2000 年成人学历夜大学首次申报并被批准开办英语专升本专业。7 月份夜大学招收广告摄影、计算机网络技术（高职）和英语（专升本）、英语二学历等专业学生共计 209 人。学院作为中央党校函授教育学院北京市委机关分院的学区——联大学区，继 1995 年以来招收首届以在职党员干部为主的学员。学院于 2000 年开设高等教育自学考试计算机应用高职专业，自 1995 年至 2000 年举办了各种岗位培训的长短期班，其中有法律研究生课程进修班、成人教育研讨班、英语、工商经济职称辅导班、成人高考补习班、党校考前辅导班、中技助学班、3+2 高职辅导班、艺术类摄影加试辅导班、专升本英语辅导班等。

北京市高校干部培训中心成立于 1992 年 7 月，是市委教育工委和市教委共同举办的培训机构，依托北京联合大学继续教育学院（1994 年前依托原联合大学文法学院）办学。继续教育学院具体负责教学任务和培训的日常管理工作。培训中心未建立专职师资队伍，主要是聘请高校的教授、科研单位的专家、国家和北京市教育行政机关的领导和主管部门负责人授课。

丰盛胡同 13 号现貌（大门）

1996 年 1 月，北京联合大学校部从丰盛胡同迁出，迁入北四环小营地区新建成的校址办公。

2003 年 11 月，北京联合大学上报的《关于成人教育部并入继续教育学院的意见》（京联党组〔2003〕43 号）获得批复，成人教育部并入继续教育学院，由此继续教育学院拥有了什刹海和丰盛胡同两个办学地址。2012 年，北京联合大学盆儿胡同校区改造完成，继续教育学院结束两址办学的历史，迁至盆儿胡同 55 号办学。随后，应用文理学院接收丰盛校区，改建学生宿舍，对校区基础设施设备进行检修和改造。

丰盛胡同 13 号现貌（院内 1）

2013 年，北京联合大学用此处校址置换了北四环东路 93 号（现为北京联合大学北四环校区东院），应用文理学院迁出丰盛胡同。现丰盛胡同校址为中直纪工委（全称为中央直属机关纪律检查工作委员会）的办公地点。

丰盛胡同 13 号现貌（院内 2）

资料主要来源：

①《北京联合大学志（1978—2000）》

②《心中的记忆——纪念北京联合大学（大学分校）建校 30 周年》

（整理：王岩　审核：姜素兰）

西城区象来街

——北京工业学院第二分院校址（1978 年—1983 年 2 月）

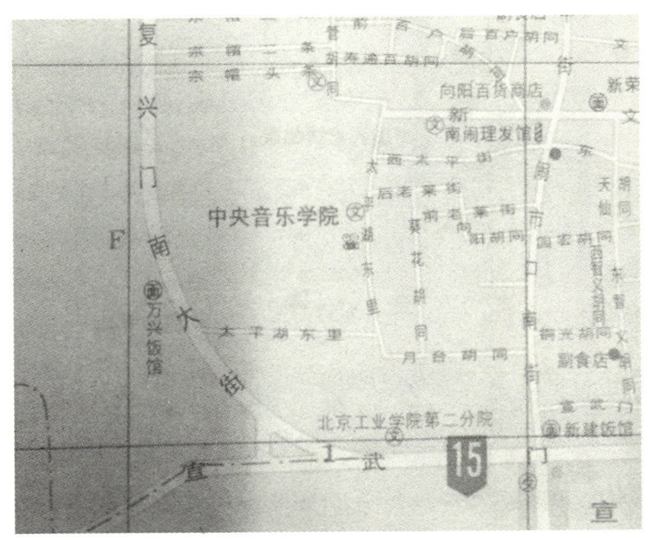

20 世纪 80 年代初校址地图

在北京市西城区象来街，原有一座西城电子元件厂。1978 年年底，北京市创办大学分校，拟将北京工业学院第二分院（以下简称“工业学院二分院”）校址设置于电子元件厂。在之后的大学分校调整中，工业学院二分院并入北京邮电学院分院，此处便不再用于分校办学。

校址对应现今地图（百度网截图）

为适应国家政治经济形势变化、解决高等教育供需矛盾，中国共产党北京市委员会、北京市人民政府于1978年决定依靠地方财政和北京地区高等学校办学资源，利用部分中小学校址和企业厂房创办一批大学分校。工业学院二分院是当年北京市创办的大学分校之一。当年11月，北京市委教育工作部向北京市委呈报大学扩大招生工作会议情况报告，附《北京市高等学校分校扩大招生方案》，提出以仪表局为主管单位、纺织局为协作单位，创办工业学院二分院，设置电子技术专业，计划招生500人，校址选于位于西城（区）象来街的原西城电子元件厂。按照文件精神，工业学院二分院的教学工作由北京工业学院负责，分院将主要依靠本院的教学资源办学。

同年12月14日，北京市革命委员会印发《关于成立北京大学第一分校等33所高等学校分校的通知》（京革发〔1978〕

536号），决定成立北京大学第一分校等33所高等学校分校，其中包括北京工业学院第二分院。

1982年12月22日，中国共产党北京市委员会、北京市人民政府同意并转发市委大学工作部和市高教局《关于大学分校调整和建设问题的请示报告》（京发〔1982〕60号）。文件提出，将北京工业学院第二分院并入北京邮电学院分院，以培养无线电技术人才，招生规模为800人。1983年2月，工业学院二分院实质性并入北京邮电学院分院，西城区象来街校址不再使用。

资料主要来源：

①《北京联合大学志（1978—2000）》
②北京市档案馆馆藏档案
③北京联合大学档案馆馆藏档案

（整理：王岩　审核：姜素兰）

原崇文区夕照寺街14号

——中国人民大学第一分校校址（1978年—1985年）

北京联合大学经济管理学院院址（1985年—1990年9月）

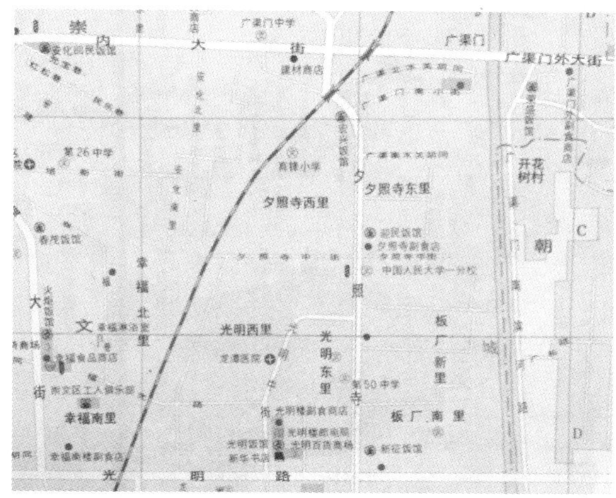

20世纪80年代初校址位置示意地图

对应现今地图

北京市崇文区夕照寺街14号，在1978年至1985年间，是中国人民大学第一分校（以下简称“人大一分校”）的校址，而在成立人大一分校以前，这里是北京市第一一七中学（以下简称“117中学”）的校址。现在，崇文区夕照寺街已改为东城区夕照寺街，14号院面积也不再是原来的13.3亩，而是被分成了用于不同用途的几部分，当年的旧貌已不复存在。

人大一分校校门

校园生活（1978年—1982年）

夕照寺街位于原崇文区东部，北起广渠门铁路桥，南至龙潭湖，长 1280 米，得名于一座门开在中街的夕照寺，1967 年更名为光明路，1977 年恢复现名。夕照寺建于明朝初年，有名僧曾在此静修。寺内最有名的是书画双壁：大悲殿西壁有《古松图》，为当时著名画家陈寿山于乾隆四十年（公元 1775 年）手笔；东壁为名书法家王安昆手书行草梁朝沈约的《高松赋》并跋。书画双璧均属文物珍宝，现存于北京文物研究所。该寺现存大殿两座，前殿三间，于 1984 年被列为崇文区文物保护单位。夕照寺街 14 号位于街的中部偏北，在路东侧。

1978 年，中国人民大学积极响应北京市委关于北京办分校的号召，在北京市人民政府选定的 117 中学校址上开始筹建中国人民大学第一分校。原 117 中学占地 13. 3 亩（约 8866. 67 平方米），有一栋 20 世纪 50 年代建设的教学楼，面积约 2300 平方米，内有教室 13 间、200 平方米大教室 1 间。有两排平房，其中一排是 8 间办公室，另一排是 100 多平方米的生活用房。有一个不能供暖的锅炉房，还有一个 20 多平方米的食堂，里间是厨房，外间为吃饭场地，做饭的设备和设施几乎为零。能用的课桌椅和办公桌椅则按北京市人民政府规定，随着 117 中学师生离开而被带走了，剩下的桌椅不是缺胳膊就是少腿，办公桌是三条腿支着破桌面的桌子。教学楼门窗残缺不全，墙皮脱落，破迹斑斑，地面坑洼不平，楼梯扶手断裂。就是在“这个根本不能办大学”的条件下，分校筹备组开始筹建一所名副其实的大学。

北京市委决定，办分校的校址、设备、设施由北京市人民政府负责，教学方面的事宜由各高等学校承担，分校领导班子由北京市和各高校派人组成，教学管理人员由各高校派任，一般管理人员由北京市委、北京市人民政府调配。1978 年 11 月 3 日，北京市委召开筹建分校会议，人大一分校的领导小组（建校初期分校领导班子称为领导小组）由 4 人组成，组长孙乃东（原在部队从事政治工作）主持全面工作，副组长李德良（原中国人民大学哲学系副主任）主管教学，小组成员白永军（原部队支左宣武区革委会副主任）主管政工，小组成员范信中（原 117 中学党支部书记）主管后勤。一般管理人员共 13 人，由 117 中学留下的行政干部和工人组成。

时间紧迫，条件艰苦，人大一分校筹建领导小组遵照市委背靠老校、面向北京的方针，立足十三亩三分地，开始筹办分校。为迎接招生、开课，建校工作首先从维修房屋开始，如对墙壁进行磨平粉刷，修换门窗、刷油漆、平地面，购买课桌椅、黑板等教学用具。在市高教局的支持下，各项工作进行得比较顺利。同时中国人民大学教务处安排具体教学事宜，专业设置基本是人民大学有什么，分校就有什么，教学计划、课程安排等一切照搬本校，任课教师全部由人民大学调任并安排到位。人民大学副校长胡林匀主管分校事宜，教务处长徐靖、周简述负责常务工作，各系主任和教研室主任负责落实。筹建分校期间，领导小组和全体工作人员虽有分工，但实际干起来是哪用到哪，如卸车搬桌椅、清理打扫教室、平整院落地面等，都是大家一起动手，谁也不例外，心往一处想，劲往一处使。大家夜以继日地工作，没有星期天，也没有任何补贴。

筹建期间，办公条件是艰苦的。办公室都是平房，且正值冬季，锅炉不能用，人们只能靠煤球炉取暖。领导小组的两位领导开始不会用煤球炉，不是烧过劲了，就是捅灭了，在学习自己生火的过程中总是弄得满屋子是烟不说，还时常成了“三花脸”，惹得大家哈哈大笑，但他们认为这是艰苦生活中平添的几分情趣。不生火的时候，屋里则冷得需要让人“全副武装”。当时的交通条件也是艰苦的，李德良老师下班回家要坐两个小时公共汽车，碰上人多的时候，往往登上车门却挤不进去，有一次被后面的人一推腰部受了伤，到家后揉揉、敷敷，第二天照样上班。老师们到中午饭后休息的时间，都是靠四把学生用的破椅子加一个砖头和一个书包支作床铺，抽出 20 分钟迅速恢复精力来保证下午的工作。当时工作中的困难比办公条件的困难更大，所需要的物资十分匮乏，买了又没有运输工具，能用自行车驮的都是用自行车驮回来，比如上课用的课桌椅。还有水的问题、电的问题、吃饭问题，可以说时间紧迫且困难重重。在北京市高等教育局的大力支持下，经过领导小组和员工们的一个多月的艰苦奋斗，人大一分校初具招生条件。按照当时办学条件，1978 年首届计划招生 920 人，分校设置哲学、政治经济学、中共党史、法学、国民经济计划、统计学、财务会计、商业经济、工业经济、农业经济、中国文学、新闻、社会科学情报 13 个专业，人民大学有的专业，分校基本上都有。

建校初期的工作和生活依然十分艰苦，来分校任课的教师住西郊人民大学院内的有校车接送，住在人大铁一号和校外的人都挤公共汽车，但从来不迟到。建校之初，分校只有在编教师 11 人，其他任课教师有的是人民大学的高水平教师，有的是北京大学的著名教授，还有的是高校和研究机构的知名学者，他们教学认真负责、一丝不苟，且不得分文（分校创办初期没有报酬），广泛受到学生好评。郊区县的 30 多名学生住在大教室改建成的宿舍里，虽然有点挤，但学生们都很高兴。吃饭时，来分校任课的教师和分校教职工一样，打一份饭坐在教室、在屋檐下，同学生边吃边谈，其乐融融。通过教学和生活，师生间建立起融洽和谐的师生关系，二者上课是师生，下课是朋友。学生们珍惜来之不易的学习机会，学习非常刻苦，且互助友爱，朝气蓬勃。他们以校为家，是学习者又是学校的管理者。他们从不计较学校的办学条件，而且处处为学校着想，有些事情学校未想到或是没做到的，他们主动地做了。比如学校附近的十二路公共汽车站早晚时间不适应学生上下课需要，学生与有关方面协商，使该问题得到解决。再如取暖、用电以及吃饭问题都是学生协助解决的。还有课桌椅是中小学生的，成年人坐起来很是难受，学生们都默默地忍受着。

人大分校边建设边教学，不断改善办学条件，自己进行土木工程改建。为了解决学生吃不上热饭热菜的问题，分校改造食堂，在原有食堂的后边接出 50 多米，又全面改造炉灶，扩大操作间，购置新的炊事用具，建成一个可供几百人吃饭的厨房，虽然师生们还要打饭回教室或者在屋檐下吃，但至少能吃上热饭热菜了。食堂改造之后，分校又对锅炉房进行了全面改造，在原地建新房，购买新的锅炉，解决了取暖问题。同时，分校在锅炉房的旁边建水房，购买新的烧水锅炉，解决了学生喝水的问题。

1979 年底，北京市城市规划局批准建设南教学楼、西教学楼、综合用房角楼，建筑面积共 14 000 平方米，分阶段施工。1981 年，分校获得北京市人民政府拨款，拆除南侧原有平房，修建了面积达 8700 平方米的南教学楼，一层是图书馆和实验室，二层是阅览室、电教室和资料室，地下室放图书馆藏书，三层以上是大中小教室。1984 年，分校自筹资金建成面积共 4400 平方米的西教学楼，一层是车库、教工食堂，二到五层是资料室、教师阅览室、教研室的办公室、外语教学小教室，六层是阶梯式大教室（实是小礼堂），并设有舞台，可容纳 600 多人，学校可在此召开教职工大会，举办学生文艺演出。

1984 年建成的西教学楼

1982 年，北京市对大学分校进行调整。当年 12 月 22 日，中国共产党北京市委员会、北京市人民政府同意并转发市委大学工作部和市高教局《关于大学分校调整和建设问题的请示报告》（京发〔1982〕60 号）。按照文件精神，北京外贸学院分院被并入人大一分校，培养外经、外贸和经济管理方面的专业人才，规模为 1600 人。1983 年 7 月，北京外贸学院分院实质性并入人大一分校，校名仍为中国人民大学第一分校，办学地址在崇文区夕照寺街 14 号，原北京外贸学院分院部分校舍转给北京师范大学第二分校。

1983 年 9 月，北京市人民政府决定成立北京市职业大学（专科），下设经济管理学院和机电学院，规模为各 800 人。人大一分校承办经济管理学院，加挂“北京市职业大学经济管理学院”牌子，与经济管理学院为两块牌子一个办学实体。同时，分校接受世界银行短期大学项目贷款，用于经济管理学院发展。

1983 年，第一届（1978 届）和第二届（1979 届）学生先后毕业，标志着人大一分校的创办基本完成，分校进入发展建设新的历史阶段。分校在总结四年办学经验的基础上，进一步明确了为北京经济建设和社会发展服务的办学思想，根据社会需要，不断调整专业，确立了以经济管理为主、培养应用型人才的办学方向，对专业设置几经调整，形成以经济管理为主、涉外专业为特色的系科设置。在调整专业的同时，分校扩展了办学形式与层次，除开办本科外，还开办了两年制和三年制专科、两年制在职干部专修科、一年制进修班、三年制函授班和夜大班，接受两年制与四年制委托代培，试行校厂挂钩、在厂办班（燕山石化公司）、校企合作办学（与中国信托投资公司合办金融租赁专业）等。

1985 年 1 月 11 日，北京市人民政府关于成立北京联合大学的请示获得教育部批复，同意组建北京联合大学。3 月 6 日，按照北京市人民政府《关于建立北京联合大学的通知》（京政发〔1985〕38 号），调整后的 12 所大学分校组建成北京联合大学，人大一分校为其中的一所大学分校，更名为北京联合大学经济管理学院。1985 年，学院占地面积 13.31 亩（相当于约 8873 平方米），总建筑面积 16 809.64 平方米，其中，教室 7341.4 平方米，实验室 400 平方米，图书馆 1633 平方米，系行政用房 4795.26 平方米。学生人数 2502 人，其中本科生 1515 人。学院有专任教师 214 人，外籍专家、教授 6 人，职工 430 人。图书馆藏书 20 万册，其中外文书 5000 册，期刊 596 种。学院设置对外经济贸易系、计划统计系、工业企业管理系、商业经济管理系、财会金融系 5 个系，下设本科专业 9 个。

1985 年，学院又建成两个学生食堂和一个职工食堂以及附属设施总面积为 1300 平方米，为当时 2500 余名学生和 400 余名职工提供了就餐场地，同时为食堂配备 15 吨级冷库，各类冰箱 4 个。

随着世界银行贷款的陆续到位和相应项目的完成，学院的硬件设施日益完备。学院利用 40 万美元世界银行贷款购买一套美国戴尔公司小型计算机，建起了当时北京市少有的计算机房和计算机教室，同时配备青年教师参加管理和教学，并派其中两人到美国戴尔公司参加计算机技术培训。学院与国家有关部门合作创办了计算机软件公司（定名为中国国际软件工程公司），又利用专款和世界银行贷款10万美元陆续购置了较先进的电教设备、电化教学资料，逐步建成了设备齐全、技术先进的电教中心。中心不仅可以将名教授学者讲课或者是专题讲座进行录音，还能整理专题片，录制资料片，自己编制教学需要的软件和专业片、专题片等系统的教学片。除满足本校需要外，中心还供给兄弟院校使用。学院利用世界银行贷款10万美元，购置外文书刊；利用世界银行追给的15万美元，购置书刊资料和电教设备。

到1990年，学院已有通用教室46个、大教室4个、外语专用教室12个、600座的小礼堂1个、小体育馆1个、招待所1个、生活服务设施多个（如托儿所、印刷所、车队等），基本保证了教学与师生生活需要。学院建立了北京社会经济研究所、房地产经济研究所、文学艺术研究室和高等教育研究室。至1990年9月，学院有教学人员340人，其中教授4人，副教授19人，副研究员3人，高级工程师3人，具有中级职称的教师共155人。自建校以来学院共招本科生5726人、专科生3270名。

1990年9月，北京市人民政府办公厅发文“厅秘字〔1990〕34号”通知：从1990年9月1日起，北京联合大学经济管理学院（含北京职业大学经济管理学院）整建制并入北京工业大学，北京联合大学经济管理学院即行撤销。学院6个系和北工大管理工程学系合并调整为管理工程学系、对外经济贸易系、应用经济系。夕照寺街14号校址后来被北京市人民政府拍卖。现今，夕照寺街14号已被分割为不同用途的几部分，原有学院院落已不复存在。

资料主要来源：

①《北京联合大学志（1978—2000）》
②《李德良回忆录》

（整理：王岩　审核：姜素兰）

原崇文区永定门外安乐林路 18 号

——清华大学第二分校校址（1978 年—1982 年）

清华大学分校校址之一（1982 年—1985 年）

北京联合大学自动化工程学院院址之一（1985 年—1994 年 3 月）

北京联合大学电子自动化工程学院院址之一（1994 年 3 月—1996 年）

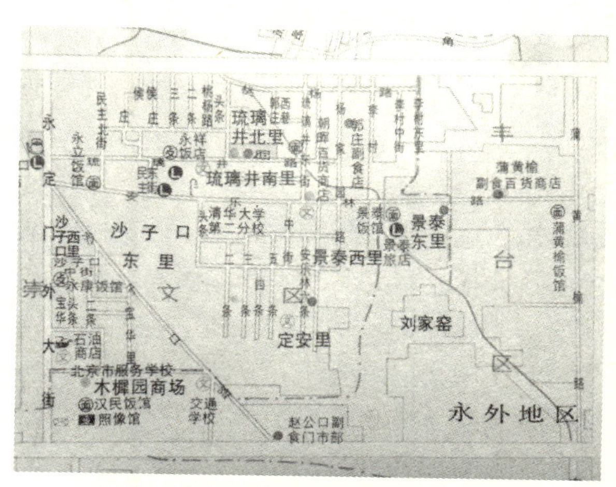

清华大学第二分校时期校址位置示意图

清华大学分校时期校门

原北京市崇文区永定门外安乐林路 18 号（现属东城区），这里曾是崇文区沙子口小学的校址。1978 年年底，北京市创办大学分校，将清华大学第二分校（以下简称“清华二分校”）校址选于此。在之后的大学分校调整中，清华二分校与清华大学第一分校合并为清华大学分校（以下简称“清华分校”），合并后的清华分校在两址办学，这里是办学地址之一。后此处先后是北京联合大学自动化工程学院与电子自动化工程学院的办学地址之一，之后又被转让，不再用于办学。

安乐林路位于崇文区西南部。东起蒲黄榆路，西至永定门外大街。此地原称安乐林。1965 年政府将狮子馆、琉璃井、沙子口、勒家坑和李村的部分并入，统称安乐林路，是永外东西向的交通干线。在安乐林路南侧，从西向东，依次定为安乐林头条、二条、三条、四条、五条，安乐林中街，安乐林六条。安乐林路因安乐禅林得名。安乐禅林位于安乐林路 63 号、琉璃井 8 号，原系北京南郊一座较大规模的汉传佛教寺庙。据有关记载始建于明代，清代康熙年间重修，民国时期已荒废。清末此地隶属大红门海慧寺所辖，归郭公庄行政村管，为民国初期南郊分属所辖地最大的寺庙。它是永外“三宝”（燕墩，沙子口清真寺，安乐禅林）之一。现存建筑为清代建筑。安乐禅林坐北朝南，有三层大殿，原有房 48 间，有前殿 3 间，后殿 5 间，左右各厢房 3 间。原有山门与钟鼓楼早已废弃不见踪迹，现存建筑原是清朝掌管皇宫粮食的“米助家”家庙，后做过小学、职工宿舍，后来成为大杂院。由于院内房舍纵横交错，殿堂均被住户房屋遮挡，只能看出大体情况。2017 年底东城区将其列入文物腾退计划。

安乐禅林旧址（2017 年俯拍）

1978 年，为适应国家政治经济形势变化、解决高等教育供需矛盾，中国共产党北京市委员会、北京市人民政府决定依靠地方财政和北京地区高等学校办学资源，利用部分中小学校址和企业厂房创办一批大学分校，并组织较有基础的大学各办 1—3 所分校。清华二分校即为当时创办的大学分校之一。北京市依靠清华大学创办了清华大学第一和第二两所分校。1978 年 11 月，北京市委教育工作部向北京市委呈报大学扩大招生工作会议情况报告，附《北京市高等学校分校扩大招生方案》，提出由崇文区为主管单位、汽车工业公司和建工局为协作单位创办清华二分校，设置机械工程和建筑工程专业，计划招生 1000 人，校址选在当时位于崇文区沙子口的沙子口小学。根据文件精神，清华二分校的教学工作由清华大学负责，分校将主要依靠本校的教学资源办学。

原沙子口小学校址位于安乐林路以南，安乐林中街以西，安乐林头条以东。学校占地面积约 5800 平方米，总建筑面积 4406 平方米，院内有一栋约 4200 平方米的四层教学楼、206 平方米的平房。院内唯一的教学楼建成于 1961 年，在 1976 年唐山地震时受到破坏，经检测，楼房向南倾斜两厘米，楼房主体没有圈梁，墙的裂纹很长，被鉴定为危险建筑物。为此，沙子口小学于 1977 年停办，师生分散到其他小学上课。将清华二分校校址选于此时，教学楼主体加固问题尚待解决，但时间紧迫，也只好先使用再逐步解决。1978 年底，经市委同意，清华二分校临时领导小组建立，马乐清任领导小组组长。临时领导小组主持全校的党、政、后勤、共青团等工作，下设三处一室，即政治处、教务处、总务处和办公室。临时领导小组带领着数量不多的教职工，按上级要求的时间，夜以继日，团结奋战，修整校舍、平整校园，边筹建边招生。市、区房管局派来的工人师傅们冒着严寒紧张地施工 20 天，终于在 1979 年元旦前将教学楼一至四层粉刷油饰一新，将楼内教室门窗装齐，原沙子口小学的旧校舍焕然一新。

1979 年 2 月，清华二分校正式开课，首届招收了 24 个班共 1000 多人。分校未设系，直接由清华大学相应系办专业并配备教师，执行清华大学相关专业的教学计划。

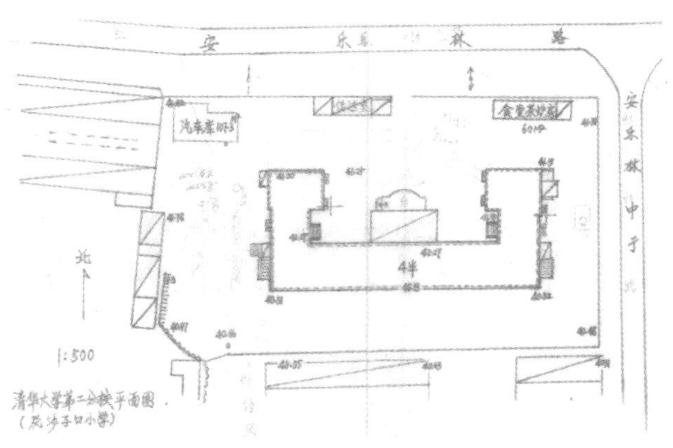

1980 年校址平面图

用一所小学的校址办大学，最初要克服的困难有很多。仅有的这座孤零零的四层小楼，被 1000 多名学生挤得满满的没有一点空隙。校内没有操场，学生上体育课要跑一站地的距离，到附近的北京第一师范学校去，或是围着学校四周的街道跑步锻炼身体。学校没有食堂，每天由附近的餐馆供餐，学生们就在楼道、教室就餐。教室不够用，有些辅导课就安排在晚上；座位不够用，学生就自己搬椅子，椅子放不下了就站着听。由于师资缺乏，很多课程的教学是通过电教室播放教学录像，学生们坐在各自教室里用电视机观看的方式来完成的。各科实验都要学生集体乘车到清华大学的实验室去做。图书馆面积仅 200 平方米，阅览室和书库是借用的几间简陋的教室。由于前期筹建时间太过紧迫，所以楼内上下水管道没有重修。开学一个多月后，厕所管道堵塞导致厕所不通，楼内气味难闻也不卫生，校总务后勤人员便一齐动手紧急疏通厕所管道，之后厕所管道也经常堵塞，都是后勤人员去紧急疏通。

但无论多简陋的条件都没有让教职员工们丧失信心，他们始终坚持艰苦奋斗的创业精神，心中装的除了学校还是学校。领导小组组长马乐清是1937年就参加革命的老同志，曾任北京军区炮兵某独立师副师长。在1979年全校大会上，他用洪亮的声音对师生们讲："艰苦奋斗的创业精神，是无产阶级的本色，它来自无产阶级的伟大胸怀和崇高目的，从民主革命时期到社会主义建设时期，革命和建设的实践证明——只有发扬艰苦奋斗，才能使我们战胜困难，夺取一个又一个的胜利……我们不能买一个'四化'，也不能等一个'四化'，我们只有发扬艰苦奋斗的精神，'四化'才会有希望。"他习惯于官兵一致同甘共苦，进校后就在办公室里支了个活动床，晚上很少回家。在他的带领下，学校的干部职工也经常加班加点。有个年轻的女军官从成都军区转业到北京，背着背包就进了分校的门，解开背包就投入工作，一年后才回家。有一次马乐清组长山西老家的人开车进京来看他，带了几麻袋土豆，又大又新鲜，准备给他拉回家过冬吃，可他立即就把食堂炊事员叫到办公室，让他们全部抬到食堂去。他说："学校就是我的家。"为了节省时间和节约资金，在改善办学环境的过程中，分校能自己动手的工程项目就自己动手，并自行组织力量去施工。全校教职工和校领导都不同程度地参加了义务劳动，为建分校贡献力量。

同样，艰苦的条件丝毫没有减退学生们学习知识的热情。1000多名学生在仅有的四层楼中依靠看电视听广播，借助清华大学教师的辅导，如饥似渴地学习着。任何困难都不能阻挡他们学习的脚步。他们中有许多人是上山下乡的知识青年，也有人做过工厂车间的一线工人，还有人曾是穿军装的军人。甚至有些人已过而立之年，为了社会的需求，带着满腔热情，走进了课堂。由于校园极小没有住宿条件，学生几乎全部走读。他们夏天迎着朝阳，冬天顶着风雪，从北京城的四面八方赶到安乐林路来上课。为了不迟到，离家太远的学生就在附近居民区租房住，也有的学生为了省钱，自己在居民院里搭木头房子住。还有个家住农村的学生，家庭经济困难，为了保证能读书，一边上学一边喂猪，每天早上挑着两个空桶进校门，把食堂里的剩菜剩饭倒进空桶，放学时挑回家。由于学习目的明确，学习勤奋刻苦，学生们普遍取得了较好的成绩。1978级学生第一学期平均及格率是96.6%，第二学期是94.2%，第三学期是91.8%，第四学期是96.3%，第五学期是94.9%（所有及格率统计均未计算补考后及格的成绩）。学生中，党员们发挥骨干作用，开展不同专业的互助组、结对子，互帮互学。共青团员发挥先锋作用，不仅在学习上互相帮助，还在文体活动方面更为突出。学生们用沙子口小学留下的两块旧黑板办起了板报并开展各班板报评比，开办学生报，不仅自己收集材料组稿、设计版面，还从教务处借来钢板、铁笔和旧的手推油印机，自己刻板、自己油印。尽管条件艰苦，工具简陋，但是学生们的积极性高、热情高，工作起来极为认真，不仅掌握了刻板这项技术活，用油辊子一下一下推出来的每一份材料质量也很高。

1980年11月，经市委批准，清华二分校成立了临时党委，领导全校的党、政、群工作，教学工作仍由清华大学具体负责。北京市委教育部根据市委的精神，任命郭霖为党委书记，委员有汪行、罗延秀、刘新月。

清华二分校在1978年年底招收第一届学生后三年未招生，1982年招收了第二届学生，为机械设计与制造专业的两个班。

1982年下半年，市委决定将清华大学第一、二分校合并为清华分校。同年9月3日，分校召开第一次联合办公会，市委教育部副部长谭元堃出席会议，并宣布了合并后党委书记和校长的任命情况。同年12月22日，中国共产党北京市委员会、北京市人民政府同意并转发市委大学工作部和市高教局的《关于大学分校调整和建设问题的请示报告》。其中提出将清华大学一、二分校合并为清华大学分校，以培养工科机电方面的通用技术人才，规模为1200人。同时，明确大学分校仍为市属单位，由中国共产党北京市委员会、北京市人民政府直接领导；党的日常工作由市委大学工作部负责管理，行政业务由市高教局主管；分校的教学工作仍然依靠大学本校。师资实行专、兼职相结合，基础课师资逐步做到专职为主。

自1983年1月起，大学分校的调整工作开始逐步落实。合并后的清华分校于当时的东城区黄化门街5号和崇文区永定门外安乐林路18号两址办学，设置两系一部，即电子技术系、机械系和基础课教学部。电子技术系（地址在东城区黄化门街5号）设应用电子技术、自动控制两个专业，于1983年各招收了一个班；机械系（地址在崇文区安乐林路18号）设电子精密机械、机械设计与制造两个专业，于1983年各招收了一个班；基础课教学部下设物理教研组、实验物理教研组、基础数学教研组、应用数学教研组、中文教研组和外语教研组，另有8个物理实验室。

1983年9月，北京市人民政府决定成立北京市职业大学（专科），下设经济管理学院和机电学院，规模各800人。清华分校承办机电学院，加挂“北京市职业大学机电学院”牌子，与机电学院为两块牌子一个办学实体。同时，分校接受世界银行短期大学项目贷款130万美元，用于机电学院发展。机电学院设置应用电子技术、电子设备结构、模具设计与制造、锅炉安全与检测4个专业，学制为两年至三年，全部走读，不包分配。为办好职业技术教育，分校增设职大处。同年 9 月 16 日，机电学院举行首届新生开学典礼。

在清华大学的帮助下，分校的师资队伍也逐步形成。教师人数由 1980 年初的一、二分校各不足 10 人（主要是体育教师和少数外语、数学、化学等基础课教师），逐年增加。1984 年 1 月，清华分校有教学人员 152 人，管理干部 104 人，工人 58 人，总在编教职工 314 人。

1980 年至 1984 年，清华二分校翻建了 5 间平房，修建了食堂，建立了材料实验室、精密机床实验室、金工实验室、模具实验室、水处理实验室和液压实验室。在上述项目进行过程中，分校自力更生，组织教职工义务劳动，自己动手节约了很多时间和费用。例如，分校在建设闭路电视室项目时，需要在当年开学前完成，时间紧任务重，为了不影响教学不能等房管局，分校决定由总务处负责组织施工，全体总务处后勤人员一齐动手参加义务劳动，刷墙修建闭路电视监视室，校领导和总务处长亲自带头参加劳动，最终按时完工保证了教学的需要。同时，项目选用既经济又实用的石膏板，仅闭路电视室一项就为国家节约上千元。此外，分校还自己动手完成补漏四楼房顶项目，为国家节约了 1000 多元。这样的例子还有很多，数不胜数。

1985 年 1 月 11 日，教育部批复北京市人民政府关于成立北京联合大学的请示，同意组建北京联合大学。3 月 6 日，按北京市人民政府《关于建立北京联合大学的通知》（京政发〔1985〕38 号），清华分校作为北京联合大学下设的学院，更名为北京联合大学自动化工程学院，安乐林路 18 号是学院的办学地址之一，为南院。

1985 年后，学院又陆续改善了办学环境，完善了硬件条件。1985 年，学院投资 5 万元将食堂扩建为 250 平方米。1986 年至

1991 年间，学院翻建（含扩建和新建）了锅炉房、配电室、木工房、冷库和自行车棚。1990 年，学院投资 13 万元扩建了 260 平方米的图书馆。期间，经过多方协商，学院在校园东侧和南侧的一层平房又加盖了一层，其中东侧用于学生就餐，南侧用于学生合班大课使用，缓解了学生就餐和上课教室的压力。为保障安全，搭建施工人员在搭建标准上非常严格，比如有地方需要加固到两点，现场施工就会加固到六点。因此直到现在，当时的建筑结构还完好保留着。

东侧加盖成的二层小楼

经过不断建设，校舍面积虽不大，但设施已经较为齐全。学院在服务上更是下功夫。学生食堂虽然小，但是菜品繁多，每周都会公布每天大致的菜谱和菜价，橱窗里面有十几道菜，放在直径约 1 米的加厚铝盆里。最好吃的是一层的手工饺子和二层的什锦炒饭、高粱粥，所以每到上午第四节课下课时，有的学生就心急如焚，生怕下课晚了买不到。负责阅览室工作的一位老师，利用平时时间，为阅览室的 60 个座位都做了椅垫，还每天准备两壶开水，方便上自习的学生。这点点滴滴，都是多年后学生们回忆起来倍感温馨的一个个片段。

在艰苦的条件下，沙子口校区的学生文化活动却丝毫不失丰富多彩。学生成立的民谣乐队曾经在北京市大学生音乐展演上获奖，并两次受邀到北京广播电台直播，演奏自己创作的民谣作品。学生成立了书法社，每周四下午集中在一间教室里练字，请北京书协的老师指导，到了元旦，他们大显身手，手书的灯谜挂到了各个班教室里。除此之外，学生们还成立了文学社、羽毛球社、交谊舞社、哲学社等。

1994 年 3 月，北京市人民政府办公厅“厅秘字〔1994〕14 号”文件批复《关于联合大学所属学院调整合并中有关问题的请示》，同意北京联合大学自动化工程学院与北京联合大学电子工程学院合并，成立电子自动化工程学院。同年 9 月 16 日，学院召开全院中层干部会，市教工委副书记朱全俊代表北京市委、北京市人民政府宣布：电子工程学院与自动化工程学院即日起合并，成立北京联合大学电子自动化工程学院。同时其宣布了领导任命情况。电子自动化工程学院于黄化门、沙子口和五道口三址办学。1994 年 9 月至 1995 年 12 月，新成立学院仍维持原两院办学的格局，办学地点不变。

1996 年 1 月，电子自动化工程学院从黄化门街 5 号、安乐林路 18 号和五道口迁入朝阳区小营新校址，除计算机工程系〔1〕、自动化工程系〔2〕暂留黄化门外，另两校址腾空。原安乐林路 18 号就读的低年级学生到小营校区上课学习，高年级学生到黄

〔1〕 1983 年成立时名为电子技术系，1985 年更名为信息工程系，1989 年更名为计算机与自动化系，1995 年更名为计算机工程系。

〔2〕 1983 年成立时名为机械系，1985 年更名为机械自动化系，1989 年更名为工业自动化系，1995 年更名为自动化工程系。

化门校区上课，其他教学机构也陆续搬离。同年 10 月 25 日，电子自动化工程学院沙子口校址腾空，后移交给高校房地产开发公司拍卖。1997 年 10 月 25 日，该处校址转为由北京联合大学代教委转让。1998 年 11 月 24 日，该处校址又被转让给北京市广播电视局。现此处被北京广播电影电视研究中心、北京市广播影视作品审查中心、北京音像资料馆等多家单位使用。

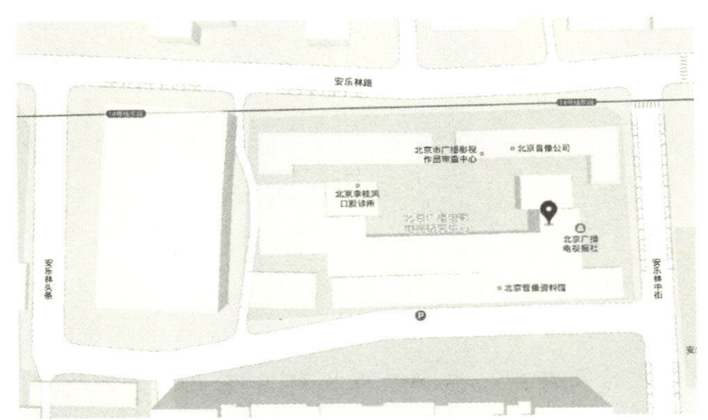

安乐林路 **18** 号现平面示意图（百度网截图）

校址现貌（**2018** 年摄）

原崇文区永定门外安乐林路18号

资料主要来源：

①《北京联合大学志（1978—2000）》

②《心中的记忆——纪念北京联合大学（大学分校）建校30周年》

③北京联合大学档案馆馆藏档案

（整理：王岩、张远利、高蕾　审核：姜素兰）

原宣武区珠市口留学路

——北京航空学院第一分院校址（1978 年—1982 年 12 月）

北京航空学院分院校址之一（1982 年 12 月—1984 年）

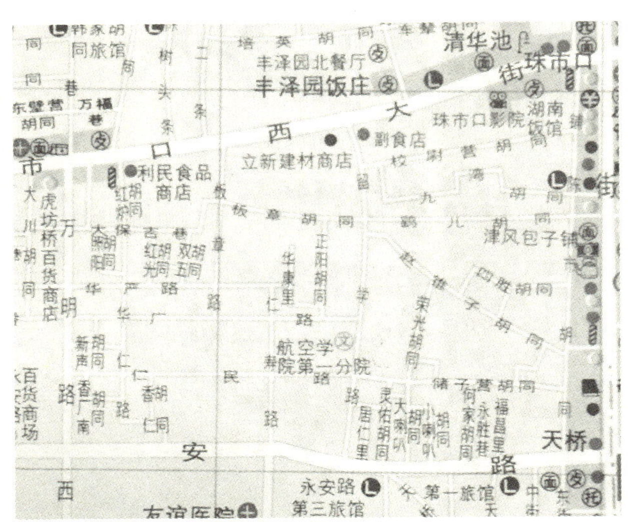

20 世纪 80 年代初校址地图

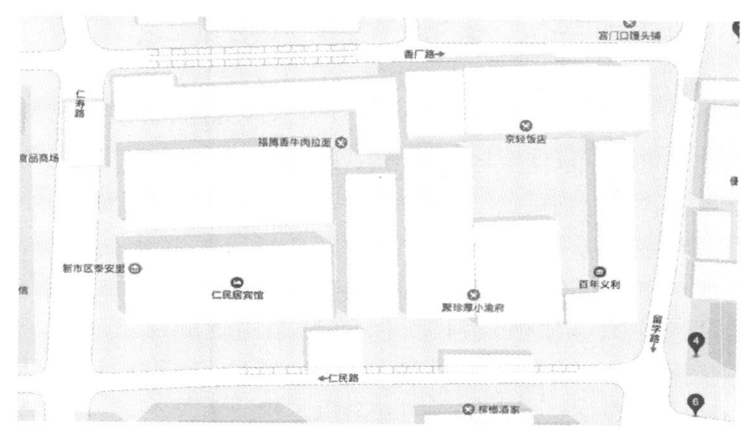

校址对应现今地图（百度网截图）

在原北京市宣武区珠市口留学路，曾有一座北京市第一轻工业局（以下简称“市一轻局”）所属的缝纫机总厂。1978 年年底，市一轻局与北京航空学院（以下简称“北航”）联合筹建北京航空学院第一分院（以下简称“北航一分院”），选址于市一轻局缝纫机总厂。在之后的大学分校调整中，北航一分院与北京航空学院第二分院合并为北京航空学院分院（以下简称“北航分院”），北航一分院改称一分部，在此继续办学一年多。1984 年 2 月，一分部从该校址迁出。几十年来，珠市口地区发展迅速，新建筑物较多，只能凭借对照地图找寻当年校址的大致位置。

1978 年，为适应国家政治经济形势变化、解决高等教育供需矛盾，中国共产党北京市委员会、北京市人民政府决定依靠地方财政和北京地区高等学校办学资源，利用部分中小学校址和企业厂房创办一批大学分校。北航一分院是当年北京市创办的大学分校之一。当年 11 月，北京市委教育工作部向北京市委呈报大学扩大招生工作会议情况报告，附《北京市高等学校分校扩大招生方案》，提出以市一轻局为主管单位，北京市第二轻工业局为协作单位，创办北航一分院，设置电子技术（含自动化、计算机）专业，计划招生600人，校址选于位于宣武（区）珠市口的原日用品工业公司。据《北京联合大学志（1978—2000）》记载，最终办学地点在宣武区珠市口留学路的缝纫机总厂。原日用品工业公司与留学路的缝纫机总厂是否为同一地址，本书暂未考证。

留学路位于宣武区东南部，北起珠市口西大街，南至永安路，长435米，宽6米，沥青路面。明朝时称牛血胡同，据说就是因为宰牛太多血流成河而得名。联系附近的猪市口（珠市口）、厨子营（储子营），这里或者可以理解为曾是屠牛之处。民国初年，此处扩建成路，因其名称不雅，"血"音转为"学"，以谐音雅化为留学路，其实和出国留学没有关系。民国期间，留学路颇为繁华，有"小大栅栏"之称，此处有酒缸、饭馆、浴池、水果铺、牛肉铺、首饰楼、包子铺、烧饼铺等。胡同里历史最为悠久的广来油盐店，据说开业于至元五年（即公元1339年，其时正当元朝中叶偏后），位于留学路和板章胡同交接的十字路口上。东北角是小广来，专卖油盐酱醋；西南角是大广来，专卖米面等粮食。留学路东有一小巷，民初称高爵街，1965年其被并入留学路。

留学路老照片

北航一分院办学地址在留学路中部偏南，位于路西侧，使用的是一轻缝纫机总厂的办公楼。北航一分院由市一轻局和北航联合筹建。1978 年 12 月至 1982 年 11 月，北航一分院隶属于市一轻局党委，行政上接受市一轻局和市高教局双重领导。筹建初期，分院成立党政合一的领导小组，夏阳（由市一轻局调入）、张锡圣（北航教授）为负责人。党务、行政和后勤保障工作人员主要从市一轻局调入，教学工作由北航负责。设三处一室，即人事处、教务处、总务处和办公室，其中教务处下设自动化教研室、计算机教研室、电子仪器及测量教研室。1978 年，分院开设计算机和自动化两个专业，首届招收 558 人。1979 年 1 月 25 日，分院开学，2 月 8 日学生正式上课。

北航一分院的办学条件较为艰苦。校舍内是一个小院和一栋三层的小楼，可以说三步两步就能走到头。教师缺乏，市高教局配备了电视机和摄像、录像设备建立了电教室，分院以转播电视大学的课程为主要的教学方式。实验室简陋，只能开出极少的简单实验项目，大部分专业实验要到外校去做。分院建立了图书室，但图书很少，主要以北航的赠书为基础。尽管条件艰苦，但已耽搁十年，如久旱逢雨的学子们对当时的办学条件并不在意，他们十分珍惜这来之不易的学习机会，学习热情高涨，每晚自习到十点再骑车回家，冬夏如一。

受办学条件所限，1979 年和 1980 年北航一分院未招生。

1982 年 12 月 22 日，中国共产党北京市委员会、北京市人民政府同意并转发市委大学工作部和市高教局《关于大学分校调整和建设问题的请示报告》（京发〔1982〕60 号）。文件提出，将北京航空学院一、二分院合并为北京航空学院分院，培养轻工技术人才，规模为 800 人。这一文件的传达拉开了北航分院调整合并的序幕。调整合并的第一步是领导关系、领导体制和领导班子的变动。调整前，北航一分院实行党政合一的领导小组体制。调整合并后的北航一分院成立了中共北航分院委员会，实行党委集体领导下的分工负责制。党的关系改由市委领导，行政关系属高教局领导。分院领导班子由夏阳、张锡圣、张继堂、焦定录、韩银铸 5 人组成，夏阳任党委书记，张锡圣任院长。领导班子调整后，接着便是办事机构的合并，三处一室（教务处、人事处、总务处和院办公室）都合署办公。由于两处校舍暂时未作变动，因此，在一段时间内分院仍然维持两点办学的格局，只是将原来的一分院所在地改称为一分部，将原来的二分院所在地改称为二分部。北航分院拥有宣武留学路和朝阳八里庄两处校址。

1983 年 3 月，分院党委作出决定，成立基础部来统一管理基础课和公共课的教师，指定白炳琦、史生彦负责组建，基础部下设数学、物理、化学、外语、体育和马列主义 6 个教研室。基础部成立后，人员先集中在留学路办公，随后遵照市领导指示迁至即将停办的位于宣武西砖胡同的北京师范学院第二分院院内。1983 年 4 月，分院党委决定将一年级学生全部集中到这里，由基础部统一管理实施教学。自此，北航分院形成了在留学路、八里庄和西砖胡同三点办学的格局，基础部也成为既管教师又管学生的特殊机构。

1983 年 12 月，北航分院的调整合并迈出了更关键的一步。中国共产党北京市委员会、北京市人民政府进一步作出决定，将已经停办的北京第二医学院第一分院和北京师范学院第二分院（以下简称“师院二分院”）并入北航分院，明确北航分院今后将北京第二医学院第一分院（以下简称“二医一分院”）位于盆儿胡同 55 号的校址为基地，分步骤建校，在过渡时期内可暂时使用西砖胡同的一部分校舍。同时又决定，原北航一、二分院原来由市一、二轻局调入的职工，包括领导干部在内，全部调回市一、二轻局，留学路和八里庄两处校舍也一并退交回市一、二轻局。

同年 12 月 20 日，政府正式宣布这一决定，同时还宣布了新的北航分院临时领导小组名单。临时领导小组由张锡圣、焦定录、张继堂和张昌黎（原二医一分院党委书记）、高平（原师院二分院党委副书记）5 人组成，由焦定录代理党委书记，张继堂代理院长。在临时领导小组的组织领导下，这一调整方案开始实施。分院一方面迅速接收二医一分院和师院二分院并入北航分院的 67 名干部职工，组织建立办事机构，做好在盆儿胡同校舍迎接学生上课的各项准备工作，准备于 1984 年初将留学路和八里庄的学生全部集中到盆儿胡同上课。另一方面组织专门工作小组，与市一、二轻局研究协商办理人员和校舍的交接。

1984 年 2 月，北航分院迁出珠市口留学路校址。同年 7 月，校舍移交工作基本完成。随后，该校址用于市一轻局办职工大学。原北航一分院的部分物资（主要是教学设备）移交北航分院，其余物资留给市一轻局职工大学。

资料主要来源：

①《北京联合大学志（1978—2000）》

②《心中的记忆——纪念北京联合大学（大学分校）建校 30 周年》

（整理：王岩　审核：姜素兰）

原宣武区西砖胡同 55 号

——北京师范学院第二分院校址（1978 年—1983 年 12 月）

北京航空学院分院校址之一（1983 年 3 月—1984 年 3 月）

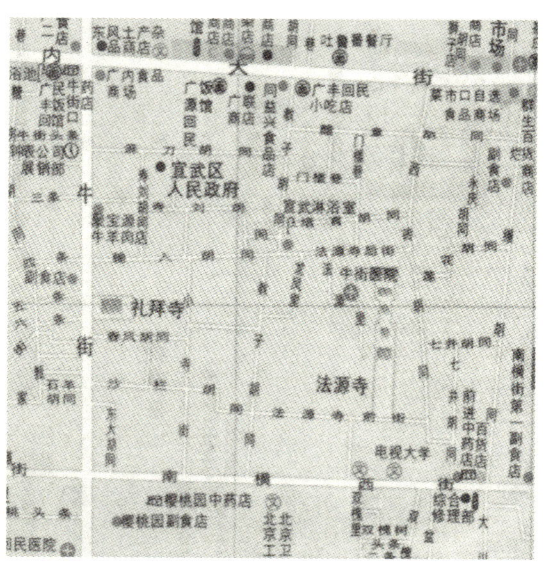

20 世纪 80 年代初校址地图

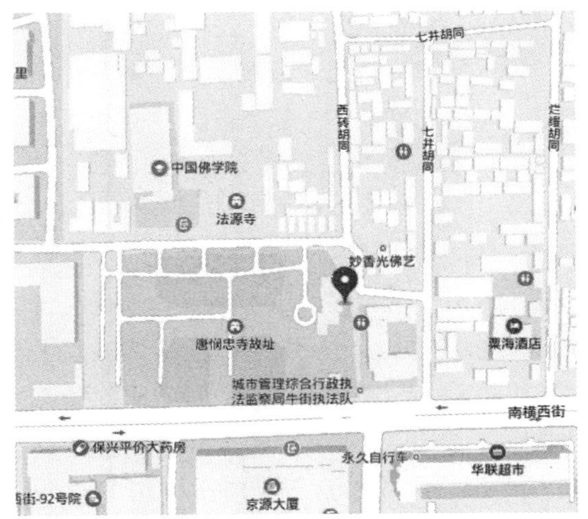

校址对应现今地图（百度网截图）

在原北京市宣武区（今西城区）西砖胡同南端靠近南横西街的西砖胡同 55 号，曾有一所北京市第七十六中学（以下简称“76 中”），1978 年时北京第二师范学校[1]在此办学。当年年底，北京市创办大学分校，将北京师范学院第二分院（以下简称“师范学院二分院”）校址设置于此。在之后的大学分校调整中，师范学院二分院停办，此处用于宣武区师范学校办学。

南横西街和西砖胡同位于宣武区中部。南横西街是一条东西走向的古老街巷，早在辽代就是子城宣和门通向迎春门的重要通道。在金代此处是宣华门通向宣曜门的通衢，也是辽金时仅次于现广安门内外大街的横向大道。清乾隆时其被称为西横街和圣安

[1] 北京第二师范学校原名为宣武师范学校，1958 年在回民学校师范部基础上成立，1960 年 3 月迁入新址后，占地面积 8233 平方米，拥有 5 层的教学楼，有图书馆，理、化、美、音专用教室及学生宿舍。1963 年，更名为北京第二师范学校。1978 年更名为北京师范学院第二分院。1984 年，经市人民政府批准，恢复北京市宣武区师范学校。

寺街，清末则被称为南横街、横街。民国时其被称为南横街西口外、南横街。1965 年改称现名。西砖胡同为南北走向，北起广安门内大街东段，南至七井胡同，长 585 米，宽 4.1 米，明代时称砖儿胡同。相传该胡同的叫法来源有两个：一是这里曾以制作、出售砖的行业为主，并且这个地方的砖行声誉很高，在外地都有买卖，因此而得名。另一说法是胡同南端有法源寺前的砖塔故而得名砖儿胡同。砖儿胡同名称沿用至清代。乾隆时曾以莲花胡同为界，北段称后砖儿胡同，南段称前砖儿胡同。到了清朝末期及民国时期，这里统称为“西砖胡同”，而后此称呼就一直沿用至今。西砖胡同 15 号（旧门牌 5 号）曾是河北省深县会馆〔1〕，临院西砖胡同 13 号（旧门牌 4 号）曾是海南琼州会馆，17 号（旧门牌 6 号）曾是浙江处州会馆。由北京四大名医之一施今墨创办、培养中医人才的华北国医学院曾设在胡同中段路东。2007 年，相关部门对西砖胡同危房进行改造，陆续有三分之一房屋拆除，但是大部分房屋还是保留下来了，胡同整体面貌相对完整。

1978 年，为适应国家政治经济形势变化、解决高等教育供需矛盾，中国共产党北京市委员会、北京市人民政府决定依靠地方财政和北京地区高等学校办学资源，利用部分中小学校址和企业厂房创办一批大学分校。师范学院二分院是当年北京市创办的大学分校之一。当年 11 月，北京市委教育工作部向北京市委呈报大学扩大招生工作会议情况报告，附《北京市高等学校分校扩大招生方案》，提出以宣武区为主管单位，教育局为协作单位，创办师范学院二分院，设置中文、历史、数学、物理、化学、生物、地理专业，计划招生 600 人，校址选于位于宣武

〔1〕 会馆在北京发展史上曾有过重要的作用，最初是进京赶考的学子们聚会居住的地方。会馆起源于明朝，兴盛于清朝。清末民初工商行会大量出现，一些形形色色、大大小小工商行会大部分都在会馆里聚居活动。

（区）南横街的原76中。按照文件精神，师范学院二分院的教学工作由北京师范学院负责，分院将主要依靠本院的教学资源办学。

同年12月14日，北京市革命委员会印发《关于成立北京大学第一分校等33所高等学校分校的通知》（京革发〔1978〕536号），决定成立北京大学第一分校等33所高等学校分校，其中包括师范学院二分院。

1978年12月，分院成立领导小组，由高平、马驰、吴纯性、丁自祥、范长胜等组成，高平和马驰为负责人，领导全院党政工作。领导小组下设政治处、教务处、总务处和办公室。建院初期，分院有教职工92人，其中22人为原76中留下的，70人为分院组建后调入的。分院设中文系、数学系、物理系、历史系、化学系、地理系、生物系。分院当年招生586人，其中中文系招6个班共220人，数学系招4个班共163人，物理系招1个班共41人，历史系招1个班共42人，化学系招1个班共42人，地理系招1个班共36人，生物系招1个班共41人。因教室和师资不足，中文系在第二学期合并为4个班。

1981年6月成立分院临时党委，市委任命高平为党委副书记，主持全院工作。

1982年12月22日，中国共产党北京市委员会、北京市人民政府同意并转发市委大学工作部和市高教局《关于大学分校调整和建设问题的请示报告》（京发〔1982〕60号）。文件提出，将北京航空学院一、二分院合并为北京航空学院分院。师范学院二分院不在拟保留的大学分校之列，在现有学生毕业后将停办。分院领导关系维持现状不变，教学工作仍由大学本校负责到底，保证将现有学生培养成材。分校停办后，现有教职员工，原则上按现在的管理体制，由各自的主管局在本系统内妥善安排；设备物资凡属地方教育经费购置的，由市高教局收回，统一调配使用；结余经费由市高教局按市财政局的有关规定处理；校舍由北京市人民政府统一调整。

1983 年 3 月，分院党委作出决定，成立基础部来统一管理基础课和公共课的教师，基础部成立后，人员先集中在留学路办公，随后遵照市领导指示迁至即将停办的位于宣武区西砖胡同的师范学院二分院内。1983 年 4 月，分院党委决定将一年级学生全部集中到西砖胡同，由基础部统一管理实施教学。自此，北航分院形成了在留学路、八里庄和西砖胡同三点办学的格局。

1983 年 12 月，北航分院的调整合并迈出了更关键的一步。中国共产党北京市委员会、北京市人民政府进一步作出决定，将已经停办的北京第二医学院第一分院和师范学院二分院部分教职工连同其原有校舍并入北航分院，明确北航分院今后将以北京第二医学院第一分院位于盆儿胡同 55 号的校址为基地分步骤建校，在过渡时期内可暂时使用西砖胡同的一部分校舍。师范学院二分院的教职工先后调走了 66 人，其余 26 人并入北航分院。1984 年 3 月，市领导批示将西砖胡同校舍全部移交宣武区办师范学校，同时准许北航分院租用 131 中学（校址在宣武区天宁寺）的部分校舍，并在操场新建部分教学用房作为过渡。于是，基础部和在西砖胡同上课的学生再次转移到了天宁寺。北航分院于 1984 年将西砖胡同退还给宣武区教育局。

资料主要来源：

①北京市档案馆馆藏档案

②《北京联合大学志（1978—2000）》

③《北京市普通教育年鉴（1949—1991》

（整理：王岩　审核：姜素兰）

原宣武区盆儿胡同 55 号

——北京第二医学院第一分院校址（1978 年—1983 年）

北京航空学院分院之一（1984 年—1985 年）

北京联合大学轻工工程学院院址（1985 年—1986 年 9 月）

北京联合大学建材轻工学院院址（1986 年 9 月—1997 年 12 月）

北京联合大学继续教育学院院址（2012 年 9 月—2015 年 8 月）

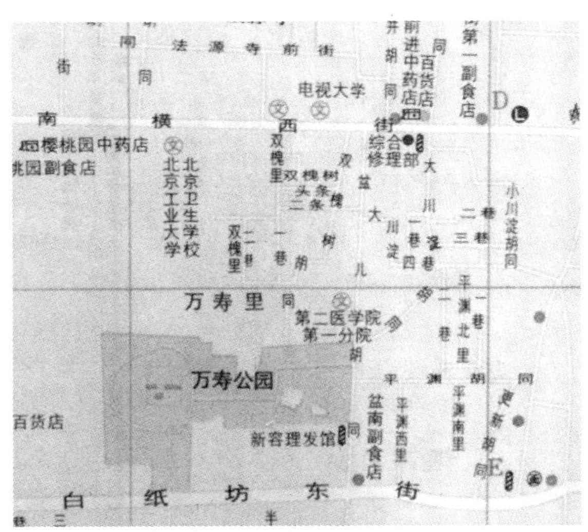

20 世纪 80 年代初校址地图

北京市宣武区盆儿胡同55号原为北京第一四一中学（以下简称“141中学”）办学地址。1978年年底，北京市创办大学分校，将北京第二医学院第一分院（以下简称“二医学院一分院”）校址选于141中学。后二医学院一分院并入北京航空学院分院（以下简称“北航分院”），北航分院退还原使用的北京航空学院一分院和二分院校舍，以盆儿胡同55号为基地，分步骤建校。

北京联合大学组建初期学院校门

建材轻工学院时期的校门

现貌

继续教育学院时期的校门

校址现貌

盆儿胡同位于宣武区西南侧，北起南横西街，南至白纸坊东街。相传，其因胡同内居民从事烧制瓷盆为业得名。

此处元代称之为火焰营。明代形成胡同，地势北高南低。相传居民从事制盆业，常年与火打交道。为保平安和买卖兴隆，其附近兴建火神庙等庙宇。胡同北端西侧在新中国成立前有王记清真烧饼铺，是地下党员杨子健秘密活动点。往南建有岳云别业〔1〕，奉祀长沙张百熙。张公系清末管学大臣、邮传部尚书，中日甲午海战后弹劾李鸿章，戊戌变法时推崇康有为，主张选派留学生深造，作为清末管学大臣，其参与创办了京师大学堂（北京大学）。“五四运动”以后，公元 1918 年，李大钊和王光祈等人在盆儿胡同 55 号岳云别业筹建了最大的进步社团——“少年中国学会”。王光祈、李大钊、张申府、邓中夏、黄日葵多次在此集会。学会成立一周年时，李大钊、邓中夏、黄日葵等在此举办纪念活动。日本侵华期间，此地为日本警备司令部，日军杀害了不少革命群众。新中国成立后，此地先后做过北京女七中、新七中、141 中学的校址。1985 年之后此地成为北京联合大学

〔1〕 别业一词是与“旧业”或“第宅”相对而言，业主往往原有一处住宅，而后另营别墅，称为别业。

校址之一，今为北京市丰台区职业教育中心学校的校址之一。再往南为万寿宫，建于明万历四十三年（公元1615年）。有山门、文昌殿、雷神殿、宝阁等。文昌殿供奉民族英雄文天祥和诸葛亮塑像。由于南横街一带会馆多，举人多到此拜神，香火旺盛。至清乾隆年间，“遗址仅存，无椽矣，土人犹呼万寿东宫，因其西百余步尚有万寿西宫也”。其遗址一直延至20世纪90年代。胡同东侧在沦陷期设有白面房、小押店，为吸毒、贷款场所。胡同南端有玉皇庙，顺治时大修，顺治皇帝曾亲临此庙。道光时重修改称三教寺。

现在的盆儿胡同是一条笔直的柏油路，舒展地伸向前方，道路两侧布满了各种小店，现第十五中学的初中部和新疆维吾尔自治区喀什地区行政公署驻京联络处坐落在此。从前古旧的胡同已不见踪影，只有路旁不多的老树，还默默地见证着时代的变迁。2013年，55号里已不见清代样式的二层小楼，原来的教学楼也已成为学院的公寓楼。

1978年，为适应国家政治经济形势变化、解决高等教育供需矛盾，中国共产党北京市委员会、北京市人民政府决定依靠地方财政和北京地区高等学校办学资源，利用部分中小学校址和企业厂房创办一批大学分校。二医学院一分院是当年北京市创办的大学分校之一。当年11月，北京市委教育工作部向北京市委呈报大学扩大招生工作会议情况报告，附《北京市高等学校分校扩大招生方案》，提出以宣武区为主管单位，以卫生局为协作单位，创办二医学院一分院，设置医学、医学眼科专门化、医学耳鼻喉科专门化、医学妇产科专门化、口腔5个专业，计划招生500人，校址选于位于宣武区盆儿胡同的原141中学，部分远郊学生住宿。按照文件精神，分校将主要依靠本校的教学资源办学。

原141中学占地面积不足5000平方米，校舍建筑面积3241平方米，有操场720平方米。1978年12月，成立分院领导小组，张昌黎为负责人，成员为马荣成、张光德、王镇、张希功、章仲卿等，负责全院党政工作。分院党的关系受市委领导，行政关系隶属于市高教局。领导小组下设办公室、政治处、教务处、总务处和经过选举产生的工会委员会、共青团委员会、学生会。建院初期，学院有教职工25人，其中141中学留下21人。分院首届招生486人。除远郊区县的20余名学生住校，市区学生全部走读。分院未设系，有12个教学班，每班配政治辅导员一人，负责学生的政治思想和行政管理工作，由政治处领导。因办学条件限制，分院于1979年和1980年未招生。1981年，市委决定对大学分校进行调整，分院不再招生。1983年12月，学生毕业分配工作启动。

1982年12月22日，中国共产党北京市委员会、北京市人民政府同意并转发市委大学工作部和市高教局《关于大学分校调整和建设问题的请示报告》（京发〔1982〕60号）。二医学院一分院不在拟保留的大学分校之列，在现有学生毕业后将停办。1983年12月，中国共产党北京市委员会、北京市人民政府进一步作出决定，将已经停办的二医学院一分院和北京师范学院第二分院部分教职工连同其原有校舍并入北航分院，明确北航分院今后将盆儿胡同55号为基地分步骤建校。此项决定结束了北航分院1983年初形成的在留学路、八里庄和西砖胡同三址办学格局。1983年12月20日，政府宣布了新的北航分院临时领导小组名单。临时领导小组由张锡圣、焦定录、张继堂和张昌黎（原二医学院一分院党委书记）、高平（原北京师范学院第二分院党委副书记）5人组成，焦定录代理党委书记，张继堂代理院长。在临时领导小组的组织领导下，分院开始实施调整方案。

分院迅速接收了二医学院一分院和北京师范学院第二分院并入的67名干部职工，组织建立办事机构，做好在盆儿胡同校舍迎接学生上课的各项准备工作，于1984年初将留学路和八里庄的学生全部集中到盆儿胡同上课，同时租用位于天宁寺的131中学部分教室，进一步解决办学空间不足问题。

1985年1月11日，北京市人民政府关于成立北京联合大学的请示获得教育部批复，同意组建北京联合大学。同年3月6日，按照北京市人民政府《关于建立北京联合大学的通知》（京政发〔1985〕38号），将调整后的12所大学分校组建成北京联合大学，北航分院为其中的一所大学分校，更名为北京联合大学轻工工程学院。1986年，北京市建材工业总公司同意提供240万元（实际落实120万元）作为学院新建教学楼的资金，条件是要求学院每年分配给本系统一定数量的毕业生，并在校名上能够体现为建材工业服务。因此，1986年6月23日，学院写报告申请更名为北京联合大学建材轻工学院，1986年9月1日，根据北京市人民政府办公厅“厅秘字〔1986〕69号”文件，学院更名为北京联合大学建材轻工学院。1994年5月，校舍产权正式移交学院。1998年1月，建材轻工学院从盆儿胡同迁入校本部，盆儿胡同校址腾空后留用做成人教育。

1984年开始，北航分院陆续成立基础部、自动化系、机械系、材料系。专业培养方向逐步调整，更加适应社会的需要。1986年高分子材料专业改为材料工程专业。1994年工业电气自动化专业改为工业自动化专业，材料工程专业改为材料科学与工程专业，机械设计与制造专业方向定为计算机辅助设计。1996年材料科学与工程专业的专业方向为新型建材、高分子材料、金属材料；机械设计与制造的专业方向为机电一体化、空调制冷；工业自动化的专业方向为计算机应用、工业控制与智能仪器。

盆儿胡同 55 号，自 1983 年 12 月划归给北航分院办学开始，至后来进入北京联合大学，建筑物及使用功能几经变化。从 1983 年 12 月起，学院即着手进行基本建设的筹划与实施。1986 年 6 月，学院成立了基建办公室，开始基建工作。十多年来，学院新建、改建校舍一万余平方米。1984 年和 1985 年，学院为扩大教学用房，按零建项目由市高教局拨专项经费，先后将自行车棚、杂用房等改建成教室、实验室和办公用房，施工面积共 900 平方米。1987 年，市纪委和高教局批准学院新建教学楼，于 1988 年 5 月动工。1989 年 10 月，新教学楼竣工并投入使用，建筑面积为 8000 平方米，楼总高 23.99 米，分一、二两段，一段地上六层，二段地上四层，无地下室。1987 年，学院对 1800 平方米的办公用房进行改装，在一层设一健身房，面积为 250 平方米，内有台球案 3 台，乒乓球案 5 台，健身器械 1 套，举重器 1 副，总投资 478 万元。1992 年，市高教局拨专款 20 万元，学院用以修建食堂和实验室的煤气管道工程。1997 年 4 月 24 日，市教委下达零建计划通知，批准学生教学楼顶平台加层（轻体），建筑面积百余平方米。2012 年 9 月，盆儿胡同校区改造完成。至此，学院累计投资约 2800 万元（含市财政抗震加固专项经费 1800 万元），改造校舍 1.2 万平方米，扩建了部分用房，全面改造了园区市政设施，使其成为一个功能齐备、设施完善的校区。

1984 年，在原北航一分院、二医学院一分院、北京师范学院第二分院的图书室的基础上，北航分院成立图书馆，搬至盆儿胡同 55 号。1989 年图书馆迁至新建成的教学楼，馆舍总面积为 700 平方米，包含两个各 200 平方米的书库，一个 100 平方米的阅览室，检索室和采编室等工作用房共计 160 平方米。馆内有藏书约6万册，报刊400余种，合订期刊1500册。至1997年底，馆内藏书为73 600册，期刊合订本2000余册。

1997年底，院内有各类实验室17个（其中材料系8个，机械系4个，自动化系4个，基础部1个），总面积1085平方米，共有教学仪器设备1989件，总价值490万元。每年可开设实验121个，基本上可保障教学需要。除新型建材实验室和过程控制实验室外，其他实验室的开出率均为100%。

1999年，该地被租给法政集团办京城学院。2012年9月，盆儿胡同改造顺利完成，北京联合大学继续教育学院搬至此地办学。2015年，北京联合大学进行校区调整，盆儿胡同55号出借，北京市丰台区职业教育中心学校方庄中心校区西校区划归北京联合大学。同年8月，继续教育学院搬离盆儿胡同55号，迁入蒲黄榆校区办学。此处成为北京市丰台区职业教育中心学校办学地址之一。

资料主要来源：

①《北京联合大学志（1978—2000）》
②《北京联合大学志（2001—2010）·学校篇》
③《北京联合大学年鉴（2016）》

（整理：张宇、王岩　审核：姜素兰）

原宣武区右安门西河沿 4 号

——北京经济学院分院校址（1978 年—1983 年）

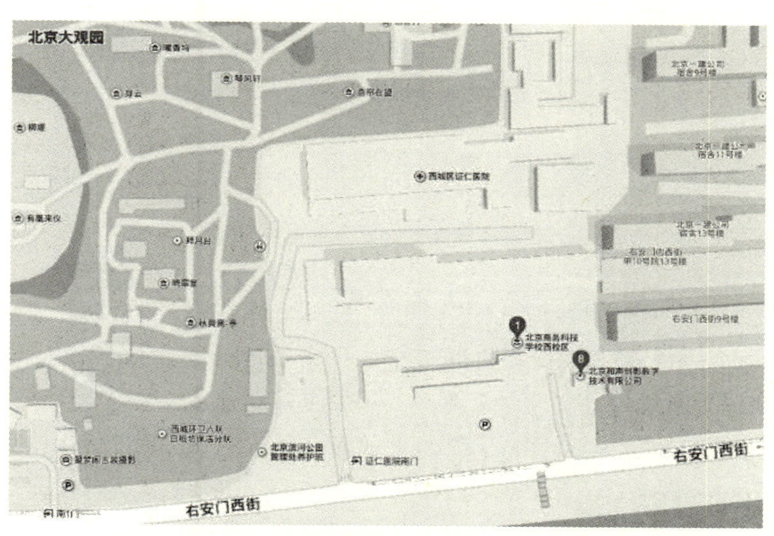

北京市商务科技学校西校区地图（百度网截图）

北京市物资贸易学校时校门

北京经济学院分院校址现貌（2018年摄）

在今二环路内南护城河畔，北京大观园东南，右安门西街中部北侧，曾有座北京市物资干部学校。1978年创办的北京经济学院分院校址选于此处。后此处先后为北京市物资贸易学校校址、北京市商务科技学校[1]西校区地址。现地址名称为右安门西街5号。

1978年，中国共产党北京市委员会、北京市人民政府为解决首都经济建设人才奇缺的困难和满足广大青年要求上大学的强烈愿望，决定依靠地方财政和北京地区高等学校办学资源创办一批大学分校。同年9月，北京市革命委员会向国务院报送《关于大学扩大招生问题的请示报告》，提出拟仿天津市的办法，实行大学办分校，扩大招生1.6万人左右。10月，国务院批转《关于高等学校扩大招生的问题的意见》。自同年11月15日开始，大学扩大招生工作会议召开，经过反复商讨，最后落实25所高校办分校36所，并研究制定了《北京市高等学校分校扩大招生方案》，其中提出，由北京市物资管理局作为主管部门，依靠北京经济学院[2]的支持创办北京经济学院分院，设置计划统计、劳动经济、工业财务会计、计算机程序设计和物资管理5个专业，计划招生200人，校址选于当时位于宣武区右安门的北京物资（干部）学校内。

1978年11月底，北京经济学院分院的筹建工作开始。北京市任命阎文达为分院领导小组组长，郭景仪为副组长。由北京市物资管理局负责行政管理和思想政治工作。由北京经济学院负责教学工作，执行本科生教学计划。分院下设三处一室，即

---

〔1〕 2018年2月6日，北京市教委发文《关于将北京市商务科技学校并入北京物资学院的通知》（京教函〔2018〕54号），决定将北京市商务科技学校整体并入北京物资学院，同时撤销北京市商务科技学校建制。以原北京市商务科技学校为基础设立北京物资学院附属商务科技学校，作为北京物资学院非法人教学单位，承担中专层次教学任务。北京市商务科技学校现有普通中专在校学生按原计划培养，保证教育教学质量，颁发北京市商务科技学校毕业证书，北京市商务科技学校校章保留至最后一届学生毕业后销毁。

〔2〕 北京经济学院为首都经济贸易大学前身之一。1995年3月24日，国家教育委员会批准北京经济学院与北京财贸学院合并，校名定为首都经济贸易大学（教计〔1995〕58号）。

政治处、教务处、总务处和办公室，另设有团委。北京经济学院为分院配备了专职和兼职教师，共22名，其中讲师12名，教员9名，技术员1名。分院在1978年全国高校招生考试中择优录取，最终招收209人，其中工业统计专业42人，劳动经济专业40人，工业财务会计专业40人，材料管理专业42人，计算机程序设计专业45人。1979年2月，北京经济学院分院1978级本科新生共209人报到，同年2月8日，学院正式开课。

1982年12月22日，中国共产党北京市委员会、北京市人民政府同意并转发市委大学工作部和市高教局《关于大学分校调整和建设问题的请示报告》（京发〔1982〕60号），北京的大学分校开始调整。北京经济学院分院不在保留的分校之中，在现有学生毕业后将停办。

1983年2月2日，北京经济学院分院1982届（1978级）学生毕业。

1983年6月9日，北京市物资管理局向分院发出《关于经济学院分院当前移交工作中几个问题的紧急通知》，要求分院于10日前将人事调转、财产清理、房屋移交全部完成。至7月4日，分院已无在校学生，除4名教职工人事关系尚在，其余人员已调出，财产清点结束，待办资产调拨手续。

资料主要来源：

①《首都经济贸易大学志（1956—2014）》
②《北京联合大学志（1978—2000）》
③北京联合大学档案馆馆藏档案
④北京市档案馆馆藏档案

（整理：王岩　审核：姜素兰）

朝阳区安外北苑6号院甲1号

——北京联合大学北苑校区地址（2008年11月—2018年3月）

北京联合大学应用科技学院院址（2018年3月至今）

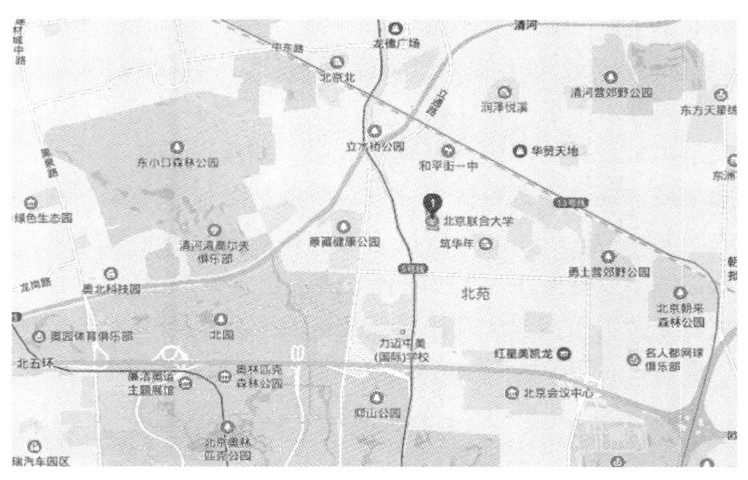

校址位置示意地图（百度网截图）

北京市朝阳区安外北苑6号院甲1号位于朝阳区西北部、奥林匹克公园东北侧，1996年至2008年曾为北京市医药器械学校的办学地点。后北京市医药器械学校并入北京联合大学，此处成为北京联合大学校址之一。

该处校址占地面积38 694.03平方米（约60亩），总建筑面积17 675.44平方米。北京市医药器械学校在此建有校园网、闭路电视系统、多媒体电教室、语音教室、计算机房、电子阅览室、GMP实习车间、舞美教室、模拟药店等。

2007年12月，按照市教委文件《关于同意北京市化工学校、北京市医药器械学校并入北京联合大学的批复》（京教函〔2007〕809号），北京市医药器械学校（北京医药技术学校）被批准整体并入北京联合大学。根据市教委的有关指示精神，北京联合大学党委常委会研究决定，成立北京市医药器械学校并入北京联合大学工作领导小组及工作组。

2008年10月，按照《北京市教育委员会关于北京市化工学校和北京市医药器械学校并入北京联合大学实施方案的批复》（京教函〔2008〕561号）（以下简称“并入实施方案”）要求，相关并入工作正式启动。同年11月28日，北京联合大学召开北京市医药器械学校并入宣布大会，宣读市教委的并入实施方案文件，宣布校党委在北京市医药器械学校原址成立北京联合大学北苑校区以及北苑校区干部的任免决定，介绍《北京市医药器械学校整体并入北京联合大学工作方案》。高玉培任北苑校区管委会主任，于水波任北苑校区党总支书记兼管委会副主任，潘雪任北苑校区管委会副主任兼校教务处中专部主任。

2008年12月至2009年1月，在校党委的领导下，北苑校区的并入实施工作迅速展开：校区调整了原有组织机构，成立了综合办公室、教学管理办公室、学生管理办公室和专业教学科室；校机关各处室党、政负责人分别到校区实地走访查看各分管部门情况；北京市医药器械学校党员组织关系集体转入学校党委组织部；北京

校园内雕像

市医药器械学校在岗153名教职工中有29人第一批并入校机关及相关部门工作；学校组织原北京市医药器械学校的财务审计及资产清查工作。之后，随着北苑校区中专教学工作的逐步结束，北京市医药器械学校原有中专在校生顺利毕业离校，原有教职工在完成校区中专教育教学工作后陆续调入校内其他工作岗位。

2011年，原北京市医药器械学校2008级中专学生全部进入实习或高考补习阶段。北京联合大学利用暑期对北苑校址进行了施工改造，将此处改为学生住宿区。9月，学校近1300名专升本新生入住北苑校区。2012年北苑校区圆满完成了原北京市医药器械学校最后一届中专毕业生的收尾工作。学校将原有办公区全部改造为学生住宿区，校区住宿学生达到1500余人。校区新成立校园管理办公室负责住宿生的思想教育管理工作。2013年9月，学校智能车队试验场在北苑校区建立，校区整理安排出车库以及办公室、会议室提供智能车队使用。

2018年3月21日，北京联合大学发文《关于撤销北苑校区管理委员会的通知》（京联党〔2018〕30号），应用科技学院已搬迁至北苑校区，北苑校区将由应用科技学院管理、使用。北苑校区管理委员会将不再行使管理的职能。经校五届党委第二次常委会（2018年3月5日）研究决定，撤销北苑校区管理委员会。此处为应用科技学院主要办学地址。

校址大门（2018年摄）

资料主要来源：

①《北京联合大学志（2001—2010）·学校篇》
②《北京联合大学年鉴（2012）》
③《北京联合大学年鉴（2013）》
④《北京联合大学年鉴（2014）》

（整理：王岩　审核：姜素兰）

朝阳区德胜门外苇子坑

（朝阳区北四环中路35号）

——北京大学第二分校校址（1978年—1985年）

北京信息工程学院校址（1985年—2008年3月）

北京信息科技大学校址（2008年3月至今）

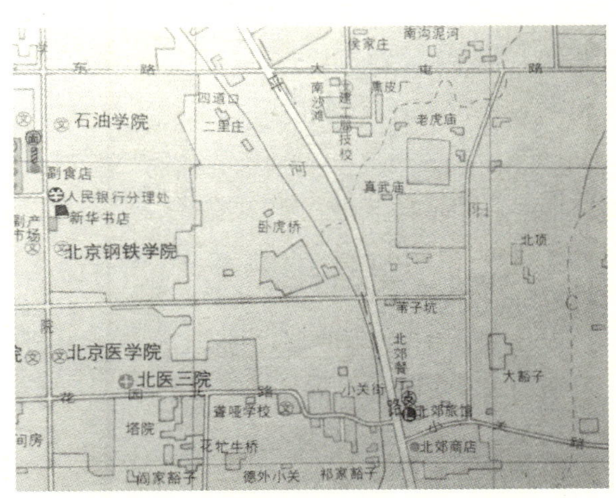

20世纪80年代初德胜门外苇子坑位置地图

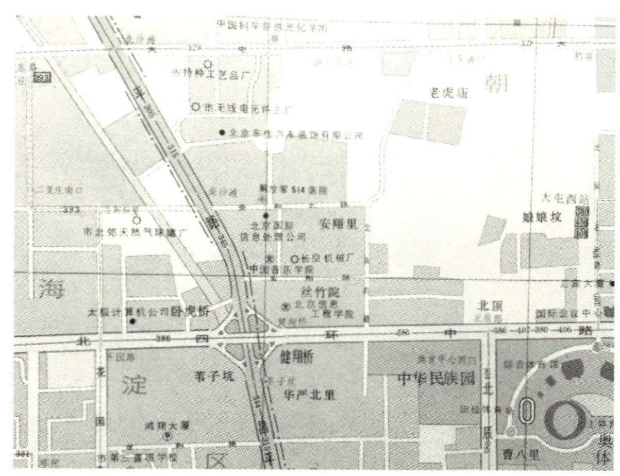

20 世纪 90 年代初北京信息工程学院时期校址位置地图

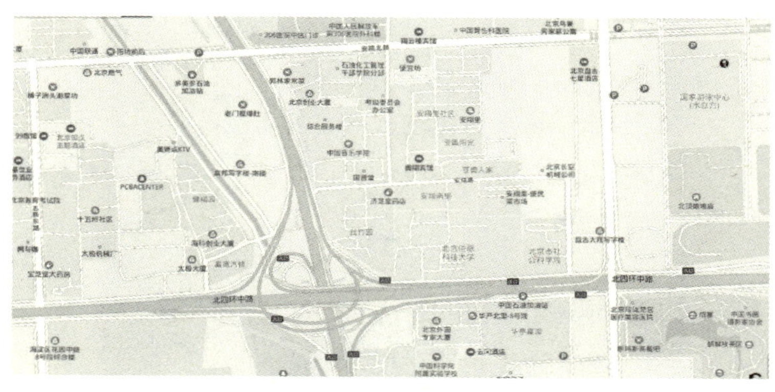

现校址位置示意图（百度网截图）

北京市朝阳区德胜门外芍子坑，1978 年时，华北计算技术研究所位于该地区。1978 年年底，北京市创办大学分校，将北京大学第二分校（以下简称“北大二分校”）校址选于研究所内。1985 年，在北大二分校基础上成立了北京信息工程学院，仍在原址办学。后北京信息工程学院与北京机械工业学院合并为北京信息科技大学，此处为其办学地址之一。

早年间，在北京周边，曾有多处叫“苇子坑”的地方，均得名于它的地貌，皆因水塘较多，里面生长着许多芦苇得名。其中，以德胜门外的苇子坑最知名，该处在中国名著《红楼梦》中也有一定描述。根据北京地质部门对苇子坑进行的反复探讨和研究，这里原来是一个湿地。后德胜门外苇子坑属北京市朝阳区大屯乡。1973 年，大屯乡苇子坑与罗家坟两个自然村被原大屯公社北顶大队第二生产队改造为农田，村民自行出资在该地兴建了 200 多亩的一片新宅基地，此处形成苇子坑的平房区。1987 年前后，这片平房区相继被附近的中国音乐学院、北京市社会科学院和北京信息工程学院征用，住户也由农民转为居民，并被安排到这三家单位工作，平房也大部分被拆迁。但北京信息工程学院由于资金原因，其征用的占地 20 多亩的 7 排平房迟迟没有拆，一留就是近 20 年。1989 年，苇子坑地区修建了健翔桥，后来通车的北四环东西向由此穿过。1996 年，南北向斜穿苇子坑地区的京藏高速开始动工。北京筹建奥运会期间，水立方选定的地址就在北京信息工程学院征用的这块地对面，属于奥运场馆周围整治的重点地区。2006 年，朝阳区将这块地列入“城中村”整治计划，整治资金由市财政和朝阳区财政各出一半。北京现存的叫苇子坑的地方有三处，一处位于丰台区南四环，称为丰台苇子坑。另外两处都位于朝阳区，为了将这两个地名分开，不至于混淆，北京市人民政府将此两地分别命名为东四环苇子坑和北四环苇子坑。其中，仍以北四环苇子坑更为知名。

1978 年时，为适应国家政治经济形势变化、解决高等教育供需矛盾，中国共产党北京市委员会、北京市人民政府决定依靠地方财政和北京地区高等学校办学资源，利用部分中小学校址和企业厂房创办一批大学分校，北大二分校即为当时创办的大学分校之一。当年 11 月，北京市委教育工作部向北京市委呈报大学扩大招生工作会议情况报告，附《北京市高等学校分校扩大招生方案》，提出由华北计算技术研究所为主管单位，设置计算机软件专业，计划招生 100 人，校址选在当时位于德胜门外苇子坑的华北计算技术研究所，由研究所自办。

在教育部、第四机械工业部（1982 年更名为电子工业部）和北京大学的积极支持下开始筹建北大二分校，筹建小组组长赵琪。1979 年 2 月，北大二分校正式开课。北大二分校是北京当年创办的大学分校中为数不多的每年都招生的分校。1978 年至 1984 年，先后招收了七届共 696 名学生，有三届相继毕业，其中 94%获得学士学位。这些毕业生主要被安排到电子工业部所属在京单位，缓和了软件人员匮乏问题。1981 年，北大二分校开办了一期夜大软件班，招收学生 62 名。1983 年，分校开始举办在职技术人员计算机培训班，并发展成为电子工业部计算机局的继续教育中心。1984 年，分校为石油部代培大学生 46 名。自建立至 1984 年夏，分校只开设计算机软件一个专业。从 1984 年开始增设其他专业。

1985 年，经教育部和国家计划委员会批准，在北大二分校基础上成立了北京信息工程学院。当年，学院占地面积 49 亩（相当于约 32 667 平方米），校舍总建筑面积 15 191 平方米（其中，教学、行政用房 8390 平方米）。学院设置院长办公室、教务处、人事处、科研处、总务处、基建处、保卫科和财务科，有计算机科学与工程、管理工程、通信工程和机械 4 个系，开设计算机软件、计算机及应用、管理信息系统、工业管理工程、通信工程和电子精密机械 6 个专业。学院有在校学生 424 人（均为本科），专任教师 136 人，行政、教辅和后勤人员 185 人，科研机构人员59人。学院图书馆藏书6万册，其中中文图书5万册、外文图书1万册，另有期刊1000种。

1996年，北京信息工程学院与北京成人电子工业学院、电子工业管理干部学院三校合并，成立新的北京信息工程学院。2003年8月21日，中国共产党北京市委员会、北京市人民政府决定由北京信息工程学院与北京机械工业学院组建北京信息科技大学。2004年5月18日，教育部批准筹建北京信息科技大学。2008年3月26日，教育部批准正式设立北京信息科技大学。

现北京信息科技大学拥有小营校区（清河）、健翔桥校区、清河校区、金台路校区和正在建设的昌平校区共5个校区。其中，健翔桥校区为在德胜门外苇子坑校址基础上扩建形成，现地址名称为朝阳区北四环中路35号。2012年时，该校区占地面积约82万平方米，有教一楼、教二楼及教三楼3栋教学楼，校区图书馆设有4个阅览室。学生活动场地有大学生活动中心、带有300米跑道的足球场地1块，标准篮球场地8块，排球场地3块。校区有学生2683人，其中研究生为196人。在校区办公的学院有信息与通信工程学院、计算机学院及其他若干科研机构。

北京信息科技大学教二楼及实验楼（临四环）

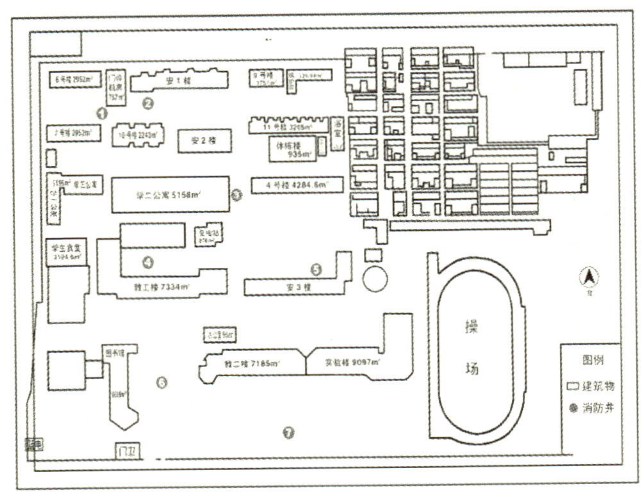

健翔桥校区平面图（转自北京信息科技大学网站）

资料主要来源：

①《北京地区普通高等学校概况》

②《中国高等院校 北京分册》

③《北京地名典》

（整理：王岩、宋丹丹　审核：姜素兰）

朝阳区北四环东路

（朝阳区安外小营）

——北京联合大学校本部地址（1992年至今）

北京联合大学旅游学院院址（1991年至今）

北京联合大学电子自动化工程学院院址（1996年1月—1997年12月）

北京联合大学信息学院院址（1998年1月—2017年4月）

北京联合大学应用技术学院院址（1998年1月—2002年）

北京联合大学自动化学院院址（2002年—2017年4月）

北京联合大学管理学院院址（2002年至今）

北京联合大学国际交流学院院址（2005年至今）

北京联合大学马克思主义学院院址（2015年12月至今）

北京联合大学艺术学院院址（2016年9月至今）

北京联合大学机器人学院院址（2016年5月—2017年4月）

北京联合大学继续教育学院院址之一（2016年10月至今）

北京联合大学机器人学院院址之一（2017年4月至今）

北京联合大学智慧城市学院院址（2017年4月至今）

北京联合大学城市轨道交通与物流学院院址（2017年4月至今）

在北京市朝阳区西北部，毗邻奥林匹克中心区的北四环东路中部北侧，坐落着北京联合大学的校本部和9所学院，称北四环校区，由北四环东路 93 号、97 号、99 号、育慧里 2 号院 19 号楼和育慧里 7 号组成。

1985 年 1 月 11 日，教育部批复北京市人民政府关于成立北京联合大学的请示，同意组建北京联合大学。3 月 6 日，按北京市人民政府《关于建立北京联合大学的通知》（京政发〔1985〕38 号），北京第二外国语分院作为北京联合大学下设

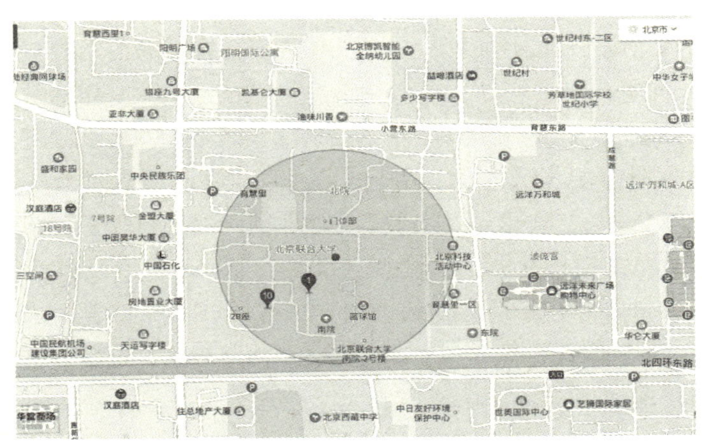

现校址位置地图（百度网截图）

旅游学院新校址奠基典礼

旅游学院新址建设工地

2008 年时的旅游学院

的学院，更名为北京联合大学旅游学院。1985 年，北京市计委发文“京计科〔1985〕230 号”作出《关于建设北京旅游学院立项的批复》。北京市规划局为学院在朝阳区大屯公社小营生产队界内选定了新址，占地面积 5.3 公顷（相当于 5.3 万平方米）。1991 年，旅游学院新校址建成，于当年暑期从潘家坡胡同 1 号迁入小营新校舍（后地址名称定为北四环东路 99 号）。

北京联合大学成立最初，校部没有自己的办公地点，先后在中山公园和花园路花园春宾馆租借房屋办公，1990 年迁到了文法学院所在的丰盛胡同校址办公。1992 年，校部终于盼来了北京市人民政府要给北京联合大学拨付建设用地的喜讯。在同年 9 月 16 日，北京市人民政府第 28 次常务会议上，批准了市属高校调整方案，确定北京联合大学为市属高等学校重点调整和加快发展建设的院校之一。根据调整方案的有关精神，原划拨给北京师范学院分院的朝阳区安外小营 95 亩校舍建设用地，转划拨给北京联合大学。1992 年 10 月 7 日，市高教局对联大小营校舍建设采取“统一规划立项，分步实施”的原则，并上报市计委批准立项。1993 年 1 月 20 日，市高教局发文《关于首都师范大学与北京联合大学移交朝阳区小营占地有关问题的通知》（京高教计〔1993〕009 号），进一步明确移交占地工作的有关具体问题。9 月 9 日，召开了首都师范大学向联合大学移交朝阳区小区的占地交接工作协调会，会议确定从即日起至年底，首都师范大学将小营教育小区原师院分院建校用地全部移交给联大。自此，小营新校址（后地址名称定为北四环东路 97 号，现为北四环校区南院）的基建工作拉开序幕。

1993 年 12 月 18 日，虽然是寒冬腊月，北风呼啸、尘土飞扬，但是在小营新校址建设工地上彩旗招展，欢声笑语，人头攒动，小营新校址奠基典礼在这里隆重举行。当主持人党委书记张玉如宣布奠基典礼仪式开始时，大家欢呼着一拥而上，一铁锨一铁锨地把土培在基石周围。这块不起眼的石头是北京联合大学新校舍和校部有了固定办公地址的永久标志。这一天，教育部党组成员林炎志来了，北京市委副书记李志坚来了，副市长李润五、胡昭广来了，市有关部门的负责同志都来了。李志坚讲了话，胡昭广为新校舍奠基题词——“百年大计，千秋功业”。

奠基典礼仪式当天的合影

1994年3月，小营新址教学楼开工建设，建筑面积共9223平方米，框架结构，投资共1226万元，教学楼于1995年8月竣工。1994年4月，小营新址学生宿舍楼（现女生宿舍楼）开工建设，建筑面积8330平方米，砖混结构，投资699万元，宿舍楼于1994年12月竣工。1994年10月，学生食堂楼开工建设，建筑面积5135平方米，框架结构，设有架空层，其中包含全校供热交换站，食堂天然气工程，投资925万元，于1995年12月竣工，热力工程和天然气工程同时供热、通气。1995年4月，教学业务楼（之后先后用作办公楼、女生宿舍楼）开工建设，建筑面积5095平方米，框架结构，其中包含校医院用房，投资668万元，于1995年12月竣工。至1995年底，小营新址北半区累计完成建筑面积27 856平方米，含北门传达室73平方米，供热、供水、供电、道路等管线及配套基本完成，初步具备办学条件，合计投资4000多万元。1995年12月，实验楼开工建设，建筑面积19 079平方米，框架结构含地下人防，地上11层，是当时学校的最大建筑，1997年11月竣工。

建设中的教学楼

经过两年多的时间，1995 年底，小营新址办学所需设施完工。市委教育工委于 12 月 18 日做出北京联合大学校部和电子自动化工程学院搬迁到新校址，并调整北京联合大学和电子自动化工程学院领导体制的决定。1996 年 1 月，校部机关（不含成人教育处）和电子自动化工程学院（不含计算机系和自动化系一部分）分别从丰盛胡同 13 号、黄化门街 5 号、沙子口安乐林路 18 号、五道口校址迁入小营新校址，形成了校部和电子自动化工程学院合一的校本部管理体制。

小营校址北门原貌

1997 年 4 月，住宅楼开工建设，建筑面积 135 000 平方米，全现浇筑结构含地下人防，投资 2800 万元，1998 年 9 月竣工。1997 年 12 月，图书馆（今图书馆理工馆）开工建设，建筑面积 7300 平方米，框架结构含变电工程，投资 2300 万元，1999 年 7 月竣工。此工程被北京市人民政府列为建国 50 周年献礼工程。

1997 年底小营校址概貌

建设中的图书馆

根据市委教育工委和市教委的指示精神，北京联合大学于1997 年 10 月着手电子自动化工程学院与建材轻工学院的调整工作，12 月校党委决定将建材轻工学院并入校本部。1997 年底，将电子自动化学院与建材轻工学院合并，统一规划专业，重新组建信息学院和应用技术学院。1998 年元月，信息学院和应用技术学院正式建立。1999 年初，将信息学院机电系、材料系、管理系划归应用技术学院，同时还为应用技术学院新建了电子信息系。两学院办学地点在小营新址。调整后校本部由校机关、直属教学单位（基础课教学部、专业基础课教学部、社会科学教学部、体育教研室）、教辅单位（图书馆、电化教育中心）、信息学院和应用技术学院组成。

2000 年 6 月，北京联合大学用黄化门校址置换了北京市成人教育学院的朝阳区安外小营育慧里 7 号院。育慧里 7 号位于小营校址北侧，与其隔路相望。学校在北四环的办学面积扩大了近 3.7 万余平方米（近 60 亩），现为北四环校区北院。

置换北院前的小营校址

2002年，根据北京市机构编制委员会《关于同意北京联合大学机械工程学院等3所学院并入北京联合大学的函》（京编办〔2002〕2号）和北京联合大学2002年3月25日文件《关于校本部进行专业调整并重新组建学院的意见》（京联党〔2002〕11号）要求，学校撤销信息学院、应用技术学院、机械工程学院建制，调整专业，重新组建信息学院、机电学院、自动化学院和管理学院。将原信息学院的自动化系和机械工程学院的电气工程系，调整合并，成立自动化学院。以原应用技术学院为主体，合并校内部分管理学相关专业组建管理学院。以原机械工程学院机械工程系、材料工程系、应用技术系汽车类专业和原应用技术学院机电系组成机电学院。新组建的4所学院是学校下属的二级非法人学院，处级建制，财务、人事、资产和后勤等管理职能统一由学校管理，基础课程、英语课程、思想政治课程和体育课程教学任务由校本部直属教学部承担。机电学院在白家庄西里办学，另外3所学院在北四环东路办学。

2003年11月，校本部综合楼开工建设，建筑面积为9694.1

平方米，总投资2876万元，于2005年4月竣工，主要用作教室和学生实习实训室。

2005年的小营校址

2005年1月，北京联合大学向市教委请示，将国际交流培训中心更名为国际交流学院。3月，北京市教委发文“京教人〔2005〕6号”，批复同意更名，并确定新成立的国际交流学院为非独立法人的校属二级学院，主要承担北京联合大学校本部外国留学生教学及管理工作。国际交流学院办学地点在北四环校区。

2006年，经市发改委、市教委批准，北京联合大学利用北京市第一批大学生公寓补贴的契机，购置了位于北四环校区的育惠里2号院19号楼一栋，并改造为学生公寓。19号楼地上18层，地下2层，总建筑面积14 788.97平方米。现用作留学生公寓和国际交流学院机构办公地点。

2007年11月，校本部北院E楼开工建设，2008年6月竣工，扩建建筑面积1376平方米，总投资约450万元，主要用于校医务室、外语教学部用房。2011年9月，北京联合大学建校以来的第一座体育馆——体育中心综合楼建筑破土动工，总建筑面积约 1. 8 万平方米，总投资约 9000 万元，集篮球馆、网球馆、体育教学用房、生活福利设施于一体，分地下一期和地上二期两期建设，于 2013 年 10 月建成并投入使用。2011 年 10 月，北京联合大学建校以来单体面积最大的一栋建筑——北四环校区综合楼开工建设，综合楼一期工程（旅游学院综合实训楼）总建筑面积 3. 5 万平方米，总投资额约 1. 8 亿元，全部为教室、实习实训室，于 2013 年 6 月建成并投入使用；2013 年 12 月，二期工程开工建设，总建筑面积 1. 8 万平方米，于 2015 年 10 月竣工。2013 年 12 月，图书馆新馆（现为人文馆）开工建设，总建筑面积约 1. 2 万平方米，于 2015 年 10 月竣工。2014 年底，文化艺术广场开工建设，建筑面积约 1. 04 万平方米，地上为草坪，地下分两层，东侧与新图书馆地下部分相接，于 2016 年年初完成建设。

2011 年综合实训楼奠基仪式

2013 年 6 月投入使用的综合实训楼

2013 年 10 月体育中心投入使用

2014 年建设中的图书馆新馆

2014 年前后，北京联合大学用西城区西四丰盛胡同 13 号置换了中直纪工委（中央直属机关纪律检查工作委员会）的北四环东路 93 号，改建为北四环校区东院，装修改造建筑面积 7558.85 平方米。

2015 年 12 月 31 日，北京联合大学发文“京联党〔2015〕87 号”，在校人文社会科学教学部基础上成立马克思主义学院。马克思主义学院为学校的教学科研单位，属正处级二级学院，办学地点在北四环校区，负责全校本、专科学生和研究生思想政治理论课教学任务，承担马克思主义理论科学研究、学科建设、人才培养及思想政治理论课教师队伍建设和管理等工作。同日，北京联合大学发文“京联党〔2015〕88 号”，撤销广告学院建制，将师范学院艺术设计系的服装与服饰艺术、环境艺术设计、视觉传达设计、产品设计 4 个本科专业和原广告学院数字媒体艺术、绘画、表演 3 个本科专业整建整合，成立艺术学院。艺术学院为学校的教学科研单位，属正处级二级学院。2016 年，艺术学院整合完成，集中至北四环校区办学。

2016 年 5 月 11 日，北京联合大学发文“京联党〔2016〕73 号”，成立机器人学院。机器人学院为学校无行政级别的教学科研单位，是探索人才培养与科学研究、科研成果转化的综合改革试验区。其办学点在北四环校区。

2016 年 10 月 20 日，北京联合大学发文“京联党〔2016〕145 号”，整合学校继续教育及培训资源，撤销“北京联合大学继续教育培训中心”，注销其事业单位法人资格；将现校培训中心并入继续教育学院，保留“北京联合大学培训中心”事业法人单位资格（根据工作需要，对外时可用“北京联合大学成教处”名称），挂靠继续教育学院，变更法人；将“全国重点建设职业教育师资培训基地——北京联合大学”挂靠继续教育学院管理；将“北京联合大学高等教育自学考试办公室”挂靠继续教育学院。调整后，继续教育学院负责统筹全校成人高等学历教育工作；统筹全校社会化培训、考试管理工作；负责全国重点建设职业教育师资培训基地工作；承担全校自学考试主考任务以及上级委派的职业技能等各类培训任务。学院调整至北四环校区东院办公，并根据实际需要，在蒲黄榆校区配备必要的培训场所和工作用房。

2017 年 4 月 28 日，北京联合大学发文“京联党〔2017〕43 号”，对信息学院、机电学院、自动化学院以及机器人学院进行调整。将机电学院与机器人学院合并，成立新的“机器人学院”，原机电学院材料科学与工程专业停止招生；将信息学院更名为“智慧城市学院”，原学院的软件工程专业和电子信息工程专业整体并入新成立的“机器人学院”；将自动化学院更名为“城市轨道交通与物流学院”，原学院的自动化专业整体并入新成立的“机器人学院”。智慧城市学院和城市轨道交通与物流学院办学地点在北四环校区，新的“机器人学院”于白家庄和北四环两址办学，在北四环校区设立改革试验区，原机器人学院在校生以及新并入的软件工程专业（含校级实验班）、电子信息工程专业和自动化专业的在校生仍在北四环校区培养。

经过 20 多年的建设，北四环校区已经成为北京联合大学最大的办学地点和核心校区，集中了学校人才培养、科学研究和为教学科研服务的机构的主体及党政管理中枢，为学校的办学发挥着重要作用。

校址现貌（2018年摄）

资料主要来源：

①《北京联合大学志（1978—2000）》

②《北京联合大学志（2001—2010）·学校篇》

③ 北京联合大学档案馆馆藏档案

④《北京联合大学年鉴（2012）》

⑤《北京联合大学年鉴（2013）》

⑥《北京联合大学年鉴（2014）》

⑦《北京联合大学年鉴（2015）》

⑧《北京联合大学年鉴（2016）》

⑨《心中的记忆——纪念北京联合大学（大学分校）建校30周年》

（整理：王岩　审核：姜素兰、王文杰）

朝阳区白家庄西里

（工人体育场路4号）

——北京工业大学第一分校校址（1978年—1985年）

北京联合大学机械工程学院院址（1985年—2002年4月）

北京联合大学机电学院院址（2002年4月—2017年4月）

北京联合大学机器人学院院址之一（2017年4月至今）

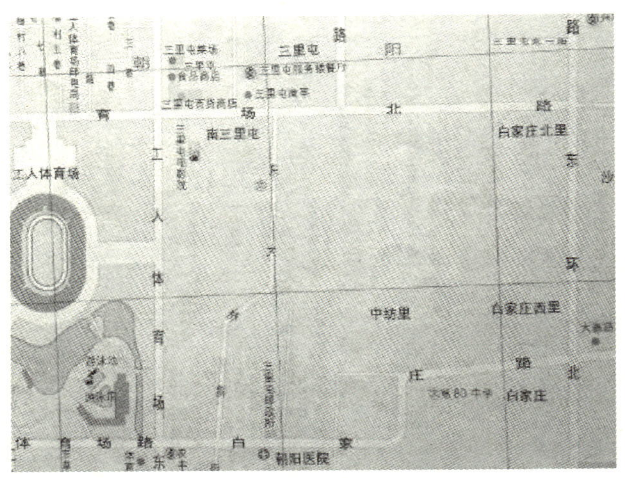

分校时期校址示意图

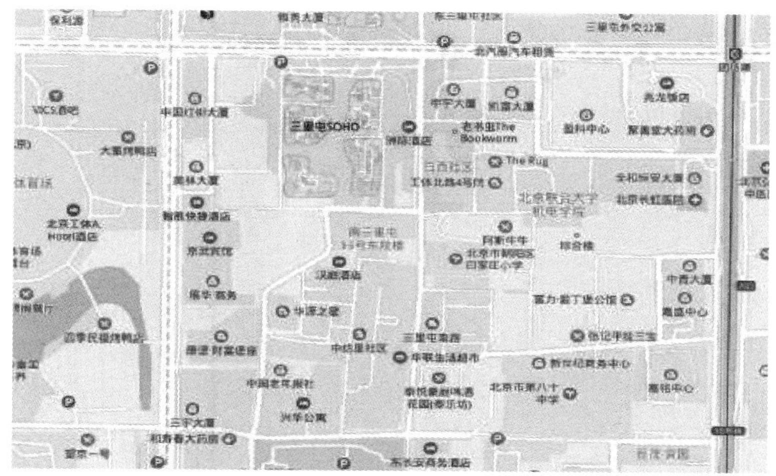

机电学院时期校址示意图（百度网截图）

北京市朝阳区白家庄西里，1978 年至 1984 年，北京工业大学第一分校（以下简称“工大一分校”）的校址位于此。工大一分校使用的是原北京第六机床厂的部分厂址。自 1978 年用于办学后，校名先后变更了几次，地址名称也变更过，现此处地址为工人体育场北路 4 号，是北京联合大学机器人学院的办学地址之一。

白家庄旧时为自然村，因白姓得名。20 世纪 50 年代于白家庄及附近盖住宅区。位于白家庄以北的称白家庄北里，以东的称白家庄东里，以西的称白家庄西里。白家庄西里和北里同属三里屯街道，西里和北里的划分曾变更过几次，白家庄北里曾东起东三环北路，西至南三里屯路，北始工人体育场北路，南抵白家庄路。白家庄北里之东是白家庄东里，中隔东三环北路，之南是白家庄西里，中隔白家庄路，现今原归白家庄北里管辖的地方归到了白家庄西里。1952 年，一所占地 300 亩（约 20 万平方米）的北京市机电类中专学校——北京工业学校落户于当时的白家庄北里北部（时称三里屯校区）。1969 年，北京市机械工业管理局（以下简称“机械局”）收购北京工业学校，将其与精密机械研究所合并，成立北京第六机床厂。1978 年，北京第六机床厂与北京市机械研究所、机械局中心计量站合并，组建北京市机电研究院（以下简称“市机电研究院”）。同年，抽调部分原北京工业学校教职工，筹建工大一分校。原北京工业学校校址被后来的工大一分校、北京机电研究院和兆龙饭店等单位使用。

1978 年 11 月 29 日，北京市委教育工作部向北京市委报送《关于大学扩大招生工作会议情况的报告》，汇报了 11 月 15 日开始的大学扩大招生工作会议情况，经过反复商讨最后落实 25 所高校办分校 36 所，报告附《北京市高等学校分校扩大招生方案》。方案中提出，工大一分校主管单位为机械局，校址设在位于朝阳区三里屯的市机电研究院，开设机械制造和自动化两个专业，计划招生 500 人。12 月 14 日，北京市革命委员会印发《关于成立北京大学第一分校等 33 所高等学校分校的通知》（京革发〔1978〕536 号），决定成立北京大学第一分校等 33 所高等学校分校，其中包括工大一分校。

1978 年 12 月，工大一分校筹建工作领导班子——临时领导小组成立，袁永厚任组长，陈仁高任副组长。教职工主要是来自于市机电研究院的原北京工业学校的干部和教师。分校受市高教局领导，党组织与市机电研究院为同一党委，团委的隶属关系也在市机电研究院。分校设立教务组、学生组，建立了图书馆、电化教育研究室，购置黑白电视机 50 台，并开始修建体育场。经过紧张地筹建，分校初具办学能力。1979 年 1 月，分校首批招收新生 510 人。其中，机械制造专业 9 个班，自动化专业 3 个班。

工大一分校与市机电研究院院落相通，大门在白家庄西里中部，市机电研究院大门在北京工人体育场北路东段。建校初期，工大一分校的办学得到了市机电研究院的大力支持。分校的膳食工作由市机电研究院膳食科管理，师生到市机电研究院食堂就餐；使用市机电研究院电话总机；与市机电研究院合用车辆；市机电研究院选派人员担任管理干部及后勤服务人员；机械系的生产实习在市机电研究院进行。分校最初没有专任教师队伍，师资力量主要依靠北京工业大学，与电大同步课程的辅导、答疑及自开课程的教学基本上由北京工业大学派来的兼职教师承担，大部分实验也是在北京工业大学实验室内由北京工业大学的老师带着完成的。体育课教学全部由北京工业大学体育教师承担。

分校时期校门

两个月的筹建时间对于创办高等院校来说毕竟很短，当时的条件十分有限，用“艰苦”两个字来形容建校初期的情况恰如其分。工大一分校坐落在市机电研究院内，部门多，环境杂，噪音大。办学使用的教学楼是与市机电研究院共用的，临时拼凑了一些房间作为教室和办公室，学生上课的教室与市机电研究院的车间、检验室、图书馆、娱乐室、技校等交叉分布在这座楼里。这座楼原是北京工业学校的一座教学主楼，由苏联建造，供暖设施不太完善，冬天的时候很冷，师生们上课要忍受冬日的寒风。为了多腾出教室办学，校领导和两名系主任共用一间办公室，全校两个系和基础部的教师们挤在地下室一个稍大些的房间里，筹备实验室时就在楼前的工棚里办公，夏季战酷暑，冬季战严寒，其他行政科室也都是同样的工作条件，大家都咬着牙坚持办公。张广华老师当时曾打趣地说："咱们这是在螺蛳壳子里作道场！"除此之外，教学设备和实验设备也不足，教师缺乏。基础课程教学主要依靠每班配备两台 17 寸黑白电视开展电视教学，只有专业课程有助教老师可以帮助学生解决一些学习上的问题、讲解习题。分校操场面积较小，几乎没有什么体育设备，操场内只有两个篮球框。打篮球是当时很多学生体育娱乐的方式。尽管如此，师生们并没有被当时的困难吓倒，从领导到教职工的干劲丝毫没有受到影响，大家都非常珍视这来之不易的复校机会，"恢复高考，早出人才"已经不是什么空洞的口号，它们就像战斗的号角一般，不停地激励大家努力工作，奋发图强。学生们格外珍惜这来之不易的学习机会，充分利用一切时间刻苦学习，大部分学生每天晚上都要在教室学习到晚上九点以后，大家在教室看书、写作业、讨论解决学习过程中遇到的问题，学习氛围十分浓厚。在完成自己学习的前提下，学生们还参加分校组织的义务劳动，擦玻璃、打扫楼道、打扫厕所等，帮助解决分校工作人员有限的困难。

学生打篮球

学生参加建校劳动

教师教研

学生绘图

筹备建校的一些老同志，不仅工作经验丰富，还曾是朝夕相处的老同事，无比愉悦的心情是一切事情得以顺利进行的保证，默契的配合使得效率极大地提高，人心齐，泰山移，正是由于具有这样一种凝聚力，很多琐碎难理的工作都很快有了眉目，分校的各项工作也因此能够快速地走上正轨。1979 年 2 月，分校成立机械工程系和自动化系（自动化系于 1982 年更名为电气工程系），机械工程系设机械设计及制造、金属材料及热加工两个本科专业，自动化系设电气自动化、电机与电器两个本科专业。同年，分校设立教务处、教务科、总务科、学生科。同年 12 月 31 日，分校设立校办公室。1979 年，分校开始建立田径、男足、男女篮球运动队，1980 年后，分校陆续调入专职体育教师，成立体育教研室并承担全部体育课的教学，当年还举办了第一届春季运动会。1980 年，分校归属市机械局领导，市机械局党委委托市机电研究院党委代管。同年6月，学院建立党总支。同年，分校建立传动与测试、CAM、微机应用、电工电子、材料工程、物理实验室。1981年，分校筹建食堂，为全校师生供应午餐，由市机电研究院膳食科领导。1982年，建立40平方米的演播室，配备单管彩色摄像机和3/4寸彩色录像机等设备，可直播教学节目。1983年，设立计算机室，成立基础部。同年，成立医务室，配备工作人员7人，设置门诊室、理疗及牙科治疗室、药房、药库等。1984年，成立总务处，下设行政科、膳食科、运输科、医务室，负责水、电、暖气、家具、通信等维修工作，以及师生伙食、运输、医疗保健、环卫、绿化、办公物品的购置和资产的管理。1984年，分校建立科研办公室和科技开发公司，分别管理不同类别科技项目。同年10月，分校与市机电研究院分开管理，成为两个独立单位，党的关系转入市机械局党委，分校建立临时党委，成立党委组织部（与办公室合署）、宣传部、纪检组。

分校办学条件也得到逐步改善，1980年，市高教局投资200万元建设实验楼；5月1日，实验楼基建工程开工；1981年9月1日，约8000平方米的实验楼竣工，当年年底即投入使用。在1979年至1984年五年的建设中，分校图书馆资金投入逐年增加，馆藏图书从1979年的4709册，增至1984年的49 804册；分校固定资产总额从1978年的4.55万元增至1984年的529余万元。为解决教师不足的困难，分校自1980年起，加紧教师队伍的建设，逐年从全国相关高校调入中青年教师，并尽力聘请清华大学、北京工业大学等在京高校和中国科学院高能物理研究所、北京电器研究所、市机电研究院等科研院所的知名学者、教授和科研人员来校兼课；1984年，还聘请了英国利物浦大学电子系副教授方大庆博士为客座教授，讲授电气技术专业课，这些举措有效地保证了课堂教学的质量，特别是对1978级和1979级学生的教学质量。1978年至1984年，分校共招收了1700余人。1983年，1978级和1979级共有699名学生先后毕业。分校于1月31日在市机电研究院礼堂隆重召开了首届毕业生毕业典礼。

1978级学生毕业设计答辩

1980级学生毕业答辩

1985年1月11日，北京市人民政府关于成立北京联合大学的请示获得教育部批复，同意组建北京联合大学。3月6日，按北京市人民政府《关于建立北京联合大学的通知》（京政发〔1985〕38号），工大一分校作为北京联合大学下设的学院，更名为北京联合大学机械工程学院，此处作为机械工程学院的校址。2002年4月，北京联合大学撤销机械工程学院等3所学院建制，重新组建机电学院等4所学院，新成立的机电学院在此址办学。2017年4月28日，北京联合大学发布《关于相关学院调整的决定》（京联党〔2017〕43号），机电学院与机器人学院合并，成立新的“机器人学院”，新的“机器人学院”在白家庄校区和北四环校区两址办学，此处为新机器人学院的校址之一，称白家庄校区。同年9月19日，学院《关于白家庄校区更名为工体北路校区的请示》获北京联合大学批复，此处称为北京联合大学的工体北路校区，通信地址变更为工人体育场路

4号。

校址现貌（2018年摄）

资料主要来源：

①《北京联合大学志（1978—2000）》

②《心中的记忆——纪念北京联合大学（大学分校）建校30周年》

（整理：王岩、李伟华　审核：姜素兰）

朝阳区八里庄二道沟河北岸

——北京航空学院第二分院校址（1978 年—1982 年）

北京航空学院分院校址之一（1982 年—1984 年）

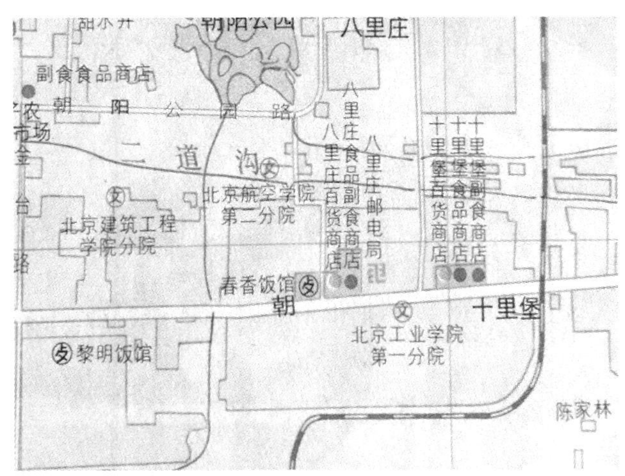

20 世纪 80 年代初地图

校门

北京市朝阳区八里庄二道沟河北岸，这里曾经坐落着朝阳区塑料制品厂。1978 年，北京市第二轻工业局（以下简称“市二轻局”）与北京航空学院（以下简称“北航”）联合筹建北京航空学院第二分院（以下简称“北航二分院”），选址朝阳区塑料制品厂。在之后的大学分校调整中，北航二分院与北京航空学院第一分院合并为北京航空学院分院（以下简称“北航分院”），北航二分院改称二分部，在此继续办学一年多。1984 年 2 月，从该校址迁出。几十年来，八里庄地区发展迅速，新建筑物较多，现已无法找出当年校址的准确位置。

1978 年，为适应国家政治经济形势变化、解决高等教育供需矛盾，中国共产党北京市委员会、北京市人民政府决定依靠地方财政和北京地区高等学校办学资源，利用部分中小学校址和企业厂房创办一批大学分校。市第一、二轻工业局与北航联合筹建了北航第一、二分院。当年 11 月，北京市委教育工作部向北京市委呈报大学扩大招生工作会议情况报告，附《北京市高等学校分校扩大招生方案》，提出以市二轻局为主管单位，北京市第一轻工业局为协作单位，创办北航二分院，设置机械工程（含机械设计、机制工艺、技术材料及热处理、空气循环制冷）专业，计划招生 400 人，校址选于位于朝阳（区）八里庄的原朝阳区塑料制品厂。

经北京市委主管部门批准，北航二分院成立了党政合一的临时领导小组，张奇生（由市二轻局调入）为负责人，成员有王俊奎（北航教授）、韩银铸，领导小组下设办公室、人事处、教务处、总务处和政治辅导员室，还设有工会和共青团。北航二分院党的关系隶属于二轻党委，行政上受市二轻局和高教局双重领导。朝阳区塑料制品厂原为集体所有制企业，原有职工近 500 人。将工厂改建成大学分校，筹建工作首先面临的问题是如何解决工厂职工的去向。起初，塑料制品厂职工的思想不通，担心工厂改办学校后影响他们今后的生活，有关同志做了大量耐心细致的思想工作。最终，有 400 多人由北京市第二轻工业局另行安排工作，有 90 多人选择留下。北航二分院为留下的人成立了一个校办工厂，留下的人中多数去了校办工厂，少数去了人事、财务、后勤等部门工作。

1978 年的朝阳区塑料制品厂占地约 70 亩，有一个三层楼的大厂房和一个大仓库，另有办公楼、食堂等。在一个多月的时间内，将工厂改建成大学，要做的事很多。领导小组积极动员，使大家知道这是为国家培养急需的人才做贡献、是百年树人的大好事。因此，大家齐心协力、紧锣密鼓地进行各项筹备工作，对厂内各处进行改造，如把厂房中间打隔断改建成教室，把仓库改建成大课堂兼小礼堂等。

领导小组成员搬桌椅

在筹建人员的共同努力下，北航二分院初具办学条件，按照当时的条件，确定首届计划招生 400 人，开设机械工程专业，设置机械设计、机制工艺、金属材料及热处理、空气循环制冷 4 个专业方向。1978 年，分院第一届实际招收了 412 人，分自动化、机械、材料 3 个专业，并于 1979 年 2 月开学。因这一届招生较多，所以 1979 年第二届只招收了 80 人。

虽然建校初期的条件较为艰苦，但是大家都有一个共同目标，要同心协力把分校办好。开学后，为了开展体育活动，党政干部自己动手修建篮球场、排球场和简易跑道，在乍暖还寒的春天，大家累得全身是汗，有的小伙子竟脱了上衣，光着膀子干起来。被这种热情所感染，课余时间不少学生都热情地参加进来一同劳动，这也密切了老师和学生之间的关系。分校于 1979 年召开了第一届春季田径运动会。在人少事多的情况下，大家分工合作、积极配合，一起搬运教学设备，在学生开饭时轮流去食堂帮助买饭菜，保证了正常的教学和生活秩序。

1979 年第一届春季田径运动会开幕式

因为多数管理干部是从工业战线上来的，在实际的办学过程中，曾经出现过这样的笑话：一位管后勤工作的同志气呼呼地找到分院的负责人，说："这知识分子的事真不好办。他们还要两间大衣室，你说咱们的大衣放在哪里不行啊，为什么非要专门放大衣的房子？"负责人回答他说："不是那么回事，人家要的是答疑室。学生在学习中遇到了疑难的问题，要向老师请教。这需要有个地方，以便学生找到老师。"他听了恍然大悟，说："噢，不是大衣室，是答疑室啊。明白了，应该应该。"

北航二分院的教学工作由北航承担。分院建院之初，北航派出了大批优秀教师，每天开班车接送老师给学生上课。分院老师则积极做好后勤工作，尽量照顾好老师们的饮食和休息。为了在艰苦条件下，努力把大学分校办好，把学生教育成才，分院一方面加强教学管理，保证教学质量。另一方面是加强学生的思想政治工作，把工作做深做细，并且从长远考虑，努力建设自己的教师队伍。1979 年，分院抓住北京市提供的从外地引进优秀师资的机会，调入 25 名优秀教师，当时调入的白炳琦、壮忠、李震亚、孙中华等老师深受学生的喜爱。

1982 年 12 月 22 日，中国共产党北京市委员会、北京市人民政府同意并转发市委大学工作部和市高教局《关于大学分校调整和建设问题的请示报告》（京发〔1982〕60 号）。文件提出，将北京航空学院一、二分院合并为北京航空学院分院。培养轻工技术人才，规模 800 人。这一文件的传达拉开了北航分院调整合并的序幕。调整合并的第一步是领导关系、领导体制和领导班子的变动。调整前，北航一分院实行党政合一的领导小组体制。调整合并后的北航分院成立了中共北航分院委员会，实行党委集体领导下的分工负责制。党的关系改由市委领导，行政关系属高教局领导。分院领导班子由夏阳、张锡圣、张继堂、焦定录、韩银铸 5 人组成，夏阳任党委书记，张锡圣任院长。领导班子调整后，接着便是办事机构的合并，三处一室（教务处、人事处、总务处和院办公室）都合署办公。由于两处校舍暂时未作变动，因此，一段时间内仍然维持两点办学的格局，只是将原来的一分院所在地改称为一分部，将原来的二分院所在地改称为二分部，北航分院拥有了宣武留学路和朝阳八里庄两处校址。

1979 年第一届春季田径运动会开幕式

调整合并于1983年初迈出了牵动教师和学生的一步。1983年3月，分校党委作出决定，成立基础部来统一管理基础课和公共课的教师，并集中在留学路办公，随后遵照市领导指示迁至即将停办的位于宣武西砖胡同的北京师范学院第二分院院内。1983年4月，将一年级学生也全部集中到西砖胡同上课。自此，北航分院形成了在留学路、八里庄和西砖胡同三点办学的格局。

1983年12月，北航分院的调整合并迈出了更关键的一步。中国共产党北京市委员会、北京市人民政府进一步作出决定，将已经停办的北京第二医学院第一分院和北京师范学院第二分院并入北航分院，明确北航分院今后将北京第二医学院第一分院位于盆儿胡同55号的校址为基地，分步骤建校，在过渡时期内可暂时使用西砖胡同的一部分校舍。同时又决定，原北航一、二分院原来由市一、二轻局调入的职工，包括领导干部在内，全部调回市一、二轻局，留学路和八里庄两处校舍也一并退交回市一、二轻局。

12月20日，这一决定正式宣布，同时还宣布了新的北航分院临时领导小组名单。临时领导小组由张锡圣、焦定录、张继堂和张昌黎（原北京第二医学院第一分院党委书记）、高平（原北京师范学院第二分院党委副书记）5人组成，由焦定录代理党委书记，张继堂代理院长。在临时领导小组的组织领导下，这一调整方案开始实施。分院一方面迅速接收北京第二医学院第一分院和北京师范学院第二分院并入北航分院的67名干部职工，组织建立办事机构，做好在盆儿胡同校舍迎接学生上课的各项准备工作，准备于1984年初将留学路和八里庄的学生全部集中到盆儿胡同上课。另一方面组织专门工作小组，与一、二轻局研究协商办理人员和校舍的交接。

1984年2月，北航分院迁出八里庄校址。同年7月，校舍移交工作基本完成。原北航二分院的物资没有移交给北航分院，留给了市二轻局中专。

资料主要来源：

①《北京联合大学志（1978—2000）》

②《心中的记忆——纪念北京联合大学（大学分校）建校30周年》

（整理：王岩、张宇　审核：姜素兰）

朝阳区延静东里甲3号

（原朝阳门外八里庄地区道家村西）

——北京工业学院第一分院校址之一（1982年6月—1982年12月）

北京工业学院分院校址之一（1982年—1985年）

北京联合大学纺织工程学院院址之一（1985年—1993年）

北京联合大学纺织工程学院院址（1993年—1997年）

北京联合大学商务学院院址（1998年至今）

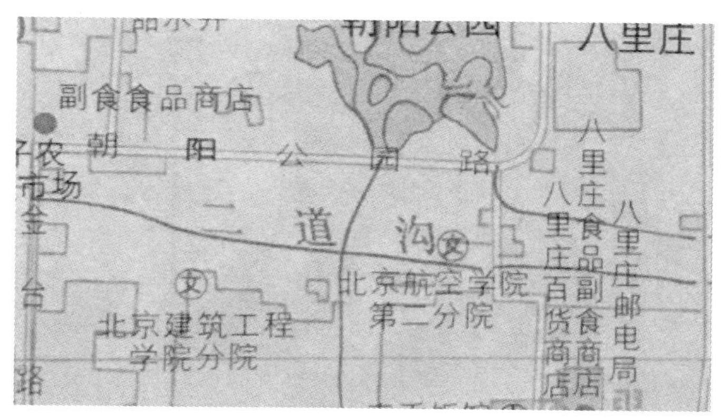

20世纪80年代初地图

1982年，在北京市朝阳区朝阳门外八里庄地区有个道家村，位于朝阳公园路（今朝阳北路）以南、二道沟河以北。该村西侧的30亩菜地于当年6月被北京工业学院第一分院购得，用作扩建新校的基地，并暂时作为学院的一个分部启用了。当年的该处校址除西面有少量居民房外，周围几乎是一大片空地，连一条像样的道路都没有，南侧围墙距南边的二道沟河中心只有大约12米。

1982年12月，中国共产党北京市委员会、北京市人民政府发文“京发〔1982〕60号”，同意对大学分校进行调整。依据文件精神，北京工业学院第一分院更名为北京工业学院分院，该处校址仍沿用。

1985年1月11日，教育部批复北京市人民政府关于成立北京联合大学的请示，同意组建北京联合大学。3月6日，按照北京市人民政府《关于建立北京联合大学的通知》（京政发〔1985〕38号)，将调整后的12所大学分校组建成北京联合大学，工业学院一分院为其中的一所大学分校，更名为北京联合大学纺织工程学院。学院主要办学地点仍在位于十里堡路南端的原北京印染厂技工学校内，本处校址作为学院分部沿用。

1982年至1985年期间，由于北京市对分部的基本投资拨款很少，分部全靠纺织工业部、北京市纺织工业局的支持，以及自筹的方式解决资金，所以该校址建房的速度十分缓慢。1984年，学院在此处用活动房建了200平方米的图书馆，设置了书库和阅览室。直到1985年才建起两幢二层板式临建房和四幢砖瓦平房，基本满足了14个班级将近470名学生的教学用房，同时也得以在此建设物理、电工实验室和金工实习车间，可以自主安排实验计划，节省了借用实验设备的高昂费用和师生往返的时间。楼里还设置有图书馆的书库、医务室、团委、党委办公室、会议室等。1985年时，学院还修建了临时食堂，开始自己办伙。

尽管如此，当时的办学环境还是比较简陋的。简易的二层小楼，走在上面会嘎吱嘎吱地响，墙壁和屋顶都很薄，隔音极差，门窗也极不严实，夏天太阳烤，冬天北风吹。当时的30亩地上还有许多废墟，夏天会野草丛生。但是，师生们并不抱怨环境的简陋，而是全院上下一条心，尽一切努力在现有的条件下把学校的各方面工作做好。夏天，师生员工一起拔草，冬天则一起扫雪。大家一起利用课余时间为修小路、修围墙捡砖头，院长也带头劳动，还曾扭伤了腰。简陋的实验室里，教师齐心协力自制实验设备，还有的老师把袋装奶的塑料袋洗净收集起来，用作学生课程设计分装元件的口袋。令人感动的事情数不胜数。

为了改善学院的办学条件，早日摘掉“不像大学”的帽子，学院领导积极筹划，但是诸多不定的客观因素影响着预想的进展。1987年，教学综合楼建设规划任务批准下达，学院立即委托纺织设计院进行设计，设计获批、施工图完成、施工合同签订，一切看起来很顺利，可是直到10月中旬建委的准许施工任务书却一直没有下达。眼见年关一天一天逼近，明年开春动工的计划可能会成为泡影，党委会讨论决定主动出击去争取，于是紧急起草申请报告，并将申请直接送到了教工委领导和主管副市长手中，经过几番周折和耐心等待，终于盼来一纸特批文件。1987年12月27日，载着全院师生员工无限期望的教学大楼在一片野草丛生的土地上终于破土动工，在长长的鞭炮声中，学院的领导、教职工、学生无不激动得欣喜若狂、欢呼雀跃，有的甚至流下了眼泪。这片不大的土地自此也热闹起来，高耸的塔吊、一刻不停工作的挖土机、来来往往运送建筑材料的车辆、戴着柳条帽穿梭不息的工人让这里呈现出一派生机勃勃的景象。但是，没想到很快又遇到了困难，由于钢筋和水泥供应脱节，工地停工了，工人因为没事做被调往别处工地，现场变得冷冷清清。工地上干干停停的状况一直持续到 1989 年，工程才逐渐步入正轨。看着大楼一天天长高，然后封顶、完成内外装修，最后以优美的姿态耸立在校园中，大家心中的期盼和喜悦是无法言表的。1991 年 7 月，教学综合楼建成并交付使用，学院校址定为朝阳区延静东里甲 3 号。大家喜气洋洋地搬进新大楼，教室配置了新课桌椅，教职工用上了新的办公室，还有大小齐全的会议室、方便的电梯、宽敞的大厅、现代化的计算机室等，令人目不暇接、兴奋不已，不少人又一次流下了激动的泪水。大楼的建成使学院在高校的百花园里争得了一席之地，更为学院的发展奠定了坚实的物质基础。自此，学院有了自己的校区，办学中心由十里堡转到了这里。半年后，纺织工程系的学生及教职工从十里堡本部迁回时，实际上曾被作为分部的这里已经是学院的总部了。1993 年，设置在十里堡的实验室被撤回，校舍交还北京纺织工业局，此处成为学院唯一办学地址。

有了自己的校区以后，一切得以逐步改善。1991 年初，学院投资建设食堂，建筑面积 1429 平方米；1993 年，因设置在十里堡的实验室迁回，学院在校园东侧临时建设三排平房用作纺织试验中心和化学实验室用房，共 622 平方米；1995 年，学院获市高教局拨付专款，修建校门及两边的附属用房，建筑面积 850 平方米；1997 年，学院对产学研中心进行车间改建，增加建筑面积 204 平方米；1999 年，学院在教学楼南侧新建教室、阅览室 894.5 平方米；2001 年 6 月底，投资建设的综合实验楼竣工，解决了学院实验基地短缺的问题，建筑面积 7117.43 平方米；2002 年，学院更换教学楼窗户为新推拉式窗，装修改造国际培训中心教室，改造食堂；2003 年，学院修建 5000 平方米的塑胶操场，增设 1560 平方米的网球场，扩展了体育教学场地，投资改造南区平房办公室区域并搭建了阳光棚；2004 年，学院对简易二层楼进行加固改造；2006 年暑期，学院进行校园大规模修缮改造，包括校园环境建设、道路改造、教学楼外立面及楼梯扶手改造、教学楼卫生间改造、学生公寓改造等；2007 年，学院在教学楼东侧二层楼上加盖一层，增加教学用房 143.64 平方米；2008 年，学院扩建图书馆，增加阅览室 638 平方米，改建南区杂乱地带为面积约 1800 平方米的小型花园；2009 年，学院改造食堂，增加就餐面积 730 平方米、餐位 200 个，重建学院大门。其中，2001 年至 2010 年，学院通过银行贷款、申请上级财政支持等多种方式，进行建设、改造和修缮等总投入 3300 余万元。2010 年以后，学院进行的主要是修缮改造、网络基础建设、教学设施更新和环境美化等方面建设。自 1991 年以来，经过 20 多年的努力，学院环境被建设得优美怡人。至 2017 年底，学院占地面积 19 471.10 平方米，校舍总建筑面积 22 781.03 平方米。

大门

延静东里校址办学条件的不断改善，得益于学院的成长和发展。两个重要举措使学院走上了稳步发展之路：一是从纺织工程学院到商务学院的更名。这是学院领导应对北京市产业结构调整和纺织业萎缩给学院招生和学生就业带来了压力，带领全院教职工经过详尽调研和周密分析之后，作出的决定。1997年12月31日，学院更名获北京市机构编制委员会办公室批准同意。1998年12月底，商务学院的校牌正式揭牌。更名实现了学院由理工科为主的工科院校向经管类为主的文科院校的转型。为了这次调整，学院准备了将近两年，从1996年起开始着手进行专业改造，1997年着重进行院系调整和实验室整合。更名后，学院迅速摆脱了招生的困境，加快了发展的步伐。二是开创国际化办学之路。为了提高学生的社会竞争力，1999年，学院提出了培养国际型商务人才的办学目标。经过反复磋商，于2000年8月，与英国佩斯利大学签署了合作培养协议。根据协议，学院选派优秀大学本科四年级或大专毕业生赴英国学习一年，成绩合格者将获得英国学士学位。国际化办学第一步的迈出是艰难的，有着100多年办学历史的佩斯利大学十分严谨，除了与学院多次洽谈实施细节，还派出了院校两级负责人考察学院的教学质量，不仅考青年教师、考学生，还查学生的作业。学院过硬的教学质量经受住了佩斯利大学教授们的检查，学院的第一步国际合作办学构想实现了。在之后的办学中，学院始终坚持培养国际商务人才的人才培养目标，一步步朝着深层次国际化办学的方向迈进。2014年，学院成为国际高等商学院协会（AACSB〔1〕）会员，是新标准下中国大陆地区第一所进入AACSB初始认证的地方院校。

学院的声誉不断扩大，学生人数持续增长。至2017年年

〔1〕 AACSB是世界上拥有会员最多、历史最为悠久、认证内容最全面的商学院联合机构，全球获得AACSB认证的商学院不足5%。

底，学院在校生1496人，有教职工172人，其中专任教师107人，有3个校级重点建设学科、1个国家级特色专业建设点和1个校级骨干专业，拥有1个一级学科硕士学位授权点和1个专业硕士学位授权点，开设7个本科专业。建有1个北京市级实验教学示范中心，设有3个校级研究所和4个院级研究机构。学院培养的毕业生专业通、外语强、作风实、适应快、善沟通，深受用人单位的欢迎。

校址现貌（2018年摄）

资料主要来源：

①《北京联合大学志（1978—2000）》

②《北京联合大学志（2001—2010）·学校篇》

③北京联合大学档案馆馆藏档案

④《心中的记忆——纪念北京联合大学（大学分校）建校30周年》

（整理：王岩　审核：姜素兰）

朝阳区朝阳门外东大桥西南角

——北京师范大学第一分校校址（1978 年—1983 年）

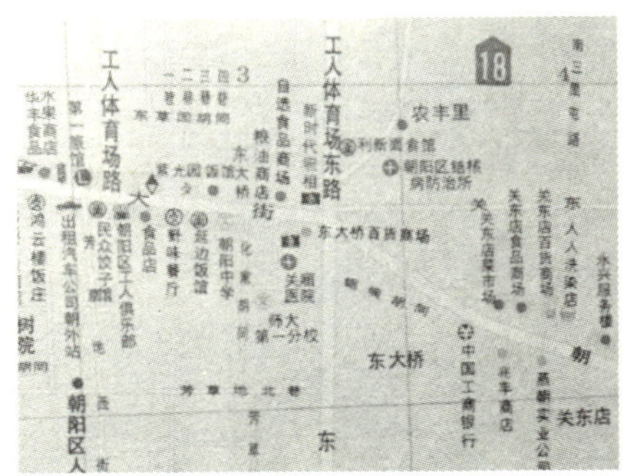

1982 年分校校址示意图

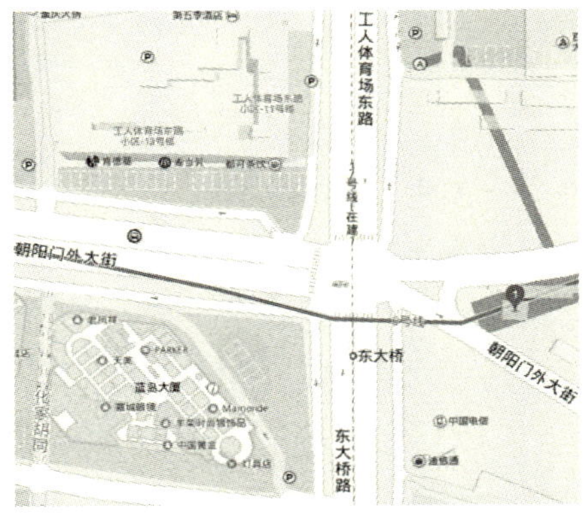

现校址位置示意图（百度网截图）

1978年，在北京市朝阳区朝阳门外东大桥西南角有一所小学，名为东大桥小学。1978年年底，北京市创办大学分校，将北京师范大学第一分校（以下简称“师大一分校”）校址选于东大桥小学。在之后的大学分校调整中，师大一分校与北京师范大学第二分校合并为北京师范大学分校（以下简称“师大分校”），合并后的校址选在位于原东城区安定门外外馆斜街5号（现归朝阳区管辖）的北京师范大学第二分校内。1983年，两分校实质性合并后，东大桥校址不再使用。现蓝岛大厦东区西南侧即为当年师大一分校校址所在地。

东大桥原为一座石桥，桥下是排水沟，从北向南延伸，1958年修建国门外使馆区，因碍于交通而将桥拆掉，但附近因桥命名的地名未改。1978年时，东大桥是朝阳门外大街、工人体育场东路、朝阳路和东大桥路四路相交的十字路口。东大桥路口西北旧有清真大有酱园，西南为荒地、坟地，称芳草地。芳草地之东曾为刑场，是出“大差”（押犯人到刑场处决）的地方，后盖商厦及住宅楼。

1978年，中国共产党北京市委员会、北京市人民政府为解决首都经济社会改革发展人才奇缺的困难和满足广大青年要求上大学的强烈愿望，决定依靠地方财政和北京地区高等学校办学资源，利用部分中小学校址和企业厂房创办一批大学分校。师大一分校即为当时创办的大学分校之一。1978年11月，北京市委教育工作部向北京市委呈报大学扩大招生工作会议情况报告，附《北京市高等学校分校扩大招生方案》，提出由朝阳区为主管单位、朝阳区教育局为协作单位、依靠北京师范大学的支持创办师大一分校，设置中文、政治理论、历史3个专业，计划招生680人，校址选于位于朝阳门外东大桥的东大桥小学，实行部分远郊学生住读。

1978 年 11 月底，北京市人民政府与北京师范大学协商，组建北京师范大学第一、二分校，分别为北京市普通教育培养文科和理科师资，隶属市高教局。很快成立了由陈之光（后赵先）任组长、汪馥郁（负责教学工作，由北京师范大学委派）、李莉（负责思想政治工作，由市委委派）、章文（主管总务、后勤工作，由朝阳区教育局委派）为成员的党政合一领导小组，负责筹建和分校全面工作，师大一分校正式进入筹备阶段。教学机构的负责人由北京师范大学派出，教务处负责人许根宛、尹耀庭。专业设置、教学计划、课程设置、教学大纲、教科书等照搬北京师范大学的，属于普通高等师范教育。任课教师全部由北京师范大学委派。教职工有来自原东大桥小学的部分干部和职工，也有从教育系统、机关、工厂调来的，还有是面向社会招聘的。1979 年 2 月初，分校首届学生入学，共有本科生 668 人，其中中文专业 269 人，历史专业 170 人，政治教育专业 229 人。学生培养采用“四同”方案——与北京师范大学同系同级学生、师从同一教师、使用同一教材、采用同一试卷。北京师范大学配合各系陆续招考教师，建立分校教师队伍。

东大桥校址当年位于朝阳门外大街以南、芳草地北巷以北、化家胡同以西、东大桥路以东。分校门朝东开，院子南面是一幢仅 2000 平方米的三层教学楼，西面和北面是几间平房，院子中间是临时搭建的简易木板房。没有操场、没有宿舍、没有图书馆等。

朝阳区朝阳门外东大桥西南角

师大一分校时期校址

在千头万绪之中，分校在一个月内组成班子，招进学生，两个月内，在小学的校址上办成一所正规的高质量的大学。这是中外教育史上所仅见的，靠的就是政治觉悟。教职工来自五湖四海，教学与管理、业务不同，归属也不同，若教职工间没有和衷共济的精神，没有求同存异的宗旨，是很难协调一致的。当时的办学条件非常艰苦，为保证教学，分校将教室、电化教室、教学设备都安置在楼里，办公室、图书馆、食堂等一律都在简易木板房里。教师没有教研室和办公室，只在系办公室里放着几张桌椅，供老师们临时歇脚。木板房通气状况良好，但四面漏风，冬寒夏热难挨难挡。春秋季刮风时，办公桌上就会有厚厚一层沙尘；夏天漏雨，用脸盆临时接水；冬天靠生煤球炉子取暖，室内寒气袭人，非常容易感冒。尽管如此，分校还是将不多的财政拨款用到了更急需的地方。拨款的有限大家理解，低廉的待遇仅够糊口，健康的透支几乎到了极限，所有这些困难，都被一个共同的崇高的目标所克服、所战胜，即为这些曾经失学的学子广开一条求学之路，为国家经济建设解决燃眉之急。因此，办学条件虽差，但是从学校领导到普通师生的精神面貌都很好，大家以抗战时期的西南联大和延安抗大为榜样，条件越差，越能激发报效祖国的豪情壮志，更加奋发有为。那时，大家拧成一股绳，不分职责分内分外，只要是有利于学校建设，就主动挑起重担努力去做。比如给学校采购图书即是一例，学校图书馆藏书甚少，满足不了师生借阅的需要，中文系的几位教师便利用业余时间积极为学校图书馆采购价格低廉的旧书，并淘到不少很有价值的参考书。

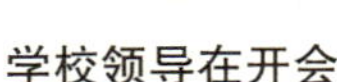

学校领导在开会

学生们在上课

由于师资少而学生多，北京市为师大一分校拨款，建立了一整套包括摄录像在内的闭路电视系统，每个教室配备有两台电视机，共有 50 多台。只要本校一位教师到一个教室去上课，其他几个班通过闭路电视就可以同时听课。闭路电视每天开出 4 套教学节目，每套节目设 6 节课，一天共 24 课时，大多为现场直播，这在当时全国高校是屈指可数的，成为许多兄弟院校参观取经的样板。当时拍摄下的一些知名人士授课录像，如今已成为宝贵的资料片。如：侯宝林先生谈相声，启功先生讲书法，方成先生说漫画，以及许嘉璐、邱汉生、王愿坚、李燕杰等先生的授课、讲演。学生也非常珍惜这来之不易的学习机会，自觉学习，加倍努力。学生们上课精神分外集中，看闭路电视屏幕很少有打盹、睡觉的现象。

老师实行“走教”，每天上午8点用小面包车从位于北京西北的北京师范大学本校穿越整个市区，把老师接到位于北京东南的分校来上课，来回路上要走近一个半小时。老师们不辞辛苦两边跑，虽然负担很重，但要求丝毫不放松，不仅讲课水平高，而且对学生要求也很严格。比如中文系的老师对作文和考卷中的一个病句、一个错别字、一个标点都不放过。正是这种严肃认真、一丝不苟的精神，潜移默化地教育和影响了学生的学风。学生实行走读，由于不可能都是就近入学，远道的要骑车、转车一两个小时，往返要长达三四个小时。即使如此，他们也要充分利用时间，骑在自行车上背单词，坐在公共汽车上看教材。这在当时公交线上，成了一道风景。家里没有读书环境的，就连轴转，留在学校上自习，一直到晚九点才回家。白天自修，缺少自习教室，他们就到市区的图书馆、阅览室去，以至幽静的公园、小憩的绿地随处都可以看到分校学生自习的身影。由于没有教室，1979年师大一分校招收人数大幅下降，仅招收本科生159人；1980年和1981年暂停招生；1982年9月恢复招生，共招收本科生124人。1983年2月，首届学生（1982届）毕业，同年7月第二届学生（1983届）毕业。

1982年12月22日，中国共产党北京市委员会、北京市人民政府同意并转发市委大学工作部和市高教局《关于大学分校调整和建设问题的请示报告》（京发〔1982〕60号）。依据文件精神，北京的大学分校开始调整，师大一分校和北京师范大学第二分校将合并为师大分校，培养中等教育师资，规模为1000人。1983年9月，师大一分校和北京师范大学第二分校实质性合并，合并后的师大分校校址定在原北京师范大学第二分校所在的外馆斜街5号，东大桥校址不再使用。

资料主要来源：

①《北京联合大学志（1978—2000）》

②《心中的记忆——纪念北京联合大学（大学分校）建校30周年》

③《与改革开放同行——建院30周年回顾》

④北京市档案馆馆藏档案

（整理：王岩、王艳莉　审核：姜素兰）

朝阳区朝阳门外八里庄市政工程局党校

——北京建筑工程学院分院校址（1978 年—1983 年）

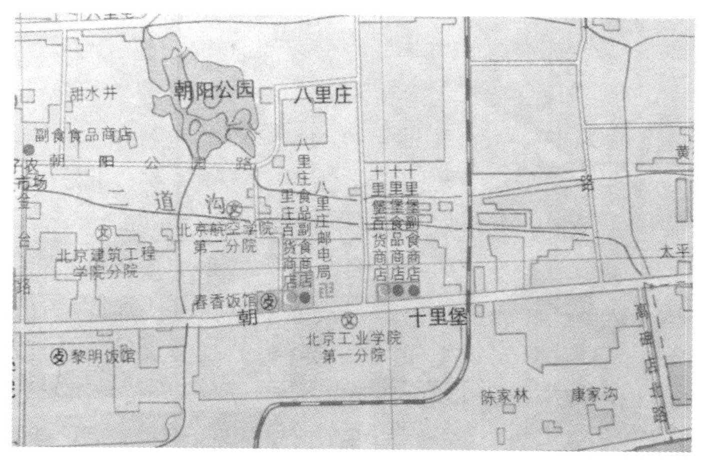

20 世纪 80 年代初分院校址地图

北京市朝阳区朝阳门外八里庄，1978 年时，市政工程局党校位于该地区。1978 年，北京市创办大学分校，拟将北京建筑工程学院分院（以下简称“建工学院分院”）校址选于市政工程局党校。

1978 年，为适应国家政治经济形势变化、解决高等教育供需矛盾，中国共产党北京市委员会、北京市人民政府决定依靠地方财政和北京地区高等学校办学资源，利用部分中小学校址和企业厂房创办一批大学分校。建工学院分院是当年北京市创办的大学分校之一。当年11月，北京市委教育工作部向北京市委呈报大学扩大招生工作会议情况报告，附《北京市高等学校分校扩大招生方案》，提出由市政工程局为主管单位，创办北京建筑工程学院分院，设置工程机械1个专业，计划招生200人，校址选于位于朝阳区外八里庄的市政工程局党校。按照文件精神，建工学院分院的教学工作由北京建筑工程学院[1]（以下简称“建工学院”）负责，分院将主要依靠本院的教学资源办学。

1978年12月14日，北京市革命委员会印发《关于成立北京大学第一分校等33所高等学校分校的通知》（京革发〔1978〕536号），决定成立北京大学第一分校等33所高等学校分校。建工学院分院为33所分校中的一所。

1979年，根据建工学院教学任务的实际需要，北京市基本建设委员会和北京市计划委员会领导分别于9月22日和11月23日召开会议进行专门研究，确定分校的建筑任务为6400平方米，按一次设计建成为教室楼，将原第二教室楼加固后作为实验室使用。经北京建筑工程学院设计室的初步设计，新建教室楼建筑面积6432平方米，位于院内主教学楼以西，建成后新增小教室38个，合班教室4个，其中有两个为阶梯教室，全部工程控制投资概算为110万元。

根据市计委“京计基字〔1979〕317号”文批复，批准北京建筑工程学院分院教学实验楼工程共计6400平方米，其中4800平方米作为教学楼加层任务已经列为1979年的基建项目，

---

〔1〕 北京建筑工程学院源于1907年清政府成立的京师初等工业学堂，1933年更名为北平市市立高级职业学校，1936年增设土木工程科，后历经北京市市立工业学校、北京市建筑专科学校、北京市土木建筑工程学校、北京建筑工程学校。1977年，学校恢复本科招生，更名为北京建筑工程学院。2013年4月，经教育部批准更名为北京建筑大学。

另外1600平方米实验室任务列为预备项目。

但经施工单位鉴定，原第二教学楼震害较重，已不宜接建加层。后经市建委、市计委共同研究，同意将扩建的4800平方米和预备项目1600平方米合并，总建筑面积为6432平方米，总概算投资控制在110万以内，包括室外工程；原第二教学楼改为实验室使用，不另新建实验室；从大学分校投资中先安排5万元，并列入1979年基本建设计划。现北京建筑大学西校区（位于西城区展览路1号）内的第二教学楼即为当年建设的。

1982年12月22日，中国共产党北京市委员会、北京市人民政府同意并转发市委大学工作部和市高教局《关于大学分校调整和建设问题的请示报告》（京发〔1982〕60号）。建工学院分院不在拟保留的大学分校之列，在现有学生毕业后将停办。文件提出，调整后停办的分校，要善始善终，把现有学生培养到毕业，并做好结束工作。领导关系维持现状不变，教学工作仍请大学本校负责到底，保证将现有学生培养成材。分校停办后，现有教职员工，原则上按现在的管理体制，由各自的主管局在本系统内妥善安排；设备物资凡属地方教育经费购置的，由市高教局收回，统一调配使用；结余经费由市高教局按市财政局的有关规定处理；校舍由北京市人民政府统一调整。

至1983年7月，建工学院分院已移交给北京建筑工程学院。

资料主要来源：

北京市档案馆馆藏档案

（整理：王岩　审核：姜素兰）

朝阳区东郊定福庄

——北京化纤学院分院校址（1978 年—1982 年）

北京化学纤维工学院定福庄校址校门（转自北京服装学院网站）

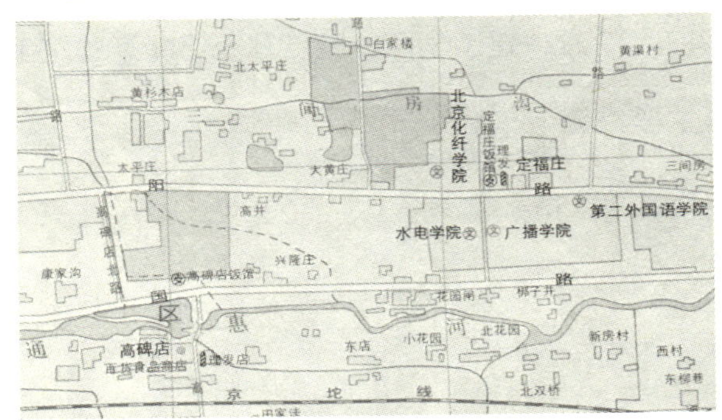

1978 年定福庄地图

1978 年，在北京市朝阳区东郊定福庄，北京第二棉纺织厂宿舍北，有一处占地面积 7 万平方米的校园，是当年结束并校、招收第一届统考生的北京化学纤维工学院（1988 年更名为北京服装学院）的校址。1978 年年底，拟创办的北京化纤学院分院校址计划设置于此。

现定福庄地区地图（百度网截图）

1978 年 11 月 29 日，北京市委教育工作部向北京市委报送《关于大学扩大招生工作会议情况的报告》，汇报了 11 月 15 日开始的大学扩大招生工作会议情况，经过反复商讨，最后落实 25 所高校办分校 36 所，报告附《北京市高等学校分校扩大招生方案》。北京化纤学院分院为计划创办的分校中的一所。方案中提出，北京化纤学院分院主管部门是北京化学纤维工学院，协作创办单位是北京市纺织工业局，校址设于位于朝阳区定福庄的北京化学纤维工学院院内，开设化纤专业和染整专业，计划招生 100 人。

1978 年 12 月 14 日，北京市革命委员会印发《关于成立北京大学第一分校等 33 所高等学校分校的通知》（京革发〔1978〕

536 号)，决定成立北京大学第一分校等 33 所高等学校分校。北京化纤学院分院不在 33 所分校之列，在本校招走读生，不作为独立的高等学校分校。

1982 年 12 月 22 日，中国共产党北京市委员会、北京市人民政府同意并转发市委大学工作部和市高教局《关于大学分校调整和建设问题的请示报告》(京发〔1982〕60 号)。北京化纤学院分院不在保留的分校之中，在现有学生毕业后将停办。

资料主要来源：

北京市档案馆馆藏档案

(整理：王岩　审核：姜素兰)

朝阳区朝阳门外十里堡

——北京工业学院第一分院校址（1978 年—1982 年）
北京工业学院分院校址之一（1982 年—1985 年）
北京联合大学纺织工程学院院址之一（1985 年—1993 年）

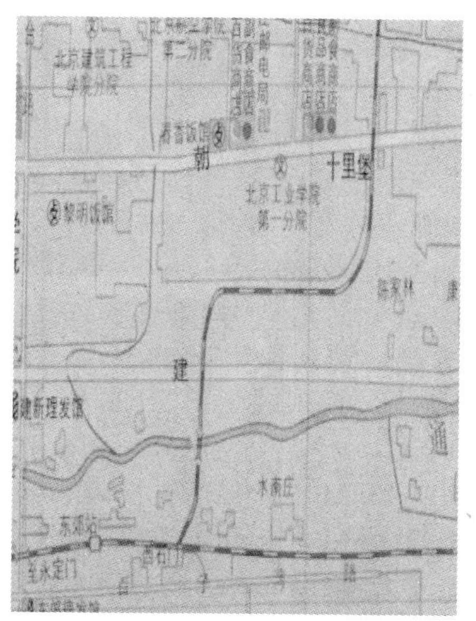

分校时期十里堡地图

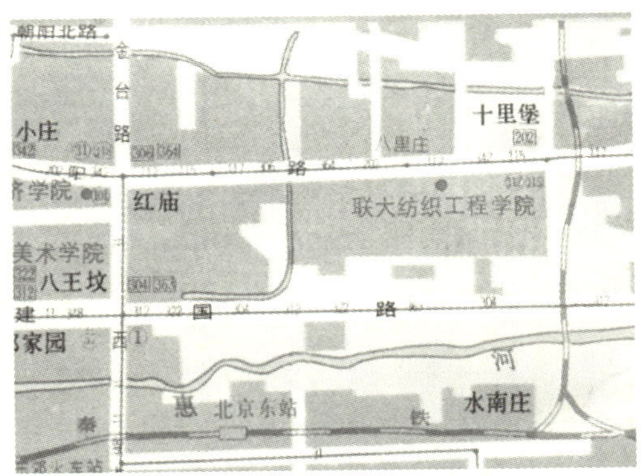

学院时期十里堡地图

北京工业学院第一分院校门

在北京市朝阳区朝阳门外十里堡路南端，这里曾有一所北京印染厂技工学校。1978 年年底，北京市创办大学分校，将北京工业学院第一分院（以下简称“工业学院一分院”）校址选于此，借用其教学楼的两层用于办学。1982 年 12 月，工业学院一分院更名为北京工业学院分院（以下简称“工业学院分院”）。1985 年，工业学院分院成为当年组建的北京联合大学下设学院之一，更名为北京联合大学纺织工程学院，仍于此处办学。

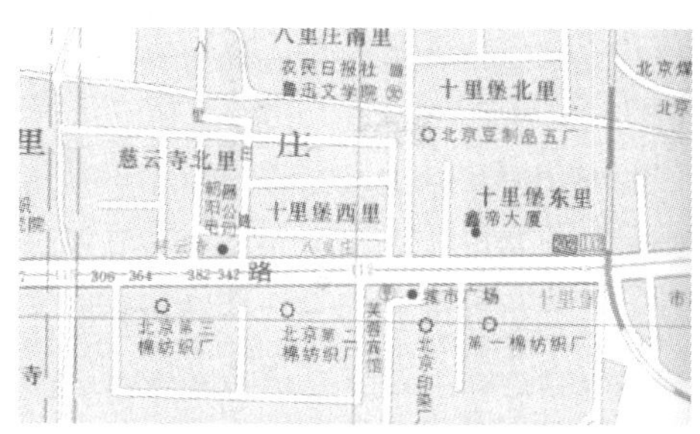

20 世纪 90 年代初十里堡地图

十里堡路位于朝阳区西部，属八里庄街道。八里庄地区是我国国民经济第一个五年计划时期确立的北京纺织工业区，对工业学院一分院办学提供了重要行业支持的北京第一棉纺织厂、北京第二棉纺织厂、北京第三棉纺织厂（以下依次简称“京棉一厂、京棉二厂、京棉三厂”）和北京印染厂于 20 世纪 50 年代先后落户于八里庄街道的十里堡。十里堡路开拓于 1968 年，改建于 1982 年。1978 年时，其北起姚家园路，南至朝阳路，其东是十里堡东里，其西是十里堡西里，均于 20 世纪 50 年代形成，多红砖楼。学院成立时，十里堡东里为京棉一厂职工宿舍处，十里堡西里是京棉二厂职工宿舍（十里堡西里曾名八里庄东里，后因其位于十里堡路西，改称十里堡西里，之后又恢复原名）。

1978 年，中国共产党北京市委员会、北京市人民政府为解决首都经济社会改革发展人才奇缺的困难和满足广大青年要求上大学的强烈愿望，决定依靠地方财政和北京地区高等学校办学资源，利用部分中小学校址和企业厂房创办一批大学分校。工业学院一分院即为当时创办的大学分校之一。在《北京市高等学校分校扩大招生方案》中，提出由北京市纺织工业局（以下简称“市纺织局”）为主管单位、仪表局为协作单位，依靠北京工业学院的支持创办工业学院一分院，设置机械工程专业，计划招生 500 人，校址选于当时位于朝阳区十里堡路南端的北京印染厂技工学校内。当时确定工业学院一分院为主要面向北京市纺织行业服务的市属高等工科院校，培养纺织工程方面专门人才。

1978 年 12 月 19 日，经市委同意，工业学院一分院领导小组成立，组长由市纺织局党组书记李昭兼任，成员有阎宪章（纺织工业局党校校长，主持日常工作）、杨述贤（北京工业学院，负责教学工作）等。随后，市纺织局调集来十几名干部，北京工业学院也选派了部分干部、教师共同进行筹建工作。当时学院借用的北京印染厂技工学校教学楼是一栋前临马路、后靠厂房的三层小楼，且仅借用了其中两层（两层中有三间房仍由北京印染厂技工学校使用），总建筑面积约 1400 平方米。依据办学需要，设置为教室、办公室、图书、医务、仓库、教学实验、教研组活动、教师休息等一系列用房，并紧急购置课桌椅 500 套用于教学。经过短期筹建，1979 年 2 月 8 日，学院正式开课，首届招收了 487 人，分为 10 个班，开设的是机械工程专业。由北京工业学院选派干部负责组织制定教学计划、进行教学管理，并选派教师承担基础课教学任务；由市纺织局选派所属各厂具有本科以上学历并具有多年工厂生产技术管理经验的工程师担任专业课教师；由市纺织局从机关及所属企、事业单位选派调入党政工作人员。

建院初期的办学条件是艰苦的。由于师资不足，分院采用电化教学解决困难，市高教局给每个班配备了 2—3 台电视机，学生们挤在教室里看闭路电视，很难与授课教师接触和沟通。老师们只能两三个人合用一张旧办公桌。分院没有食堂，师生们分散到京棉一、二、三厂和北京印染厂职工食堂就餐。分院没有学生活动场地，就在校外的马路道边上体育课，在教师口哨的指令下，一列长长的队伍在人行道上跑步或做操，下雨的时候则只好在校内的走廊里上课。分院没有教学用的化验、实验室，学生实验主要依靠外单位帮助解决。分院也没有修建车库的地方，学院仅有的一辆用于接送教师的212吉普车就长年停放在马路的便道上。校内连个小院都没有，学生的自行车只能放在校门外的人行道边墙根处。艰苦的条件给师生的教学和生活带来诸多不便，同时也磨炼着干部和师生的意志。大家不但没有被各种困难吓倒，精神面貌反而很好。

为了改善办学条件，院领导和全院教职工做出了不懈努力，同时也得到了北京市委、北京市人民政府和北京市纺织局的大力支持。师资不足，学院向天津纺织工学院（现天津工业大学）、西北纺织工学院（现西安工程大学）等高校聘请部分教师教授专业课，并积极培养青年教师，先后选派十余人到华东纺织工学院（现东华大学）进修。为给学生提供更多的学习资源，建院初期即开始筹建图书馆，在有限的空间中拿出10平方米的房间存放书籍和提供借阅。1979年，建立政治处、教务处、总务处及办公室；建立校医务室，配备3名医务人员专门负责全院师生的医疗保健；购置北京130轻卡一辆。1979年，学院还成立了电教中心，主要为1978级学生基础课的电视授课服务，并自制或与外单位联合制备幻灯片和音像教材，于1981年开始制作《浆纱操作法》《织布挡车操作法》《纤维检验法》《发展中的北京纺织装饰品》等，并于1984年购置进口的编辑录像机等先进设备。1980年，根据北京市纺织工业发展的需要，学院将专业调整为毛纺、棉纺、机织和机械4个专业。1981年8月7日，院务会决定成立基础部和专业部。

但是，校舍面积的不足仍然限制着学院的发展。尽管学生全部走读，校舍面积还是不足，限制了进一步的招生。1979年仅招收了33名针织工程专业的本科生，使用的是当时北京市一所半工半读的学校——第一纺织工业学校的校舍；1980年停招一年；1981年至1982年招生规模都不超过4个班，1981年招收纺织工程专业本科生94人，租用了慈云寺中学教学楼一层6个教室开展教学，1982年招收本科生100人。老师们为上课、开会经常奔波、往返于十里堡和慈云寺之间，很是辛苦。为了解决上体育课问题，学院在京棉三厂的足球场上租了一片场地，才使体育课步入正轨，在此还举办过几届学院运动会。学院党委于1980年2月向纺织工业局党组致函“京工总字〔1980〕005号”，请示尽快解决制图教室等用房问题。随后，印染厂技校所用二层三间房和三层楼的所有房屋转给学院使用，学院的校舍面积达到了2080平方米。1982年6月，在市纺织局和北京市高教局的大力支持下，学院在朝阳门外道家村征菜地30亩，准备建设新校舍，其中除现有建筑外，还有二期工程（图书馆、实验楼），但因种种因素暂未实施，但将此处作为学院的一个分部暂时启用了。

1982年12月22日，中国共产党北京市委员会、北京市人民政府发文“京发〔1982〕60号”，同意并转发了市委大学工作部和市高教局的《关于大学分校调整和建设问题的请示报告》。依据文件精神，北京的大学分校开始调整，工业学院一分院更名为工业学院分院，培养纺织技术人才，办学规模为800人。1983年5月15日，正式启用北京工业学院分院印章，并更换校徽及学生证。

1983年，学院先后毕业了两届毕业生。当年招收本科生125人。1984年招收本科生121人、专科生83人。到1983年10月底，教师达到了82人。1983年，还接收了33名农民，转为工人后主要从事后勤工作。学院于1983年购置了解放牌大客车、1984年购置了红梅牌面包车用于接送教师。1984年，在学院分部新校址活动房内建立了200平方米的图书馆。学院的固定资产总额从 1978 年的 5 万元达到 1984 年的 128 万元。

1985 年 1 月 11 日，北京市人民政府关于成立北京联合大学的请示获得教育部批复，同意组建北京联合大学。3 月 6 日，学院更名为北京联合大学纺织工程学院，此处成为北京联合大学纺织工程学院校址，为学院本部。1982 年获批的 30 亩道家村菜地作为分部为学院另一处校址。

1985 年时，学院有教职工 186 人，每年招生 200 人左右，固定资产总额 128 万元，图书馆馆藏图书 3. 4 万余册，学院不但拥有电教中心、计算中心，还设置了一定数量的实验室。1986 年 6 月，根据学校提出的各学院专业设置方案，学院在调整专业设置的基础上，撤销专业部，设置二系一部，即纺织工程系、纺织机械与企业管理系、基础部。1989 年，成立社科部。

随着新校址的建设，分部具备了一定的办学条件，学院陆续将物理实验室、电工实验室和金工实习车间设置到了分部，纺织、化学和计算机实验室等仍设置在院本部，并将部分学生和进修或代培学生安排到分部上课。至 1991 年分部的新教学楼交付使用时，实际上分部已经是学院的总部了。1992 年，纺织工程系学生及教职工从十里堡本部迁到了分部，十里堡校址主要保留的是部分实验室。

1993 年，经市纪委、市规划局协调，位于十里堡路南的校舍因建设用地征用，交还给北京纺织工业局。20 世纪 90 年代中后期，随着京棉集团（1997 年 8 月，京棉一、二、三纺织厂联合组建为北京棉纺织集团有限责任公司，简称京棉集团）远迁顺义，在纺织城原址上华堂商场、都会国际等一座座新的城市商业建筑拔地而起，位于十里堡路南的校址不复存在了。

资料主要来源：

①《北京联合大学志（1978—2000）》

②北京市档案馆馆藏档案

③《心中的记忆——纪念北京联合大学（大学分校）建校30周年》

④《北京地区普通高等学校概况》

（整理：王岩、龚文婷　审核：姜素兰）

朝阳区垡头西里三区 18 号

——北京联合大学化学工程学院院址之一（1991 年—1996 年）

北京联合大学化学工程学院院址（1996 年—2002 年 7 月）

北京联合大学生物化学工程学院院址（2002 年 7 月至今）

建设中的垡头校区

建成后的校门

北京联合大学化学工程学院新校区——垡头校区的建设，一波三折。从1985年立项后，历经了11个年头，1996年8月30日，垡头校区一期竣工，交付使用。垡头校区占地64亩，建筑面积10 000平方米，这意味着学院不仅能够继续办下去，还会办得更好更长远。

莫道浮云终蔽日，最乐莫若有新巢。仿佛久旱得甘雨，欣喜宛若脚底生。搬家，快搬家！这几乎是当时人们共同的心声。

艰苦奋斗，自力更生，这已经是学院的光荣传统。学院购买了一辆东风加长卡车，全院的教职员工利用暑假齐上阵，自己动手，打包、装车、运输、卸车，不分上下级，也不分男女老少，大家齐心协力，一片热火朝天。

搬家

搬迁之初，校园建设，百废待兴。不惧眼前的困难，心怀未来的梦想。学院领导与广大师生一起，做了很多艰苦的工作，用自己的双手建设属于自己的校园。

2000 年 4 月，根据北京市人民政府批转市教委、市经委的通知，学院由北京化学工业集团有限责任公司划转并入北京联合大学管理体制，9 月份按新的管理体制运行。

这一年，学院面临的一项重要任务就是北京市教委要对学院进行文明校园建设达标验收。达标验收非常严格，标准非常细。由于经费比较困难，各方面的办学条件比较弱，达到文明校园的要求难度比较大。经过一年的艰苦奋斗，验收一次通过。后来学院又被评为北京市文明单位三等奖。

新校园建设，各项基础设施的资金缺口依然很大，经费仍然是困扰学院发展的大问题。

2001 年，学院党的关系和行政关系由北京市工业工委划转到北京市教委。学院领导主动找市教委介绍学院的发展规划以及发展过程中遇到的困难，并邀请市教委领导来学院参观，指导工作。

这一年，市教委给学院拨款400万，为教学楼更新了电梯、改造了锅炉，解决了学院当时最为紧迫的两项困难。

进入21世纪，首都经济结构整体转型，化工行业日渐淡出龙头企业的位置。此时如果学院继续以“化工专业”为主要专业办学，很难持续发展。

穷则变，变则通，通则久。学院及时调整办学思路和专业布局。在多方调研的前提下，增设“生物医药系”。2002年7月，学院更名为“北京联合大学生物化学工程学院”。

学院更名揭牌

教学楼

时代在发展，与时俱进，方能不负时代。各项工作步入正轨后，学院秉承学校“应用型”办学宗旨，围绕“本科评估”，进行了一系列的建设性工作。

学院修建“百草园”，种植百种中草药，为学生提供学习和实习基地；创建能够模拟真实制药流程的 GMP 实训车间，不仅为本院师生也为北京中医药大学、北京化工大学等兄弟院校提供实习、培训场所；与欧姆龙公司合作，建设欧姆龙测控实验室，形成集教学、校企合作和技能培训为一体的教育基地。

百草园

学院的大学生课外科技活动逐渐形成传统，“以赛促学、以赛促教”在师生中成为共识，课外科技参赛年年表现不俗，成绩排在学校的前列，并多次获得国家级奖项。

参赛学生形成梯队，以老带新，在巩固理论学习的基础上，大大提高了动手实践能力，在专业领域受益匪浅，很多学生因为参赛而被用人单位录用。

历经几年学科建设，学院基本固定了信息与控制工程系、生物医药系、经济管理系、工程艺术系、基础课部、人文社科部四系两部的系部设置。

2005 年，学院通过了北京市教委的本科预评估。2006 年 10 月，为学校迎接并顺利通过教育部的本科教学工作水平评估贡献了应有的力量。

我们不知道有没有大学也是这样一点一点，历经艰难建设起来的。至少，这所学院的一砖一瓦，一花一草，都渗透着师生们深深的情感，渗透着每一个人辛勤的汗水，渗透着师生们执着的追求与向往。

正是这样一种艰苦奋斗、积极进取的精神，饱含着对知识的尊重，对个体的尊重，对集体的尊重，对自己对他人的真诚，甚至还有对自我、命运的挑战，以及内心深处对校园家国无言的深爱。

（整理：李敬　审核：姜素兰）

海淀区温泉镇东埠头村1号

——北京联合大学广告学院院址（2001年8月—2010年7月）

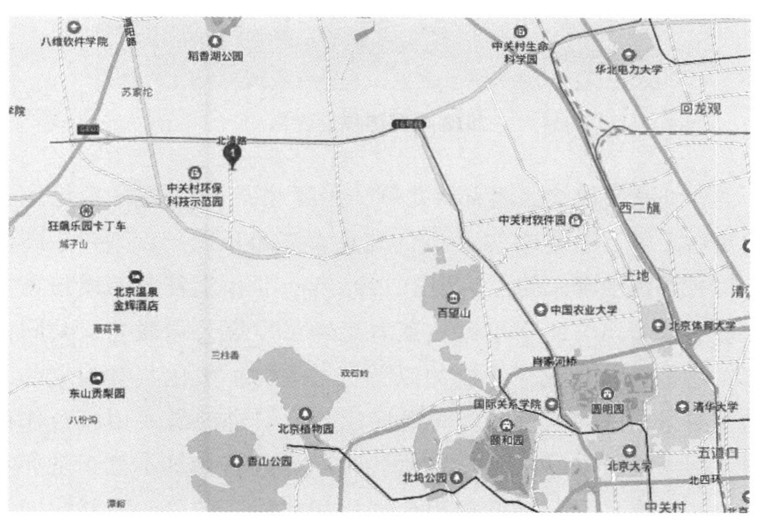

校址位置示意图（百度网截图）

2018 年探访校址合影

在北京市海淀区温泉镇北侧，距颐和园 13 公里的温泉镇东埠头村 1 号，是占地 33 公顷的北京百亭鱼乐园。百亭鱼乐园位于稻香湖路中部东侧，始建于 1993 年，是由浙江省慈溪市慈惠农业有限公司与北京市温泉镇海泉经济发展公司联营，共同投资一亿多元，开发建设成的以游览、垂钓、文化鉴赏为主的人造旅游景观。该项目是当时海淀区政府引进的最大招商合作项目。后因投资方的原因，乐园于 1997 年底开始基本处于荒弃状态。2001 年，温泉镇政府出台“以租代保”政策，重新收回了百亭鱼乐园，并将其租给北京联合大学用于办学。北京联合大学将广告学院设置于此处。

北京联合大学广告学院（以下简称“广告学院”）成立于 2000 年初，最初办学地址在北京市西城区黄化门街 5 号。当年 6 月，北京联合大学将黄化门校址置换给北京市成人教育学院。广告学院于 2001 年 2 月搬出黄化门校址，迁入位于北京站西街船板胡同的 126 中学。2001 年，北京联合大学托管了北京百亭鱼乐园，将广告学院迁来此处办学。

托管北京百亭鱼乐园后，北京联合大学对园区进行了改造，将园内的娱乐用房分别改造成普通教室和阶梯教室，为计算机房安装了现代化教学音响设备，将园区内的别墅客房改造成学生和教师宿舍，使该处校址初步具备了办学条件。

当年的教学用房（摄于 2018 年）

2005 年，为改善校园环境，广告学院制定了《北京联合大学广告学院 2005—2008 校园环境建设规划》（京联广院〔2005〕32 号），加大投入，先后完成 7 项建设项目：一是教学环境改造与建设工程，整合两个网络媒体实验室及计算机基础实验室，重新修建运动场，建设计算机辅助动画实训室，改造装修影视表演实训中心和图书馆，新建广告艺术实训中心；二是学生宿舍的修缮、改建与扩建，于 2005 年 6 月新建 2200 平方米的学生宿舍和 1100 平方米的教学楼，更新校园的消防管道；三是安全环境建设，于 2006 年完成液压自动消防供水工程和安全保卫监控工程；四是公共服务环境建设，于 2006 年 9 月对现有的医务室和浴室进行改造和扩建，修建 2020 平方米的校内停车场，保证饮水卫生达标及做好污水处理工作，实施电力设施改造等；五是办公环境建设，投资 200 万，翻新改建办公楼；六是校园绿化工程，对足球场、宿舍区花坛进行绿化，增加草坪面积，更换树木（2007 年 3 月，学院被北京市海淀区温泉镇评为绿化美化先进单位）；七是校园文化建设（包括硬件和软件建设），根据自身办学定位和特色的要求，制作校园标志、宣传标语和橱窗，进行教室布置。

2001 年，学院成立了电教中心（2005 年更名为信息网络中心，2008 年更名为实验实训教学中心，2010 年 1 月更名为实践教学中心）。2002 年开始筹建校园网，于 2004 年扩建工程完工，建设了网络实训室、视频会议室、多媒体礼堂等。2003 年，建立影视编辑实训室，建立广告编辑演播实训室，配置计算机工作站 2 台、数码摄像机 9 台、数码照相机 3 台、背投 1 个、录像机 1 台、调音台 1 个，可供 10 人进行实践教学活动。2006 年，建立网络媒体整合实训室并配置清华同方计算机 61 套、非线性剪辑实训室并配置戴尔计算机 40 套。2007 年，建立语音教室，建立网络艺术实验室并配置戴尔计算机 60 套。2009 年，建立广告运营实训室并配置清华同方计算机 40 套，建立数字艺术实验室并配置苹果计算机 50 套，对全院多媒体教室进行升级改造，建立英语四六级语音广播系统、数字艺术实验室和 3 间语音教室。

2001 年，学院有多媒体教室 3 间。经过不断地投资建设，至 2008 年，此处已有多媒体教室 26 间。2009 年后，学校又投资 500 万，对所有多媒体教室进行改造和设备更新，并新建了多功能语音室、广告运营实训教室、天光画室等。

2002 年 3 月，学院建立了图书馆，当年投资 3 万元购置专业图书，并得到学校图书馆赠书 19 776 册以及社会各界捐书 2600 多册。2004 年，图书馆建立了电子阅览室。之后又进行了馆舍扩建和多次图书购置。至 2009 年，图书馆藏书达 6 万余册。广告学院已将其建设成为学校颇具广告艺术特色的图书馆。

当年的图书馆（摄于 2018 年）

2009 年，北京联合大学投资 500 万元，对学院现有的 26 间多媒体教室进行改造，新建多媒体教室 7 间、多功能英语语音教室 3 间、广告运营实训室 2 间，进一步大大改善了学院的教学条件。

2010 年 6 月，北京市土地整理储备中心海淀分中心与海淀区温泉镇政府签订了关于百亭鱼乐园地块的补偿协议书。北京联合大学于 2010 年毕业季之后，腾退了该处校址。2010 年 7 月，广告学院迁入学校的昌平校区（北京市昌平区石牌坊村南）办学。

广告学院是中国第一所设于综合大学内的二级广告学院。值得提及的是，广告学院温泉镇校址办学时期（包括黄化门、第 126 中学短暂办学时段），学院是在一种创新体制下成立运行的。2000 年 2 月，根据北京市教委发文《关于同意成立北京联合大学广告学院的批复》（京教计〔2000〕006 号），广告学院采取了“公办民助”的办学形式。即由人民日报所属诺贝广告有限公司出资兴办运行，北京联合大学与诺贝广告公司共同组成学院董事会，由双方人员出任董事会董事。学院一级领导干部由双方人员组成。广告学院首任董事会董事长刘瑞武、首任院长高萍均来自诺贝广告公司。2010 年海淀区收回百亭鱼乐园，因诺贝广告公司出资租用的校址不再具备办学功能，北京联合大学与诺贝广告公司的合作办学亦终止。广告学院此后由北京联合大学独立办学。

资料主要来源：

《北京联合大学志（2001—2010）·学校篇》

（整理：王岩、张利　审核：姜素兰）

海淀区后八家于庄子

——北京邮电学院分院校址（1978 年—1982 年 11 月）
北京大学分校校址之一（1984 年 7 月—1985 年）
北京联合大学文理学院院址之一（1985 年—1994 年 3 月）
北京联合大学应用文理学院院址之一（1994 年 3 月至今）

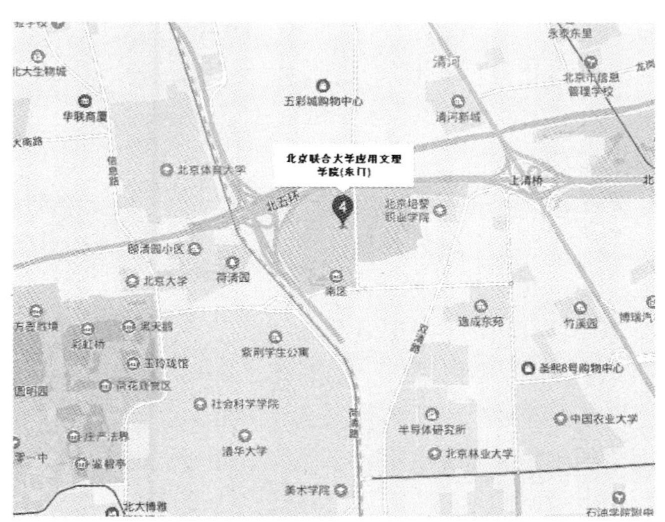

今校址位置示意图（百度网截图）

在北京市海淀区后八家于庄子，曾有一所双清路中学。1978 年年底，北京市创办大学分校，将北京邮电学院分院（以下简称“邮电学院分院”）校址选于中学旧址。北京邮电学院分院后来迁入海淀区五道口办学。1984 年，北京大学分校（以下简称“北大分校”）迁来此处办学。北京联合大学组建后，此处先后是北京联合大学文理学院、应用文理学院的办学地址之一，为双清路校区，现称双清校区。

本处校址位于今清华大学东北面，后八家路中部西侧，北侧临近北五环路，西侧临近京新高速路，距北五环路和京新高速路直线距离均不足 500 米。

1978 年，为适应国家政治经济形势变化、解决高等教育供需矛盾，中国共产党北京市委员会、北京市人民政府决定依靠地方财政和北京地区高等学校办学资源，利用部分中小学校址和企业厂房创办一批大学分校。邮电学院分院是当年北京市创办的大学分校之一。当年 11 月，北京市委教育工作部向北京市委呈报大学扩大招生工作会议情况报告，附《北京市高等学校分校扩大招生方案》，提出以海淀区为主管单位，电信局和长途局为协作单位，创办北京邮电学院分院，设置无线电技术和通信两个专业，计划招生 800 人，校址选于位于海淀区双清路的原双清路中学。按照文件精神，邮电学院分院的教学工作由北京邮电学院负责，分院将主要依靠本院的教学资源办学。

1980 级新生入学

1980 级表彰三好学生大会

1982 年 11 月，邮电学院分院搬离此处，迁入位于海淀区五道口的原暂安处小学校址办学。

1984 年 7 月，北大分校从西城区阜成门外西口迁至此处临时办学，同时在海淀区土城北路 59 号新校址开始施工。

当时的双清路校区周围还是一望千米远的稻田，建筑物稀少，交通条件很差，从距离最近的公交车站八家站步行，至少需要半小时才能走到。为了解决交通困难，北大分校租来 302 路公共汽车接送学生上下学，部分家住得太远的学生就在八家村租农民房住。由于交通的不便，走读式的求学更为辛苦，学生们每天一大早起床从北京的四面八方汇聚到平安里和动物园赶班车，如果下午没课，为了搭班车回城，中午常常要饿肚子。

教学楼是一座小楼，上大课则通常是在简易平房的大教室里。教室墙很薄，冬天西北风从田野里吹来，呼啸的声音从门窗的大小缝隙钻进来，如果人少师生们是不敢待在教室里的。尽管条件差，但老师们很敬业，学生也几乎没有人逃课，大家对这种境况调侃的多、抱怨的少。

但这校园“孤岛”也独有它的美好之处。因为周围是农田，人也不多，上课的时候很安静，是一个难得的学习之所。中午休息的时候，遇到天气好，去周围散散步，可以欣赏到城里看不到的美景，感受城里没有的乐趣。春天，青青的稻苗被风吹得一浪滚过一浪，身处其中心情说不尽的舒畅；夏天，稻子成熟了，割过的田垄留下稀疏的稻穗，捡拾稻穗成了学生们独有的乐趣；秋天，这里更是令人难忘，漫步在杂草丛生的田野里，满地的蝗虫上蹿下跳，而且经常是蜂拥而至，挑战着城里孩子们的胆量。在这个荒芜的、近乎被城市的喧嚣遗忘了的土地上，据说长眠着一位清代的公主，给双清路校址增添了一份神秘。相传学校西侧不远处，一个长满了树、草和酸枣的小土包就是这位公主的坟。

敬业的老师、上进的同学、别具情趣的风景，让曾经在这里就读的学生们印象深刻，难以忘怀。

1985 年 1 月 11 日，教育部批复北京市人民政府关于成立北京联合大学的请示，同意组建北京联合大学。3 月 6 日，按照北京市政府文件《北京市人民政府关于建立北京联合大学的通知》（京政发〔1985〕38 号），将调整后的 12 所大学分校组建成北京联合大学，北大分校为 12 所大学分校中的一所，定名为北京联合大学文理学院。根据教育部批复的精神，学院在一段时间内仍保留“北京大学分校”校名，为相对独立的事业法人单位，局级编制不变。

1986 年 6 月，市高教局就文理学院的管理体制和学校名称问题向国家教委提交了正式报告，国家教委以“教计字〔1986〕146 号”文件批复指出：同意文理学院由北京市和北京大学合办，党和行政的经常工作包括教学、科研、师资队伍建设、干部任免等委托北京大学管理。学院的基建、人员编制、经费、招生和毕业分配等纳入北京联合大学计划，由北京市负责安排解决，同时指出：文理学院既是北京联合大学的一个学院，又是北京大学的分校。该院对北京联合大学称“北京联合大学文理学院”，对外联系称“北京大学分校”。

自迁入双清路起，学院在北京大学的支持下，开始建设实验室。1986 年 8 月，海淀区土城北路 59 号新址的教学楼竣工，文理学院将主要办学部分迁至土城北路，将实验教学部分留在双清路校区，此处成为学院的另一处办学地点。随后，学院陆续将双清路校址的原教室改建为实验室，先后建立了基础物理、生物、化学等 21 个实验室，可开设实验课 30 门。

1994 年 3 月，北京市人民政府办公厅发文“厅秘字〔1994〕14 号”批复市高教局的《关于联合大学所属学院调整合并中有关问题的请示》，同意北京联合大学文理学院与文法学院的中文、法律、政治等系合并，成立北京联合大学应用文理学院，北京联合大学文法学院改名为北京联合大学继续教育学院。调整后，应用文理学院与继续教育学院共同使用丰盛胡同 13 号办学，于土城北路、丰盛胡同、后八家双清路校区三址办学。

至 2000 年，双清路校区占地面积 8600 平方米，校舍建筑面积 5000 平方米，有楼房一栋，建筑面积 3422 平方米，平房 24 间，建筑面积 413 平方米。双清路校区一直作为学院实验室所在地，之后成人教育的部分学生在此上课和住宿。2003 年，学院对双清路校区进行改造，使自考生上课和住宿的学习、生活环境得到改善。2008 年，为解决学生住宿的迫切要求，学院后勤积极开发学生宿舍，将部分教室改造成学生宿舍，安排 200 至 300 人在双清路校区住宿。2013 年，应用文理学院迁出丰盛校区，学院变为两址办学，双清路校区为其辅助办学地点。

校址现貌（2018年摄）

资料主要来源：

①《北京联合大学志（1978—2000）》

②《北京联合大学志（2001—2010）·学校篇》

③《北京联合大学年鉴（2014）》

④《心中的记忆——纪念北京联合大学（大学分校）建校30周年》

（整理：王岩　审核：姜素兰）

海淀区颐和园路操场乙 2 号

——北方交通大学分校校址（1983 年—1985 年）

北京联合大学电气化铁道学院院址（1985 年—1989 年）

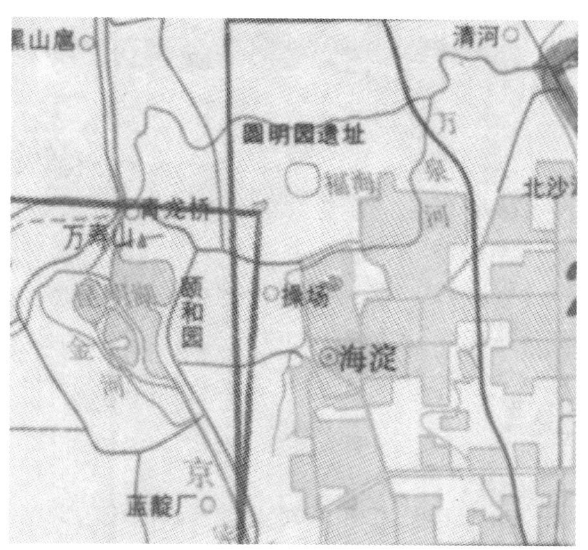

北方交通大学分校校址位置图（20 世纪 80 年代初）

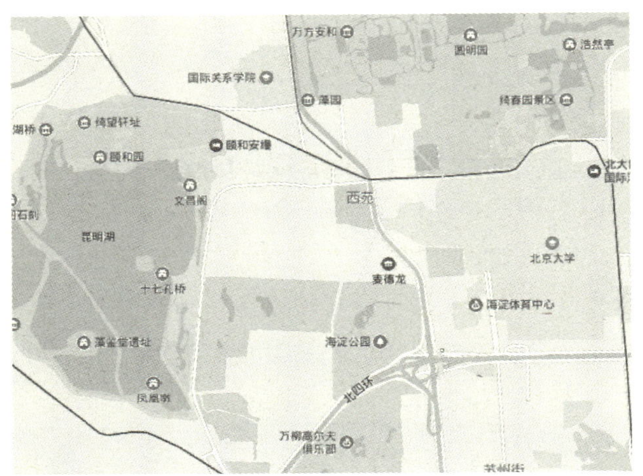

校址对应现今地图

北方交通大学分校（以下简称“北交大分校”）创办于1978年底，最初办学地址在北京市海淀区北蜂窝原铁路第八子弟小学校址内。1982年，北京市调整大学分校，北交大分校不在被保留的大学分校之列。分校于1983年4月被铁道部电气化工程局接管继续办学。随后，电气化工程局于海淀区海淀公社颐和园路操场乙2号租地11亩（含地上建筑面积3598平方米）做临时办学的校园。

1983年4月20日，分校与海淀公社签订了办学合同。按照合同，海淀公社于1983年6月15日前将其原机关大院腾出，供分校使用，设施为2760平方米的四层楼房一栋，平房29间等。分校每年付给海淀公社费用40.5万元，每年四月、十月两次各半交付。1983年，分校共付给公社20.5万元。

颐和园路校址校门前的留影

1983年至1989年，学院下设两系三个四年制本科专业，通信与控制工程系设置交通信号与控制、多路通信两个专业，电气化工程系设置铁道电气化专业。1983年学院招生124人，1984年招生119人，1985年招生116人。

建院8周年合影

1985年1月11日，教育部批复北京市人民政府关于成立北京联合大学的请示，同意组建北京联合大学。3 月 6 日，按照北京市人民政府文件《北京市人民政府关于建立北京联合大学的通知》（京政发〔1985〕38 号），将调整后的 12 所大学分校组建成北京联合大学，北交大分校不在其中。铁道部电气化工程公司于 4 月 23 日向北京市人民政府递交了关于申请加入北京联合大学的报告［（85）电铁教字第 280 号］，北京市人民政府办公厅于 5 月 14 日函复同意。并指出，北交大分校定名为北京联合大学电气化铁道学院；学院仍由电气化工程公司主办，其领导班子、师资队伍由学院负责配备，基建投资和事业经费继续由电气化工程公司自筹解决，日常工作由学院负责管理；电气化铁道学院的教学业务，包括审定招生计划、检查教学质量、授予学位、评定职称、教学研究、学术交流以及改革试验等由北京联合大学统一协调管理；学院的毕业生每年应根据需要分配给北京市一部分。学院的办学地址仍在颐和园路。

1986 年，学院设立有院长办公室、人事科、财务科、学生科、保卫科、基建科、教务处、总务处、科研处、通信与控制工程系、电气化工程系、图书馆、科技公司。

1986 年，学院停止招生。1987 年，经铁道部基建总局同意，学院调整，只保留必要的办学机构及少量的教学和管理人员，对 1984 年和 1985 年入学的在校生按专业分别委托西南交通大学和兰州铁道学院代培至毕业。

1989 年暑假，电气化铁道学院在校生全部毕（结）业。铁道部电气化工程局于 9 月 12 日，报送北京市人民政府《关于撤销北京联合大学电气化铁道学院的报告》（电铁教字〔1989〕623 号），申请撤销学院，并提出撤销后有关事项的安排方案。获北京市人民政府批准后，12 月 16 日，铁道部电气化工程局发文《关于撤销北京联合大学电气化铁道学院的通知》（电铁劳字

〔1989〕853号)，决定自即日起撤销北京联合大学电气化铁道学院。学院撤销后，现有教职工由电气化工程局人事处妥善安置，档案资料及相应物品由局有关部门对口接收，其他善后工作由教育处等有关部门妥善处理。

资料主要来源：

①北京联合大学档案馆馆藏档案

②《北京联合大学志（1978—2000）》

（整理：王岩　审核：姜素兰）

海淀区五道口

——北京工业大学第二分校校址（1978 年—1981 年）

北京医学院分院校址（1978 年—1983 年 9 月）

北京邮电学院分院校址（1982 年 11 月—1985 年）

北京联合大学电子工程学院院址（1985 年—1994 年 3 月）

北京联合大学电子自动化工程学院院址之一（1994 年 3 月—1996 年 1 月）

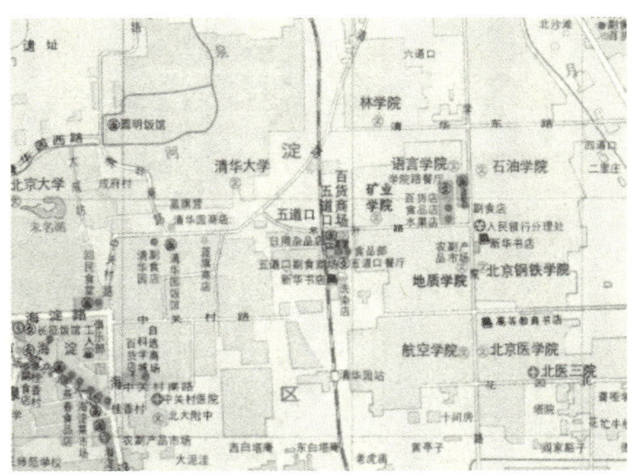

20 世纪 80 年代初五道口地区地图

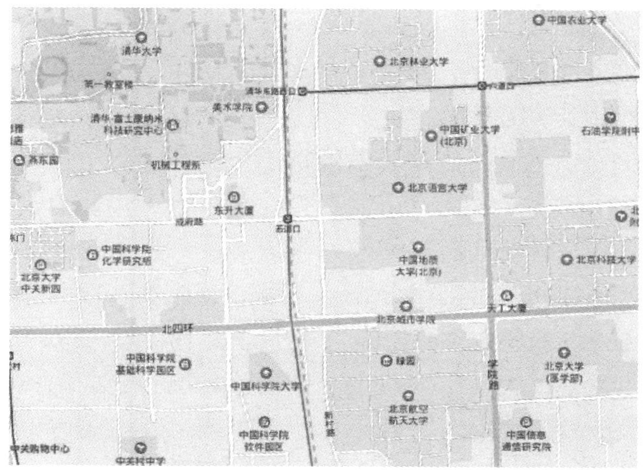

现五道口地区地图（百度网截图）

北京邮电学院分院时期校门

在北京市海淀区五道口地区，曾有一所暂安处小学。1978年年底，北京市创办大学分校，将北京工业大学第二分校（以下简称“工大二分校”）和北京医学院分院（以下简称“北医分院”）校址选于小学原址。后工大二分校在海淀区玉渊潭购地另建校舍搬离，北京邮电学院分院（以下简称“邮电学院分院”）迁入此处办学，随后北京工业学院第二分院和北医分院先后并入邮电学院分院。

1978年，为适应国家政治经济形势变化、解决高等教育供需矛盾，中国共产党北京市委员会、北京市人民政府决定依靠地方财政和北京地区高等学校办学资源，利用部分中小学校址和企业厂房创办一批大学分校。工大二分校和北医分院是当年北京市创办的两所大学分校。当年11月，北京市委教育工作部向北京市委呈报大学扩大招生工作会议情况报告，附《北京市高等学校分校扩大招生方案》，提出以市科委为主管单位，创办工大二分校，设置计算机软件、计算机硬件、电加工3个专业，计划招生400人，校址选于位于海淀区五道口的原暂安处小学，由科委计算中心主办，北京工业大学协办；以海淀区为主管单位，卫生局为协作单位创办北医分院，设置医学、医学传染病专门化、医学精神病专门化、医学结核病专门化、卫生、口腔6个专业，计划招生500人，校址选于位于海淀区五道口的原暂安处小学，部分远郊学生住读。按照文件精神，分校将主要依靠本校的教学资源办学。

五道口位于海淀区东南部，是从北京北站出发的京包铁路的第五个道口，得名原因与四道口类似，其前后曾有“四道口”和“双清路道口”。五道口以东就是北京最早的大学城——“学院路”，这里有当年享誉盛名的农、林、地质、矿业、钢铁、医学、石油、航天这“八大学院”[1]。我们后来通常说的五道口是成府路上的五道口地区，西到蓝旗营，东到北京科技大学，

〔1〕在新中国成立之初，“八大学院”是中国工业经济起飞的摇篮，无数的国家领导人、科学家、知名学者、一线劳动模范从这里诞生。如今的“八大学院”早已升级成大学，有的名字彻底改变，有的早已搬离原址。

北到北京林业大学，南到北京城市学院，这里有着众多北京著名的大学，清华大学、北京大学、北京体育大学、中国地质大学、北京语言大学、北京林业大学、中国农业大学、北京科技大学、中国矿业大学、中国石油大学、北京航空航天大学都位于此，构成了一个文化部落，拥有着一种独特的文化氛围。不少人提起这里最先想到的依然是已经消失的“打口一代”、鸡冠头、皮衣皮裤，还有令人血脉偾张的朋克音乐。当年“八大学院”地带的学生管到新街口以南的地方叫“进城”。可后来五道口的独特风情却让“城里人”都开始梦想过“五道口式生活”。由于有大量的外国留学生在北京语言大学学习中文，使五道口具有浓厚的国际氛围，被誉为小“地球村”。2000 年北京四环路通车前后，五道口地区经历了大规模的拆迁改造。如今的学院路上分布着 20 多所新的高校和科研单位，清华南门的清华科技大厦聚集了搜狐、搜狗、Google、网易、EMC 等一大批耳熟能详的 IT 企业，五道口地区变得更加热闹和繁华。这里有世界流行的美食、时尚服装服饰，更有别具特色的韩国酒吧、大型购物商场，五道口不仅是学生徜徉的时尚之地，更加升级成了成熟的商业圈。

五道口百货商场旧貌

五道口百货商场（五道口购物中心）现貌

在五道口地区，比五道口更古老的地名是暂安处。五道口的暂安处村位于东升乡中部偏西，南临北四环路，是一个具有百年历史的老地名。关于暂安处名称的由来说法不一。《北京市海淀区地名志》中就有三种说法：一说是，清代一亲王死后暂时停放在该处，等候安葬，故称“暂安处”。另一说，古代有位将军打仗胜利归来，路经该处暂时休息，故称“暂安处”。第三种说法，因曾是明代帝后灵柩送昌平天寿山（今十三陵）途中暂息之处得名。三种说法中哪一种更可信，难以考证。暂安处小学原为村办小学，成立于1951年，位于海淀区洼里乡五道口王庄路42号。1956年4月，根据北京市教育局指示，暂安处小学与北京矿业学院子弟小学和北京地质学院子弟小学合并，成立暂安处中心小学。根据北京市海淀区教育局指示，分为暂安处小学校本部、暂安处地院分校和暂安处矿院分校。1970年，根据中央指示“备战”，北京矿业学院搬迁至四川省三汇坝，小学也随之辗转到四川。按地理位置来看，两所大学分校当年借用的应该是原暂安处矿院分校的校址。

工大二分校和北医分院当年借用的暂安处小学校址位于五道口百货商场以南，校址北面自西向东有五道口银行分理处、外文书店、五道口百货商场和五道口邮政所。用一所小学的校址办两所大学分校，在使用面积上的捉襟见肘可见一斑。工大二分校最初借用的是一栋建筑面积只有 1600 平方米的二层小楼，楼内仅能安排下 10 间教室、2 间教研室和 7 间办公室。建校初期，分校物质条件困难，遇到雨雪天气，满院泥泞，上厕所得穿雨靴。工大二分校没有操场、没有食堂，连一台电话都没有，只有两名英语教师。为了改善办学条件，大家参加修路，任劳任怨，没有人叫苦，修篮球场、印教材和考卷，甚至搭木板房、建炉灶等，都是大家自己动手。分校很快就建起了 7 处木板房。为解决师资问题，分校每学期都从北京大学、清华大学、北京科技大学研究生院和科学院等十几个单位聘请兼职教师。借用航空学院、师范大学的运动场给学生提供体育活动场所。五道口餐厅每天抽出四位师傅给学生送饭、送菜。1979 年招新生，教职工搬到了木板房办公，将楼里的屋子腾出来当教室。但是由于 1978 年底，工大二分校一下子就招收了 10 个班共 420 人，教学用房远远不能满足分校进一步发展的需要，1979 年已因房屋不足影响招生。为此工大二分校于 1979 年在海淀区玉渊潭公社潘庄大队白塔庵处取得耕地 47 亩、非耕地 10 余亩，于 1980 年 3 月破土动工，开始建设新校舍。1981 年校舍建成后，分校师生于当年暑期前后开始搬离五道口校址。

北医分院借用的楼房在后来建成的单双杠场地北面，工大二分校楼的对面。由于招收了部分需要住宿的远郊区县学生，分院建了泄水湖住宿部（位于现海淀区教堂）。

北医分院校门前合影

1982 年 11 月，邮电学院分院从海淀区双清路迁来此处办学。

1982 年 12 月 22 日，中国共产党北京市委员会、北京市人民政府同意并转发市委大学工作部和市高教局《关于大学分校调整和建设问题的请示报告》（京发〔1982〕60 号）。文件提出，将北京工业学院第二分院并入邮电学院分院，培养无线电技术人才，规模为 800 人。1983 年 2 月和 9 月，北京工业学院二分院、北医分院先后并入邮电学院分院，三校合并后校名仍为邮电学院分院，办学地址仍在五道口。

搬迁至五道口校址后，1983 年 1 月，邮电学院分院首届毕业生毕业。1983 年，分院招生 143 人，其中专科生 37 人；1984 年招生 111 人。分院于 1982 年下半年，建立了学生食堂。自 1983 年起，分院逐步开始建设实验室，并自筹资金建成了北平房，利用市高教局拨款建成了面积 260 多平方米的大教室。

北京邮电学院分院 7912 班毕业合影

1985 年 1 月 11 日，教育部批复北京市人民政府关于成立北京联合大学的请示，同意组建北京联合大学。3 月 6 日，按照北京市人民政府文件《北京市人民政府关于建立北京联合大学的通知》（京政发〔1985〕38 号），将调整后的 12 所大学分校组建成北京联合大学，邮电学院分院为其中的一所大学分校，更名为北京联合大学电子工程学院。

1985 年，五道口校址占地面积 15 亩（相当于 1 万平方米）。电子工程学院有专任教师 156 人、职工 130 人、在校生 919 人（其中本科生 799 人、成人教育学生 120 人）。学院设置无线电工程系（原无线电技术系，1985 年更为此名）、信息工程系（原自动化控制系，1985 年更为此名）和工业企业管理系（1985 年新建，1993 年 9 月更名为管理工程系）3 个系，开设无线电技术、通信工程、应用电子技术、工业企业管理工程 4 个专业。

为保证学生的教学和生活用房的需要，学院租用生产队一块土地，并在校园内空闲地方利用上级拨款以及自筹大部分资金，建设了一批简易校舍。1986 年，学院建成 640 平方米的食堂和 640 多平方米的学生平房宿舍，并自筹资金，开始兴建图书馆新馆。新馆于 1987 年建成，面积为 407 平方米，有学生阅览室约 100 平方米，座位 100 个。1987 年，建成 4 个各能容纳 125 人的中教室，将办公楼加盖成二层，增加建筑面积 227 平方米。1988 年，新建 406 平方米的计算中心和学生活动室竣工。

自迁入五道口校址以来，学院就开始逐步筹建实验室，添置教学实验设备。至 1994 年，学院已建成实验室 12 间，建筑面积 1075 平方米，配置价值共 305.81 万元的教学科研实验仪器设备 2148 台（件），配备实验教学人员 19 名。

至 1994 年，五道口校址占地面积 15 亩（相当于 1 万平方米），建筑面积为 1.39 万平方米。其中，教学和行政用房 6354 平方米，生活及福利附属用房为 6148 平方米，其他用房 1398 平方米。有四层教学楼一座，除用于系和教研室办公外，有可容纳 50 人上课的小教室 15 间、可容纳 125 人上课的中教室 4 间、可容纳 240 人上课的大教室 1 间。学院有教职工 297 人。1985 年至 1994 年间，学院连续招生，每年招生人数稳定在 200 人左右。图书馆藏书近 2 万种，共 6 万册图书，且每年订购中文期刊 240 余种、外文期刊 20 多种、报纸 46 种。

1994 年 3 月，北京市人民政府办公厅“厅秘字〔1994〕14 号”文件批复《关于联合大学所属学院调整合并中有关问题的请示》，同意北京联合大学自动化工程学院与北京联合大学电子工程学院合并，成立电子自动化工程学院。合并后仍维持原两学院办学格局，电子自动化工程学院三址办学，五道口为其办学地址之一。1995 年 12 月 18 日，北京市委教育工委作出北京联合大学校部和电子自动化工程学院搬迁到新校址，并调整北京联合大学和电子自动化工程学院领导体制的决定。1996 年 1 月，电子自动化工程学院搬离五道口，迁至小营新建成的校址，形成了联合大学校部机关和学院合一的校本部办学体制。五道口校址交信息工程系作为办学点，搞计划外办学，之后北京联合大学成立了五道口管理委员会。2000 年 12 月，按北京市教委要求，学校腾空五道口校址，移交给法政集团。

资料主要来源：

①《北京联合大学志（1978—2000）》

②《心中的记忆——纪念北京联合大学（大学分校）建校 30 周年》

③北京联合大学档案馆馆藏档案

④《北京地区普通高等学校概况》

（整理：王岩　审核：姜素兰）

海淀区花园北路花园春旅馆

——北京联合大学校部办公地址（1986 年 2 月—1990 年 12 月）

校址位置示意图（百度网截图）

在北京市海淀区原东升乡塔院地区花园北路南侧，曾有一家花园春旅馆。1986 年初，刚刚组建一年的北京联合大学，租借了旅馆的第二层和第三层房间作为校部的办公地点，于 2 月 24 日从中山公园临时办公地搬来此处。

这里不是现代人看到的一些公司白领入住的豪华宾馆，而是一栋低矮陈旧的三层简易小楼，每个房间约 10 平方米，房间内仅有三屉桌和木板椅。虽然很不理想，但毕竟有了一个独立的“办公楼”。但是，当大家每天上下班时看到周边的北京医学院、电影学院、邮电学院等气派的校门，耸立的高楼，再看看我们的小楼，门口左边写着“花园春旅馆”，右边竖立着校牌“北京联合大学”，心里总是感觉那么不协调。有时听到进出校门的人说：“联合大学就在这儿啊?!”“这也叫大学!”校部的教职工常常感到“寒酸”，心里不是滋味。曾在西南联大[1]任过教师的谭元堃校长觉察到这些，对大家说：“为什么当时我校取名为北京联合大学，是借鉴了西南联大之名。”“西南联大集中了北大、清华、南开三校的光荣传统，形成了‘爱国、民主、科学’和‘刚毅坚卓’的西南联大精神。办学条件好坏不重要，我们要学习西南联大精神，团结各学院，集中他们的优势和特色，博采众长，把联合大学办好才是最重要的。”谭校长一席满怀深情的话，拂去了大家心中的不快，使大家深受教育。“刚毅坚卓”四个字更是让人体会到艰苦奋斗、坚强意志、爱校敬业、成绩卓越的精神。“小旅馆”“办公楼”不用说和延安、西南联大的困难相比，就是比起分校建校初期的艰苦环境也要好上几倍了。

联合大学校部在小旅馆坚持了 4 年多，直到小旅馆不能租住。校部将走向何方？在一次各学院书记、院长会以后议论到

---

〔1〕 西南联大全称国立西南联合大学，创办于 1937 年，是中国抗日战争开始后高校内迁设于昆明的一所综合性大学。抗日战争爆发以后，为了保存实力，1937 年 11 月 1 日，由国立北京大学、国立清华大学、私立南开大学在长沙组建成立国立长沙临时大学。由于长沙连遭日机轰炸，1938 年 2 月中旬，经中华民国教育部批准，长沙临时大学分三路西迁昆明。1938 年 4 月，改称国立西南联合大学。从 1937 年至 1946 年，历时 9 年，在战火纷飞的年代，办学条件极为艰苦的情况下，西南联大保存了抗战时期的重要科研力量，培养了一大批卓有成就的优秀人才（如“诺贝尔奖”获得者杨振宁、李政道等），为中国和世界的发展进步做出了杰出贡献。北京联合大学首任校长谭元堃毕业于该校。

此事，不少同志认为联大校部可以设在一个学院，但又没有一个学院的同志表示欢迎。后来时任文法学院党委书记的于云嶺同志找到校部领导说：“校部是我们联合大学的首脑机关，已经成立了5年，不能让你们再‘漂泊’在外边了，我们学院领导班子研究决定，学院再困难也要腾出房间让你们住进来。”于是，1990年12月16日，联大校部搬迁至西城区丰盛胡同13号的北京联合大学文法学院院内。在自家的学院办公，大家感受到的不仅仅是办公条件的大大改善，更多的是内心的亲切和温暖。

现今，花园春旅馆已经不存在，但昔日的小楼依然存在，地址名称为海淀区花园北路甲40号。

原址现貌（百度网实景图）

资料主要来源：

①《心中的记忆——纪念北京联合大学（大学分校）建校30周年》

②《北京联合大学志（1978—2000）》

（整理：王岩　审核：姜素兰）

海淀区北土城西路 197 号

（土城北路 59 号）

——北京大学分校校址之一（1984 年 7 月—1985 年）

北京联合大学文理学院院址之一（1985 年—1994 年 3 月）

北京联合大学应用文理学院院址之一（1994 年 3 月至今）

校址地图（百度网截图）

北京市海淀区北土城西路197号，原称土城北路59号，1996年改为现地址名称，为北京联合大学学院路校区。该校址坐落在小月河畔，地处全国最大的高校集聚区域——学院路，位于学院路与北土城西路相交处的学知桥东北角。

学院路校区成为应用文理学院院址，最初源于1983年北京大学第一分校校址的变迁。1983年，北京市计划委员会“京计基字〔1983〕190号”《关于北京大学一分校计划任务书的批复》中同意北京大学第一分校从华侨补校迁出，另选新址进行建设；总建设规模面积控制在11 000平方米以内，总投资控制在600万元以内。当年选定的新校址就是土城北路59号，即现今的北土城西路197号。

在之后的大学分校调整中，北京大学第一分校更名为北京大学分校（以下简称“北大分校”）。1984年7月，北大分校在土城北路59号征地建设新校舍，学校临时由西城区阜成门外西口搬迁至海淀区后八家于庄子双清路中学旧址办学。1984年9月，在北京市委教育部、市计委科教处、市高教局、基建处的领导同志及北京大学党委书记、副校长和北大分校党委书记、校长参加的关于北大分校总体规划方案审查会上，决定北大分校规模为1600名学生，土城北路59号新校址共占地43.3亩（相当于近2.9万平方米），校舍面积24 000平方米。按照北京市政府要求，新校舍建设一次规划设计，分两期建设，工程由北京市第六建筑公司承接。

1985年1月11日，教育部批复北京市人民政府关于成立北京联合大学的请示，同意组建北京联合大学。3月6日，按照北京市政府文件《北京市人民政府关于建立北京联合大学的通知》（京政发〔1985〕38号），将调整后的12所大学分校组建成北京联合大学，北大分校为其中的一所大学分校，定名为北京联合大学文理学院。根据教育部批复的精神，学院在一段时间内仍保留“北京大学分校”校名，为相对独立的事业法人单位，局级编制不变。1986 年 6 月，市高教局就文理学院的管理体制和学校名称问题向国家教委提交了正式报告，国家教委以“教计字〔1986〕146 号”文件批复指出：同意文理学院由北京市和北京大学合办，党和行政的经常工作包括教学、科研、师资队伍建设、干部任免等委托北京大学管理。学院的基建、人员编制、经费、招生和毕业分配等纳入北京联合大学计划，由北京市负责安排解决。同时指出：文理学院既是北京联合大学的一个学院，又是北京大学的分校。该院对北京联合大学称“北京联合大学文理学院”，对外联系称“北京大学分校”。

经过紧张的筹划和准备，1985 年 9 月，土城北路新校舍建设工程正式开工。10 月，教学楼建设项目开工，建筑面积 5069 平方米，有教室 52 间（其中 3 间为大教室），于 1986 年 8 月竣工。1986 年暑假，文理学院的教职工和学生终于迎来了翘首企盼的这一天，在 8 月的一天，大家兴高采烈地搬进新校舍。学院将主要办学部分迁入了土城北路，将实验教学部分留在双清路校区。9 月，1986 级新生正式在新校舍上课。但最初的办学条件仍然是艰苦的。因为只竣工了一栋五层的教学楼，空间还很有限，只有学生和少数几个教学部门在教学楼里，学校的领导和党政机关主要都在校园北侧的平房里办公，往往一间十多平方米的办公室里要挤进两三个部门、摆下七八张办公桌。但大家的心情却是乐观的，看着在建的大楼日益升高，心中对学校未来的发展充满了希望。

1986 年落成的教学楼

1986 年至 1990 年间校园内一角

1990 年土城北路校址外貌

图书馆与教学楼同期开工，但比教学楼晚了两个月，其于1986 年 10 月竣工，建筑面积为 4344 平方米。至 1987 年 11 月，一期工程全部完工，建筑面积共 15 000 平方米，工程造价 980 万元（其中北京市拨款 650 万元，学校自筹 300 万元，国家教委资助 30 万元）。其中，办公楼 2025 平方米，有办公室 56 间，会议室 1 间，电话总机房 3 间；食堂和报告厅楼 2500 余平方米；配电室 251 平方米；锅炉房 736 平方米。1987 年教职工宿舍楼动工，于 1989 年竣工，建筑面积为 1.06 万平方米。

1994 年 3 月，北京市人民政府办公厅发文“厅秘字〔1994〕

14 号”批复市高教局的《关于联合大学所属学院调整合并中有关问题的请示》，同意北京联合大学文理学院与文法学院的中文、法律、政治等系合并，成立北京联合大学应用文理学院，北京联合大学文法学院改名为北京联合大学继续教育学院。调整后，应用文理学院与继续教育学院共同使用丰盛胡同 13 号办学，于土城北路、丰盛胡同、后八家双清路校区三址办学。土城北路校址称北院，丰盛胡同校址称南院。合并时，原文法学院大部分后勤人员并入了继续教育学院。经市委教育工委批准，中共北京联合大学应用文理学院党委由汪馥郁、胡春山、桂裕铮、葛明德、刘季稔、骆武刚 6 人组成。汪馥郁任党委书记，胡春山、桂裕铮任党委副书记，胡春山兼任纪委书记，院长葛明德，副院长刘季稔、骆武刚。5 月，南北两院统一办公，各职能部门同时进行调整合并，因办公条件有限，大部分职能部门暂时还分南北两院。12 月，根据教工委“京教工〔1994〕36 号”文件精神和两院合并后的工作需要，学院成立了党委办公室、组织部、宣传部。1994 年、1995 年学院在学科和专业改造上作进一步的探索，组建了生物化学学科群、信息科学学科群、管理科学学科群。1997 年，为了更加合理地配置教育资源，进行了系科调整，将原有 13 个系合并为 6 个系：生物化学系、信息科学系、经济学与城市科学系、人文与管理科学系、法律系和外国语言文化系，设文理科 15 个专业。1999 年底，学院进行了机关机构和人事制度改革，将原有的 16 个行政部门合并为 11 个。

应用文理学院基建第一期工程结束以后，由于学校内部处于调整专业、合并院校的时期，学院的基建工作基本处于停滞阶段，主要完成的是几个小型建设项目，包括基建办公室和基建库房的规划和建设、原学生宿舍的接层。1997 年，学院修建了面积为 100 平方米的健身房和面积为 300 平方米的乒乓球房。

1999 年，修建了面积为 625 平方米的小球场和面积为 1590 平方米的大球场。同年，学院路校区 1990 年至 2000 年间最大的一项建设工程——实验楼建设开始。10 月 13 日，学院举行了实验楼建设开工典礼，12 月正式动工。实验楼总建筑面积共 9857.96 平方米，于 2001 年 5 月竣工。

2012 年开始，学院的校园基础设施建设又进一步取得突破性进展。2012 年 3 月，学生宿舍楼项目动工建设，总建筑面积 1.1 万余平方米，总投资约 4000 余万元。学生宿舍楼于 2013 年 8 月竣工投入使用。新宿舍楼的落成使学院在校生入住率达到 80%，其中新生 100%住宿，实现了学院由走读向住读模式的转变。2012 年 11 月，应用文理学院第二教学楼项目取得市发展改革委立项批复，总建筑面积 2 万余平方米。第二教学楼于 2013 年 12 月主体结构封顶完成，于 2014 年下半年正式投入使用。2013 年，学校用丰盛胡同校址置换了北四环东路 93 号（现称北京联合大学北四环校区东院），应用文理学院在丰盛胡同的办学部分迁出。学院由三址办学变为两址办学。

第二教学楼主体结构封顶仪式现场

经过不断的努力和建设，学院路校区的办学条件不断改善，院内教学楼、实验楼、融创大厦、图书馆、文博馆、学生宿舍楼、学生食堂、浴室、开水房等学习和生活设施一应俱全。至2017 年年底，学院路校区占地面积 2.95 万余平方米，总建筑面积为 7 万余平方米，应用文理学院有全日制在校学生 2642 人，其中本科生 2528 人、研究生 114 人；有教职工 272 人，其中教师 163 人。学院开设法学、汉语言文学、新闻学（含影视传播方向）、历史学（文遗保护与利用）、文物与博物馆学、人文地理与城乡规划、地理信息科学、广告学、网络与新媒体、档案学（信息开发）10 个本科专业；设有一级学科硕士点 1 个，二级学科硕士点 2 个，专业硕士点 1 个，自主设置交叉硕士点 1 个。学院拥有国家级实验教学示范中心 1 个，国家级虚拟仿真实验教学中心 1 个，国家级特色专业建设点、北京市级特色专业 1 个，国家级综合改革试点、北京市级特色专业 1 个，北京市重点建设学科 2 个。学院借助北京科技大学、北京师范大学、北京航空航天大学、北京语言大学、中国农业大学等部委高校参与建设的“学院路地区教学共同体”，共享丰厚的校外教育资源，依托文理交融的学科科研实力，发挥地处中关村科学城核心区的地缘优势，深度融入北京，落实“四个中心”城市战略定位和国际一流和谐宜居之都建设，努力培养具有深厚人文素养和科学精神的高素质复合应用型人才。

学院路校区大门悬挂的三块校牌（2018年摄）

资料主要来源：

①《北京联合大学志（1978—2000）》

②《北京联合大学志（2001—2010）·学校篇》

③《北京联合大学年鉴（2013）》

④《北京联合大学年鉴（2014）》

⑤《北京联合大学年鉴（2015）》

⑥《心中的记忆——纪念北京联合大学（大学分校）建校30周年》

（整理：王岩　审核：姜素兰）

海淀区明光村

——北京钢铁学院第一分院校址（1978 年—1983 年）
北京钢铁学院分院校址之一（1983 年—1986 年）

北京市明光村，1978 年时，这里曾有一所北京第一轧钢厂技校。当年年底，北京市创办大学分校，将北京钢铁学院第一分院（以下简称“钢铁学院一分院”）校址选在北京第一轧钢厂技校。后钢铁学院一分院与北京钢铁学院第二分院合并为北京钢铁学院分院，合并后在此校址继续办学至 1986 年迁走。

明光村位于海淀区东南部，西直门以北、北三环蓟门桥以南，在西直门北大街、西土城路与学院南路的交汇点左侧，与笑祖塔院、索家坟和因老舍而闻名的太平湖同属北太平庄地区。明光村的历史可以追溯到数百年前，元代这里是元大都城的肃清门（现明光桥的位置），曾东起元大都西部土城，西至京包铁路，北与明光北里接壤，南抵北京木材贸易中心，原称明光寺。据民国时调查，明光寺建于清道光年间，作为村落在民国时地图中已标出。新中国成立以来，明光寺扩大为乡，分置大王花园、明光寺两个生产队。两年后划为东升人民公社北太平庄大队。后建为居民小区，其北称明光北里。明光村境内有西土城路、明光路、学院南路通过。在明光村平房区内曾有一座有着 500 多年历史的笑祖塔院。附近的村落因塔院而得名笑祖塔院村。原北京第一轧钢厂扩建曾占用了部分该村耕地。

开办北京第一轧钢厂技校的北京第一轧钢厂前身是1939年始建于小村[1]南部的浅香轧钢厂，民国时期更名为建国制铁总厂股份有限公司，1953年更名为建国轧钢厂，1959年更名为北京第一轧钢厂。北京第一轧钢厂是20世纪60年代初，全国仅有的4家可轧制线材的轧钢厂之一。1959年，该厂改称北京市冶金局北京第一轧钢厂。1983年，该厂被首钢兼并。1985年，该厂与首都钢铁公司镀锌钢管厂合并，并于当年开始从西直门地区陆续搬迁至昌平区沙河镇。1983年至1994年间该厂曾多次更名。1999年10月，该厂作为首钢的优良资产划归北京首钢股份有限公司，并更名为北京首钢股份有限公司第一线材厂。搬迁至沙河后，原有厂址被陆续用于开发房地产和写字楼，现中铝大厦、首钢大厦、金晖嘉园、金晖总部大厦、远洋风景等所占的土地都是原北京第一轧钢厂厂址。

钢铁学院一分院是1978年北京市创办的大学分校之一。当年，为适应国家政治经济形势变化、解决高等教育供需矛盾，中国共产党北京市委员会、北京市人民政府决定依靠地方财政和北京地区高等学校办学资源，利用部分中小学校址和企业厂房创办一批大学分校。1978年11月，北京市委教育工作部向北京市委呈报大学扩大招生工作会议情况报告，附《北京市高等学校分校扩大招生方案》，提出由冶金局为主管单位，校址选于

---

〔1〕 小村曾是从德外到西外的必经之路，光绪三十一年（公元1905年）修京张铁路，占去小村西部土地。日伪时期（1939年）建浅香轧钢厂，占去小村南部土地。1986年修通西直门北大街又占去小村西部不少土地。小村之东是太平湖。太平湖原是积水潭的一部分，明改筑大都将其隔于城外的西北角，成为湖沼地带。清末称贡家苇塘。1953年进行疏浚，因位于南太平庄之南称太平湖。之后作为周围地域名称，成为居民小区名称。“文革”期间，老舍于此投水自尽。1972年，太平湖被填平，在此修建地铁车辆维修段。

位于海淀区学院路的轧钢技校，设置冶金机械、自动化、钢铁冶金和金属材料专业，计划招生400人。按照文件精神，钢铁学院一分院的教学工作由北京钢铁学院负责，分院将主要依靠本院的教学资源办学。

1978年12月14日，北京市革命委员会印发《关于成立北京大学第一分校等33所高等学校分校的通知》（京革发〔1978〕536号），决定成立北京大学第一分校等33所高等学校分校。钢铁学院一分院为33所分校中的一所。

1982年12月22日，中国共产党北京市委员会、北京市人民政府同意并转发市委大学工作部和市高教局《关于大学分校调整和建设问题的请示报告》（京发〔1982〕60号）。钢铁学院一分院不在拟保留的13所大学分校之列。按照文件精神，原则上在现有学生毕业后停办，或主管部门认为确实还需要办的，在报经市委、市人民政府批准后，改为由主管部门自办。

1983年4月，依据“高教字〔1983〕026号”和“市高教计字〔1983〕051号”文件精神，钢铁学院一分院与二分院合并为北京钢铁学院分院。合并后，北京钢铁学院分院由首都钢铁公司自办和管理，市财政拨款截至1983年8月底。业务上接受市高教局领导，面向社会招生，直接为首钢培养高级工程技术人才和管理人才。当年，北京钢铁学院第二分院学生迁至钢铁一分院上课，并于当年招生200人。随后，北京钢铁学院分院于石景山区西黄村〔1〕进行基建，建设新校舍。

1985年时，北京钢铁学院分院占地面积6.9亩（相当于约4600平方米），校舍建筑总面积1723平方米，其中教学和行政用房1310平方米。分院图书馆藏书42 000册，有期刊201种。

〔1〕 有些资料记载为石景山区杨庄，均指同一地址。

在校学生 533 人，其中本科生 420 人、专科生 113 人。有教职工 202 人，专任教师 66 人。开设工业电气自动化、金属压力加工、冶金机械、工业企业管理工程、工业与民用建筑、钢铁冶金 6 个本科专业，工业与民用建筑专业和钢铁冶金专业还开设专科。当年，为适应企业发展需要，对办学体制、专业设置和办学规模进一步调整，对外仍沿用分院校名，对内称首钢大学。

1986 年，新校舍一期工程完成。北京钢铁学院分院迁入石景山区西黄村办学，现地址名称为石景山区晋元庄路 6 号。1994 年，按照文件国家教委“教计〔1994〕60 号”，北京钢铁学院分院更名为首钢工学院。1999 年起，首钢工学院停止本专科层次培养，开始办高等职业技术教育。

北京钢铁学院分院新校舍大门

现首钢工学院位置示意图

2018 年北京科技大学（原北京钢铁学院）1977、1978 级校友入学 40 周年纪念活动中钢铁学院一分院摊位

资料主要来源：

①北京市档案馆馆藏档案

②《北京地区普通高等学校概况》

（整理：王岩、罗明书　审核：姜素兰）

海淀区西直门外四道口

——中央财政金融学院分院校址（1978 年—1982 年）

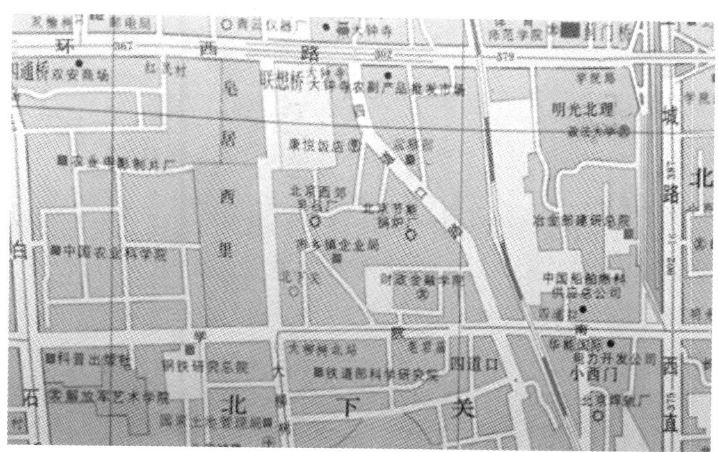

学院地址示意图

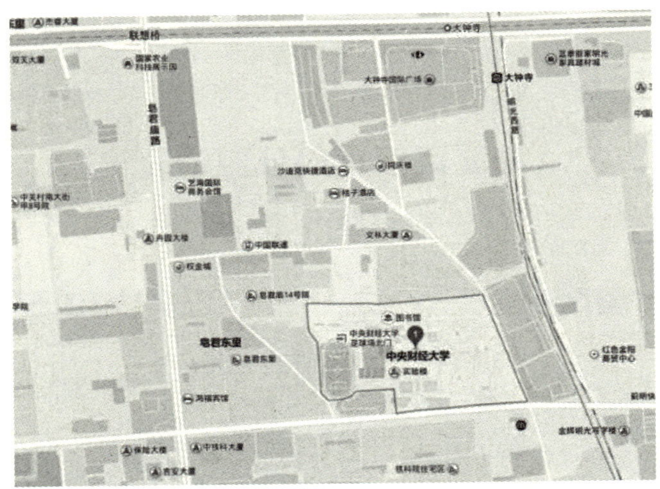

现中央财经大学学院南路校区地图（百度网截图）

北京市海淀区西直门外四道口，1978 年 2 月，中央财政金融学院（1996 年 5 月 16 日更名为中央财经大学）在此原址复校，当年年底拟创办的中央财政金融学院分院校址计划设置本院院内。

四道口地区位于海淀区东南部，东起京包铁路，西至铁道部科学研究院，北临大钟寺，南抵净土寺。四道口地名形成只有近百年的历史。早年间，西直门外以北地区人烟稀少，以后才有人在此开垦出庄稼地，因多有车马往来，便人为地走出几条大道。20 世纪初期，自西直门火车站（今北京北站）由南向北修建了一条铁路（今京包铁路），于是就出现了一些与铁路交叉的道口，并自南向北称为第一道口、第二道口、第三道口、第四道口、第五道口等，以后简称为一道口、二道口、三道口、四道口、五道口。随着铁路沿线地区居住人员的增多，在一些道口附近逐渐形成村落，并依道口之名得村名，称四道口村、五道口村、六道口村等，而没有形成村落的道口就被人们逐渐地遗忘了。旧时，四道口是一个只有七八户人家的小村。新中国成立后变化巨大，道北的四道口果品批发市场是北京曾经最大的果品集散地，四道口也由此著称。后四道口指从东向西的学院南路与从北向南的四道口路的交叉路口。中央财政金融学院位于四道口的校址始建于20世纪50年代初，有近60年的发展历程。

四道口老照片1（转自百度网）

四道口老照片2（转自百度网）

1978年11月29日，北京市委教育工作部向北京市委报送

《关于大学扩大招生工作会议情况的报告》，汇报了11月15日开始的大学扩大招生工作会议情况，经过反复商讨，最后落实25所高校办分校36所，报告附《北京市高等学校分校扩大招生方案》。中央财政金融学院分院为计划创办的分校中的一所。方案中提出，中央财政金融学院分院主管部门是中央财政金融学院，校址设于位于海淀区的中央财政金融学院院内，开设财政专业和金融专业，计划招生50人。

1978年12月14日，北京市革命委员会印发《关于成立北京大学第一分校等33所高等学校分校的通知》（京革发〔1978〕536号），决定成立北京大学第一分校等33所高等学校分校。中央财政金融学院分院不在33所分校之列，由本校招走读生，不作为独立的高等学校分校。

1982年12月22日，中国共产党北京市委员会、北京市人民政府同意并转发市委大学工作部和市高教局《关于大学分校调整和建设问题的请示报告》（京发〔1982〕60号）。中央财政金融学院分院不在保留的分校之中，在现有学生毕业后将停办。按照1982年市高教局《关于北京市大学分校制发毕业证书问题的通知》（京高教大字〔1982〕043号）文件精神，中央财政金融学院分院学生毕业生证书可由本校颁发，但须注明“分校”字样。

现此处校址为中央财经大学学院南路校区，地址名称为海淀区学院南路39号。

资料主要来源：

①北京市档案馆馆藏档案

②《北京地名典》

（整理：王岩　审核：姜素兰）

海淀区北太平庄红联东村

——中国人民大学第二分校校址（1984 年—1985 年）

北京联合大学文法学院院址（1985 年—1986 年 8 月）

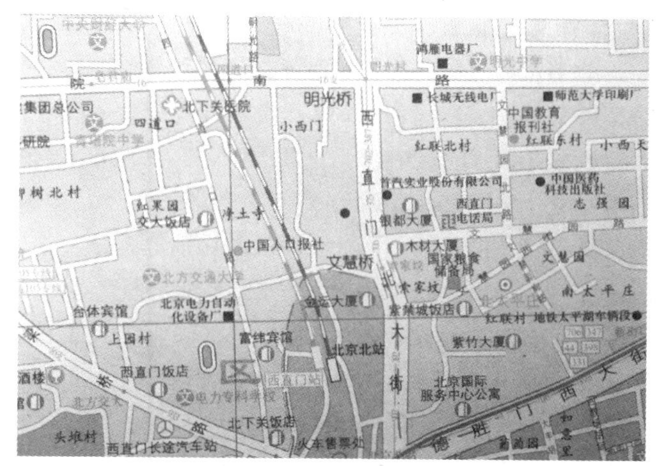

校址位置示意地图

该校址位于北京市海淀区东南部，属北太平庄街道，是中国人民大学第二分校（以下简称“人大二分校”）及其更名后的北京联合大学文法学院的临时办学地点。

1984 年，因人大二分校丰盛胡同校址的教学楼属于危险楼房，分校上报有关部门的申请重建新校舍。5 月，重建新校舍的设计获市规划局批准，相关工作进入倒计时。分校租用了位于海淀区北太平庄红联东村 28 号（海淀区教师进修学校分校旧址）的海淀区文慧园小学一栋 2000 平方米的教学楼，还在附近中学等单位借用几间教室，作为临时校舍。当年 7 月，该校组织全体教职工利用假期完成了搬迁。1984 年 8 月 6 日，丰盛胡同 13 号的旧校舍的拆除工作开始。

尽管临时租借校舍办学条件有限，但分校仍是想尽一切办法，保证教学质量。院长邹家炜亲自上课，历史课老师带全班同学住到承德避暑山庄里进行实习考察，班主任老师带学生进行为期一个月的毕业实习。并且，分校充分利用周围体育场馆，保证学生体育课的质量，如租借月坛体育场上体育课，冬天到语言大学上滑冰课，夏天去总政游泳馆上游泳课。

1985 年 1 月 11 日，教育部批复北京市人民政府关于成立北京联合大学的请示，同意组建北京联合大学。3 月 6 日，按照北京市政府文件《北京市人民政府关于建立北京联合大学的通知》（京政发〔1985〕38 号），将调整后的 12 所大学分校组建成北京联合大学，人大二分校为其中的一所大学分校，更名为北京联合大学文法学院。学院仍为相对独立的事业法人单位，局级编制不变。

校园内

教学楼内

1986 年 8 月，丰盛胡同校址新校舍落成，全体教职工和学生利用暑假从红联东村临时校舍迁回丰盛胡同13号。9月1日，在新校舍正式开学上课。

资料主要来源：

①《北京联合大学志（1978—2000）》

②《心中的记忆——纪念北京联合大学（大学分校）建校30周年》

③北京联合大学档案馆馆藏档案

④北京市档案馆馆藏档案

（整理：王岩　审核：姜素兰）

海淀区西三环北路广洼街4号

——海淀走读大学国际语言文化学院院址（1989年3月—1993年9月）

北京联合大学国际语言文化学院院址（1993年9月—2003年3月）

现校址位置示意地图（百度网截图）

1989年，正值我国改革开放逐步深入，外资企业转向中国大陆投资现象日益增加，国内外向型经济迅速发展之际。北京乃至全国都急需一批既懂外语，又懂经贸知识，且具有办公自动化技能的外向型、复合型、应用型外语人才。面对社会客观需求和国家发展高等教育经费不足的矛盾，已故著名语言学家许国璋教授和北外刚离退休的校级领导干部、教授一起，发起并创办了一所不要国家拨款的民办应用型外国语高等专科学校，决心探索外语教学的改革，改变当时全国大多数外语院校培养单一语言文学方面外语人才的模式，转向采用短平快的培养方式，广泛吸取国内外的经验，采用选优聘用师资制，取代终身制，学生自费上学，以学养学，在收费上尽量采取较低的标准，使工薪阶层的家长有能力负担。1989年2月22日，北京市高教局批准成立海淀走读大学国际语言文化学院。学院为全国第一所国家承认学历的民办外国语高等专科学校，选址于海淀区西三环北路厂洼街4号，成立之初挂靠于民办海淀走读大学。当年9月1日，海淀走读大学国际语言文化学院挂牌。

厂洼街位于海淀区东南部，西三环北路西侧，为东西走向街道。厂洼街4号位于今北京外国语大学以南约200米，厂洼中路东侧。

1989年建校之初，根据北京市社会经济发展的需求，学院开设了经贸英语、经贸日语、经贸俄语（只办了一届）3个专业。办学上，学院采取开源节流的办法，严格控制经费的使用。一方面接受有关部门的委托代培，收取一定费用，补贴学校的开支，另一方面严格地节省一切可以节约的行政开支，以保证教学工作的正常运转和教学质量的提高。学院行政办公设施简陋，但拥有较先进的电教设备。计算机教学从到外校借用机房发展到1997年拥有全部新机型的计算机室。

1993年6月12日，市高教局发文“京高教计〔1993〕039号”，批复同意海淀走读大学国际语言文化学院挂靠到北京联合大学，改名为北京联合大学国际语言文化学院，其办学经费、基建、人员编制等均按民办学校对待；其办学规模、年度招生计划根据北京经济和社会发展的需要确定，并纳入北京联合大学的规模和计划；其专业设置、招生、教学、毕业生分配等均接受北京联合大学的统一管理。9 月 1 日，北京联合大学国际语言文化学院挂牌，自该日起正式挂靠到北京联合大学，成为北京联合大学下辖的一所相对独立的民办性质的办学实体。

1994 年，学院增设经贸德语专业（只办了一届）。1999 年学院总结专业设置经验，将开设专业固定为经贸英语和经贸日语两个专业。自建院以来，经过十多年的摸索，学院建立起一支以离退休教师为骨干，中青年兼职教师相结合的相对稳定的、动态的教师队伍。选聘教师以学年为单位聘用，对新聘教师实行三个月的试用期；对教学水平高并具有良好师德的教师，提升一格聘用，即讲师聘为副教授，副教授聘为教授；从本市著名高校中聘用专业对口的兼职教师，使专业课程有一个高的起点。学院利用民办学校的机动灵活的办学机制，充分尊重教师们的合理化建议，全力支持他们创造设想的实现，注重增强整个教师队伍的凝聚力。学院的教学管理干部包括正副院长在内共计 11 名，均为离退休干部。他们既是学院各部门的负责人，同时又是具体工作人员，每人还身兼数职。学院每年根据国家的招生计划，从参加全国高等学校统一入学考试的学生中按规定的分数段录取学生，学生全部为自费走读生，属外语类，学制三年。学院对毕业生不包分配，实行双向选择、学院推荐和自主择业的就业办法。

2003 年 3 月，国际语言文化学院重组后正式并入北京联合大学，学院的性质也由民办变为公办。学院办学地址迁至北京市昌平区石牌坊南。此处不再是北京联合大学的一处校址。

海淀区西三环北路厂洼街 4 号

资料主要来源：

①《北京联合大学志（1978—2000）》

②《北京联合大学志（2001—2010）·学校篇》

③ 北京联合大学档案馆馆藏档案

（整理：王岩　审核：姜素兰）

海淀区玉渊潭公社潘庄大队白塔庵

（西三环北路56号）

——北京工业大学第二分校校址（1981年—1985年）

北京计算机学院校址（1985年—1993年）

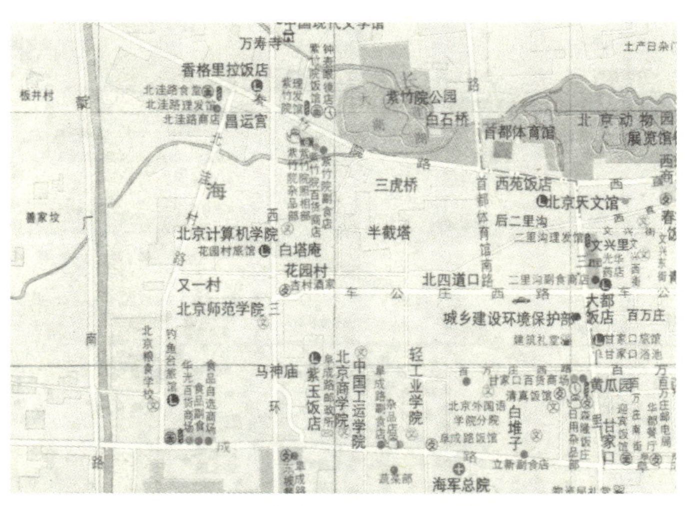

20世纪80年代初校址位置示意地图

对应今校址位置示意地图（百度网截图）

北京工业大学第二分校（以下简称“工大二分校”）成立于1978年，原办学地址在北京市海淀区五道口，与北京医学院分院共用原暂安处小学校舍。1979年因房屋不足影响分校招生，教学用房的远远不足限制了分校的进一步发展。为此，工大二分校于1979年在海淀区玉渊潭公社潘庄大队白塔庵处（后地址名称定为西三环北路56号，定名时间不详）取得耕地47亩、非耕地10余亩，于1980年3月破土动工，开始建设新校舍。1981年，新校舍建成后，于当年暑期前后搬离五道口校址，迁入此校址。

在国家科委支持下，1982年，工大二分校已建成教学用房2万平方米，配置了美国、日本制造的两台中型计算机，并有实验室、闭路电视等教学设备，有专职教师110人，并聘请北大、清华、科学院数学所、科技大学研究生院等单位的教师任教，初具大学规模。其毕业生除满足北京市需要外，还可经国家科委向外输送一部分。

1982 年，北京市人民政府上报国务院的请示中，提出为推广计算机的应用，拟在工大二分校的基础上，建立北京计算机学院，规模为 800 人，学制分四年制本科和两年制专科，设计算机科学、软件工程、计算机技术等专业，培养计算机应用和信息处理方面的专业人才。

1985 年元月，经教育部批准，在工大二分校的基础上，建立了北京计算机学院。北京计算机学院是一所“以计算机为核心，理工管结合”的市属高等院校。学校设置 3 个系，5 个公共基础教研室和 6 个研究室，计算机科学系开设理论计算机科学专业和计算机数学专业；计算机技术系开设计算机及应用专业；软件工程系开设计算机软件专业。学院教学、科研和实验设备正逐年充实完善，已有物理、电子电工、数学逻辑、微处理器、计算机原理、体系结构、程序语言和网络等实验室。各系所属实验室、研究室另配置多台微型机和单板机为师生开展教学科研使用。院电化教育中心有闭路电视系统和较先进的演播录像设备。1985 年，学院占地总面积 49 亩（相当于 3.26 万余平方米），校舍建筑总面积 27 940 平方米，其中，教室 2946 平方米，实验室 746 平方米，图书馆 1490 平方米，校、系行政用房 13 098 平方米。学院在校学生 816 人、专任教师 173 人、职工 360 人、附设机构 69 人。

1993 年，学院设置有计算机科学、计算机技术、软件工程 3 个系，以及基础部、社会科学部和信息科学研究所，下设 15 个教研室和 3 个研究室。院属兴华计算机技术服务公司和与日本合资的北京 MKC 公司，是教学科研基地及对外进行经济技术交流的窗口。学院设置本科班共 24 个，学制 4 年；专科班 6 个，学制 3 年。在校生约 1000 人。学院还开设有夜大学，学制 3 年，毕业后即授予大专学历。全院教师及专业技术人员 300 余人，其中正、副教授、高工67名，讲师等中级专业技术人员156名。自1985年开始招收硕士研究生，每年招2—5人。

1992年6月，国家教育委员会回复北京市人民政府《关于北京市市属高校布局调整的函》（京政函〔1992〕19号），同意将北京计算机学院并入北京工业大学（以下简称“北工大”），北京计算机学院建制撤销。1993年3月，北京市人民政府发文《关于北京计算机学院整建制并入北京工业大学、北京联合大学外国语师范学院整建制并入首都师范大学的批复通知》，同意调整。并入后，北京计算机学院更名为北京工业大学计算机学院，在北京西三环北路原校址办学。1998年，北工大将计算机学院迁入北工大校本部与北工大原计算机科学与工程学系、计算中心合并组建计算机学院。

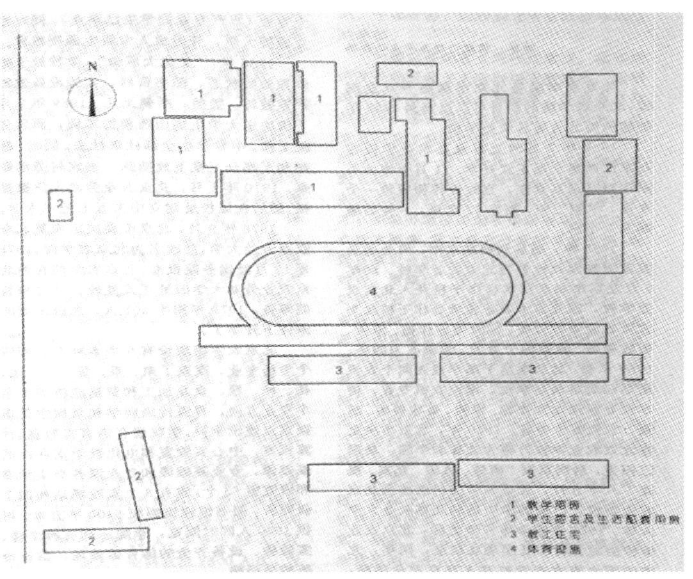

校址平面图（1992年底图）

资料主要来源：

①《中国高等院校 北京分册》

②《北京地区普通高等学校概况》

③ 北京联合大学档案馆馆藏档案

（整理：王岩　审核：姜素兰）

海淀区阜成路 33 号

——北京商学院分院校址（1978 年—1982 年）

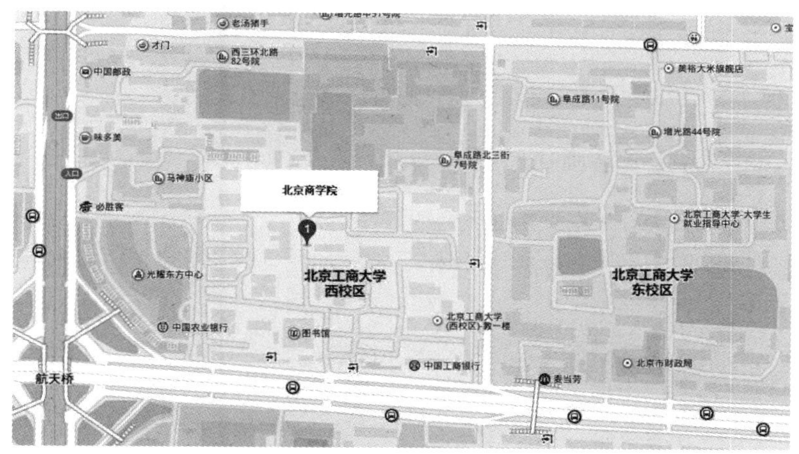

现北京工商大学西校区地图（百度网截图）

北京市海淀区阜成门外白堆子，北京商学院 1978 年的办学地址（现为北京工商大学西校区地址，地址为海淀区阜成路 33 号）位于此，当年拟创办的北京商学院分院校址计划设置在这里。

1978 年 11 月 29 日，北京市委教育工作部向北京市委报送《关于大学扩大招生工作会议情况的报告》，汇报了 11 月 15 日开始的大学扩大招生工作会议情况，经过反复商讨最后落实 25

所高校办分校36所，报告附《北京市高等学校分校扩大招生方案》。方案中提出，北京商学院分院主管部门是北京商学院，校址设在阜成门外白堆子，设置商业经济专业，计划招生100人。

1978年12月14日，北京市革命委员会印发《关于成立北京大学第一分校等33所高等学校分校的通知》（京革发〔1978〕536号），决定成立北京大学第一分校等33所高等学校分校。北京商学院分院在本校招走读生，不作为独立的高等学校分校。

1982年12月22日，中国共产党北京市委员会、北京市人民政府同意并转发市委大学工作部和市高教局《关于大学分校调整和建设问题的请示报告》（京发〔1982〕60号）。北京商学院分院不在保留的分校之中，在现有学生毕业后停办。

资料主要来源：

①北京联合大学档案馆馆藏档案

②北京市档案馆馆藏档案

（整理：王岩　审核：姜素兰）

海淀区阜成路白堆子

——北京外国语学院分院校址之一（1980 年 3 月—1981 年 8 月）

北京外国语学院分院校址（1981 年 8 月—1985 年）

北京联合大学外国语师范学院院址（1985 年—1993 年）

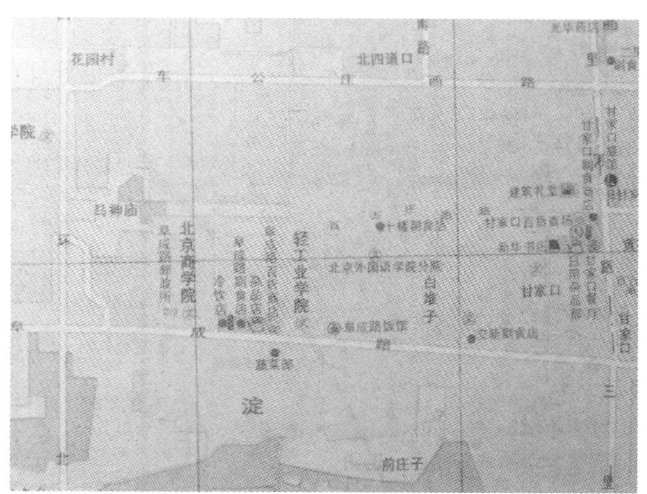

分校时期校址示意图

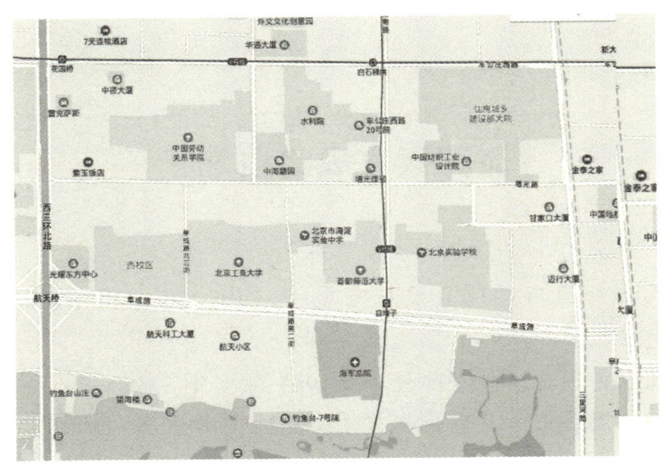

校址现示意图（百度网截图）

1980 年，北京市海淀区阜成路白堆子有一所北京外国语学校。当年 3 月，按北京市人民政府发布的文件（京政发〔1980〕20 号）通知，北京外国语学校与北京外国语学院分院、北京语言分院合并为新的北京外国语学院分院。1981 年 8 月，三校完成实体合并，北京外国语学院分院结束阜成路白堆子和阜成门外西口两址办学，全部迁入原北京外国语学校的校址办学。

位于阜成路白堆子的原北京外国语学校校址，在 20 世纪 50 年代曾是北京市工农干校的办学地点。1960 年，北京市成立的北京外国语学校接管了北京市工农干校的校舍，并沿用原有建筑办学。1981 年北京外国语学院分院迁入阜成路白堆子后，分院的图书馆、电教室、办公楼、学生宿舍楼、礼堂、平房教室及四合院等使用的都是原北京市工农干校的旧建设，总建筑面积共约 2 万平方米，这是分院办学的建筑主体。1980 年，三校合并成立新的北京外国语学院分院，即在该校址处开始建设教职工宿舍楼和操场。1982 年国庆前夕，分院新建的 1、2、3 号教职工宿舍楼竣工。

三校合并后成立的北京外国语学院分院的主要任务是培养北京市急需的中学外语师资和少量翻译人才；在现有条件下，承担部分在职中学外语师资的培训工作。1981 年 8 月 31 日，举行三校合并后的第一次开学典礼，北京市副市长白介夫、市委教育工作部副部长谭元堃、北京市人民政府文教办副主任刘力帮、市高教局副局长陆钦仪和全院师生员工 1000 多人参加开学典礼，副市长白介夫在讲话中要求全院师生员工齐心协力为办出一所高质量高水平的外语学院而奋斗。

自 1981 年变为一址办学后，分院办学规模逐渐扩大，开设的专业由英语、日语、法语 3 个专业增为英语、日语、德语、法语、西班牙语、俄语 6 个专业。分院实行预科两年、本科四年的六年一贯制的教学体制（即招收初中毕业生，预科两年结业后，经考试合格升入本科）。1983 年夏天，经北京市人民政府批准预科停办，分院学制统一为本科四年，从 1983 年 8 月起，根据市领导指示，为解决北京市远郊区县中学外语师资缺乏的困难，增设了英语专科，学制为两年，招生和分配采取“区县来、区县去”的办法。1981 年和 1982 年从预科毕业生中经模拟高考录取了两批学生，共计 250 人，1983 年招生 199 人（其中专科生 45 人），1984 年招生 163 人（其中专科生 60 人）。自 1982 年 6 月起还举办了外国人短期中文学习班。1983 年 2 月至 1985 年 7 月，共毕业学生 625 人，其中 297 人获得了学士学位。

1981 年至 1985 年，分院的机构设置逐步完善。1982 年 9 月，临时党委下设党委办公室、组织部、宣传部、青年部；设置工会、共青团；行政机构设院长办公室、教务处、人事处、学生处、外事办公室、图书馆；建立院直属财务科和保卫科。1983 年 9 月，建立保卫科，为院直属科，并且建立了总务处膳食科，主管学校伙食工作。分院的图书馆条件逐步改善，1982年8月经教育部和北京市人民政府批准，开设了“联合国教科文组织图书馆”，联合国教科文组织捐赠各类书刊3万余册，该组织和所属东京文化中心还定期赠送出版物。分院的教职工队伍逐步壮大，1981年8月，全院共有教师44名、教员137名，到1984年10月，分院教职工有406人。

分院的对外交流与合作也逐步扩大，1982年3月26日至27日，分院同美国纽约州立布法罗大学联合举办“英语教学圆桌会议”，布法罗精读学院院长和学者，在分院工作的外国英语专家，我国英语界知名教授李赋宁、许国璋，分院领导和北京大学、北京工业大学、北京师范学院及本院教授学者出席会议。1982年6月，经北京市人民政府批准，分院与美国教育访华协会卫斯理学院合作开办了中文培训中心，接收外国留学生来华学习汉语；6月28日，中文培训中心开学典礼举行；1983年7月21日，美国教育部组织的美国汉学家教育代表团来培训中心考察，给予了好评。1983年8月10日，在分院设立的联合国教科文组织图书馆开馆仪式举行，联合国教科文组织总部姆博先生及夫人率教科文组织助理干事、预算局长、西太地区办事处主任等官员出席。1984年5月5日，分院与美国纽约州立布法罗大学联合举办“英语教学理论与方法”学术讨论会。

1985年3月6日，北京市人民政府为适应北京市现代化建设培养专门人才的需要，对市属大学分校进行了大幅度调整，加强了对大学分校的统一规划和管理，经国家计委、教育部同意，决定在包括北京外国语学院分院在内的北京12所大学分校的基础上组建北京联合大学，简称北京联大。北京外国语学院分院为北京联合大学的下设学院，更名为北京联合大学外国语师范学院，主要任务仍是为北京市培养中学外语师资，适当培养其他的外语人才。外国语师范学院办学地点仍在海淀区阜成路白堆子。

阜成路白堆子校址临近钓鱼台国宾馆和玉渊潭公园，1985年占地面积101亩（合6.7万余平方米），校舍总建设面积3.1万余平方米。1985年时，学院有教职工405人，在校学生1016人（其中本科生585人、专科生75人，成人教育学生356人），当年招收本科生205人，专科生35人。

外国语师范学院校门（1990年摄）

进入北京联合大学后，外国语师范学院的主要任务仍是为北京市培养中学外语师资，适当培养其他的外语人才。学院在原有基础上，继续完善软硬件设施建设，加强师资队伍建设，扩大对外交流与合作。

1986年后，学院利用创收自筹资金修建西小院轻体结构房和电话总机房。1987年起，图书馆先后开辟中、外文开架书库，年图书外借量近2.5万册，至1992年，图书馆面积800余平方米，设有中文、外文、合订期刊、报刊和视听5个阅览室，近200个阅览座位，藏书17万余册，中文外文书刊540多种。学院在伙食方面加大人力、物力、财务投入，于1992年投资加装煤气灶。1992年，学院的电化教学设备初具规模，有语言实验室7个，其中4个是分别配有录像机和电视投影机，具备视、听、说功能较齐全的综合教室，还配有卫星接收、录音、演播、电影放映、照相、幻灯等多种电化教学设备，基本满足了口语、听力、口译、视听说、同声传译等教学活动的需要。

为培养师资、更新语言知识、创造外语环境，学院每年都从美、英、日、法、德、俄、拉本美洲等国家聘请十余名教授、学者来院授课。1985年至1992年7年内，学院共聘请了外国专家和教师130余人。1986年1月及1989年6月，学院先后聘请美国威理斯大学中文系主任戴祝金教授、美国纽约州立大学端耐特教授为学院名誉教授。学院教师队伍在办学的过程中逐步成长，教师结构和职称结构逐步趋向合理，至1992年，学院有教师141人，其中教授3人、副教授29人、讲师80人、助教29人，有高级职称的占教师总数的22%，35岁以下的青年教师62名，占教师总数44%。

因教学需要，学院进行了机构设置的微调。1987年，经北京市人民政府批准设立成人教育办公室；1988年，建立思想教育教研室；1989年，成人教育办公室与教务处联合办公，负责全院教学和教务工作；1991年，将史地教研室并入马列教研室。

学院重视对外交流，积极开展双边和多方的学术交流活动，先后同美国纽约州立布法罗大学、麻州州立大学、美国卫斯理大学、德国的不来梅应用科技大学和德国文化交流中心、日本东京都立大学、日本长崎县和三重县教育委员会等十几所外国高等院校和教育机构建立了定期的交流关系。1985年8月15

日，同美国教育访华协会、美国卫斯里学院联合举办“如何教美国人学汉语讨论会”；1985 年 11 月 5 日至 8 日，承办京津沪三所外语院校（北京联大外国语师范学院、天津外语学院、上海大学外语学院）英语教学学术讨论会，进行英语基础课教学和教学法的经验交流与研讨；1990 年 5 月 8 日至 11 日，召开京津沪三校（北京联大外国语师范学院、天津外国语学院、上海大学国际商学院）第五次协作会议，研究迎接全国英语基础教学水平测试问题；1990 年 1 月 5 日，同美国纽约州立布法罗大学共同举办了“国际英语教学讨论会”。

1985 年 11 月承办的学术讨论会与会人员合影

1992 年，学院在校学生 602 人，其中本科生 522 人，专科生 80 人。十余年来，已为国家培养和输送了本专科学生 1913 人。此外，学院还为外国学生开办了短期汉语及中国文化学习班，先后共招收外国留学生 2517 名。

1992 年 6 月，国家教育委员会回复北京市人民政府《关于北京市市属高校布局调整的函》（京政函〔1992〕19 号），同意将北京联合大学外国语师范学院整建制并入首都师范大学，北京联合大学外国语师范学院建制撤销。1993年3月，北京市人民政府发文《关于北京计算机学院整建制并入北京工业大学、北京联合大学外国语师范学院整建制并入首都师范大学的批复通知》，同意调整。并入后，北京联合大学外国语师范学院更名为首都师范大学外国语学院。此处校址用于首都师范大学办学，现为首都师范大学的东校区，在此办学的是首都师范大学继续教育学院，地址名称为海淀区阜外白堆子甲23号。

资料主要来源：

①《北京联合大学志（1978—2000）》
②《北京高等教育文献资料选编（1978—1992）》
③《北京高等教育文献资料选编（1993—1999）》

（整理：王岩、徐娟　审核：姜素兰）

海淀区北蜂窝铁路八小旧址

——北方交通大学分校校址（1978 年—1983 年）

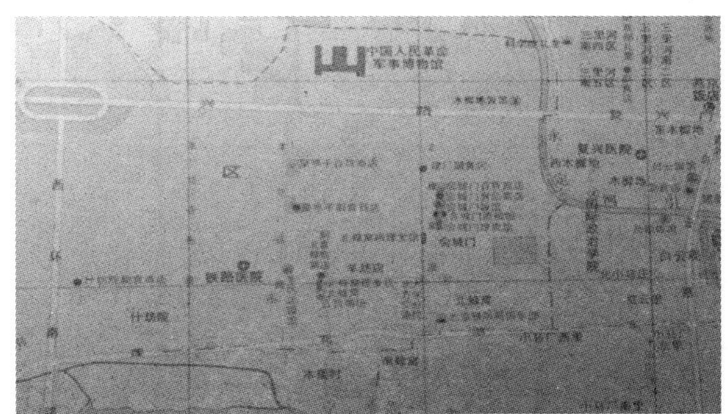

分校校址位置图

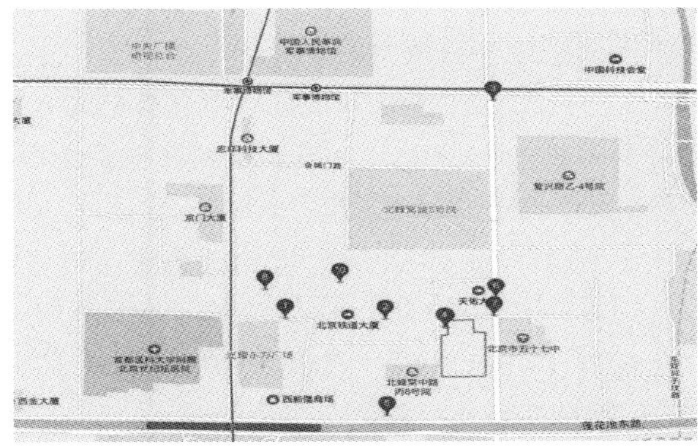

校址对应现今地图（百度网截图）

北京市海淀区北蜂窝，铁路第八小学（以下简称“铁路八小”）曾在此办学。1978年，北京市创办大学分校，拟将北方交通大学分校（以下简称“北交大分校”）校址选于该小学内。

1978年，为适应国家政治经济形势变化、解决高等教育供需矛盾，中国共产党北京市委员会、北京市人民政府决定依靠地方财政和北京地区高等学校办学资源，利用部分中小学校址和企业厂房创办一批大学分校。北交大分校是当年北京市创办的大学分校之一。当年11月，北京市委教育工作部向北京市委呈报大学扩大招生工作会议情况报告，附《北京市高等学校分校扩大招生方案》，提出以北京铁路分局为主管单位，创办北交大分校，设置机车电传动、内燃机车、有线通信、无线通信、运输组织及自动化5个专业，计划招生500人，校址选于位于海淀（区）北蜂窝的原铁路八小。按照文件精神，北交大分校的教学工作由北方交通大学（以下简称“北交大”）负责，分校将主要依靠本校的教学资源办学。

1978年12月14日，北京市革命委员会印发《关于成立北京大学第一分校等33所高等学校分校的通知》（京革发〔1978〕536号），决定成立北京大学第一分校等33所高等学校分校。北方交通大学分校为33所分校中的一所。

1978年11月，北交大分校筹备组成立，曾洁光（时任北京铁路分局党委书记）为负责人，郑学文和韩德贵为小组成员。分校设立教务组、总务组和政工组。

1979年1月23日，首届新生报到，共5个专业15个班520人。

1980年6月17日，根据“京发〔1980〕111号”文件通知，学校改由北京铁路分局主管。

1980年至1982年，分校停止招生。

1982 年 12 月 22 日，中国共产党北京市委员会、北京市人民政府同意并转发市委大学工作部和市高教局《关于大学分校调整和建设问题的请示报告》(京发〔1982〕60 号)。按照文件精神，将原有 36 所大学分校中的 18 所调整为 13 所保留，其余分校原则上在现有学生毕业后停办，或主管部门认为确实还需要办的，在报经市委、市人民政府批准后，改为由主管部门自办。北交大分校不在拟保留的大学分校之列。1983 年 2 月 24 日，铁道部基建总局经铁道部征得市高教局、市委大学部同意，决定电化局接办北交大分校。3 月 31 日，电化局“电铁人字〔1983〕207 号”文件通知已正式接管北交大分校。电化局副局长黄时永兼任北交大分校校长，局副书记王天民兼任学校党委书记。

1983 年 4 月 20 日，北交大分校与海淀公社签订了办学合同，海淀公社于 1983 年 6 月 15 日前将其原机关大院腾出，供北交大分校使用。

北交大分校于 1983 年搬离海淀区北蜂窝。

资料主要来源：

①《北京联合大学志（1978—2000）》

② 北京市档案馆馆藏档案

③《北京地区普通高等学校概况》

（整理：王岩　审核：姜素兰）

丰台区永外蒲黄榆二巷北口

——北京联合大学特殊教育学院院址（2000 年 1 月至今）

北京联合大学继续教育学院院址（2015 年 8 月—2016 年 10 月）

北京联合大学继续教育学院院址之一（2016 年 10 月至今）

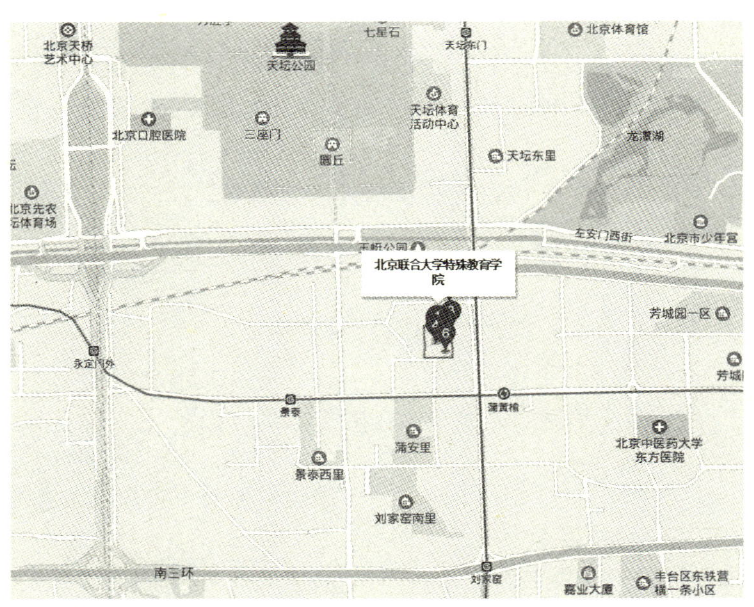

校址位置示意地图（百度网截图）

蒲黄榆二巷位于北京市丰台区东北部，属方庄地区，为南北走向，被安乐林路东段分割为南北两部分，北京联合大学特殊教育学院的办学地址位于北段的北口，地址名称为丰台区永外蒲黄榆二巷甲1号。此处原为北京第一师范学校〔1〕(以下简称“一师”）的办学地址，成为北京联合大学的办学地址之一源于一师的并入，现为学校的蒲黄榆校区。

1999年，北京联合大学副校长徐永利在一师全体行政领导会议上宣布：一师整建制归入北京联合大学，成立特殊教育学院筹建工作小组。徐永利任筹建工作小组组长，王骏、曲学利任副组长，小组成员为方之朴、周耿、王立霞。2000年1月13日，根据市教委“京教计〔2000〕002号”批复及市机构编制委员会办公室“京编办事〔2000〕103号”函的意见，成立北京联合大学特殊教育学院，同时撤销一师的建制。北京联合大学商务学院和中医药学院的残疾人大学生〔2〕转入特殊教育学院。原市一师占地面积37.8亩（相当于2.5万余平方米)，总建筑面积18 464.6平方米。2000年时，新成立的特殊教育学院为北京联合大学具有独立法人资格的正处级二级学院，设立党院办（合署办公)、教务处、学生处、科研部、总务处、共青团、工会、特教系、职教系和特殊教育师资培训中心，开设特殊教育本科专业及装潢广告设计、办公自动化和中医按摩专科

〔1〕 北京第一师范学校的前身为北京市速成师范学校，1957年9月命名为北京市第三师范学校，1958年9月迁入蒲黄榆办学，更名为北京市崇文区师范学校，1964年9月与东城区师范学校合并，同时更名为北京第一师范学校，受北京市教育局直接领导。1990年，学校被国家教育委员会列为联合国儿童福利基金会受援单位。1991年受北京市教育局委托，筹建和承办北京特殊教育师资培训中心，承担北京市特殊教育师资的培训任务。

〔2〕 1997年，北京联合大学中医药学院与一师合办视障按摩大专班。1998年，经北京市教委同意，由北京联合大学主办、商务学院和中医药学院承办、北京市第三聋人学校和北京市盲人学校协办，招收听障和视障大学生，其中，商务学院承办装潢广告设计专业，中医药学院承办针灸推拿专业。

专业。这是我国第一所相对独立的综合性特殊教育学院，承担着残疾人高等教育和特殊教育师资培养等任务。

2000 年 9 月 6 日和 11 日，学院招收的第一批本科生和专科生先后报到。9 月 25 日，学院成立大会暨开学典礼在院体育馆隆重召开。

特殊教育学院成立揭牌

成立初期的特殊教育学院

学院自成立以来，不断探索高等特殊教育发展，根据国际趋势和北京建设需要，调整优化特殊教育学科专业设置，先后增设艺术设计、针灸推拿学、学前教育、计算机科学与技术本科专业，增设园林（听障）、听力语言康复、钢琴调律（视障）专科专业，更名或停办部分专业。2003 年，学院成人高等特殊教育面向残疾人单考单招，这是我国特殊教育事业的一个新的里程碑。2003 年 7 月 10 日，学校党委第 92 次常委会研究决定，成立北京联合大学特殊教育研究所，并于 2004 年 1 月 9 日召开成立大会。2005 年，学院开始招收专升本学生。10 月，学院当选为中国高等教育学会特殊教育研究分会首届秘书长单位，后于 2010 年连任。2007 年，学院成为 2008 年北京奥运会、残奥会志愿者培训基地。2010 年 5 月，学院成立北京联合大学残疾人大学生艺术团，这是北京市唯一的残疾人大学生的艺术团。同时，学院还以此为基础向北京市残联申请成立了北京市残疾人青年演员培训基地。2010 年底，学院被教育部、中国残疾人联合会命名为全国特殊艺术人才培养基地。2011 年 5 月，合作成立的残疾人信息无障碍研究中心揭牌。11 月，中国残疾人联合会设立的全国残疾人职业教育师资培训基地在学院揭牌。12 月，北京市残疾人体育训练基地在学院成立揭牌。2012 年，信息无障碍辅助技术获批硕士点，成为软件工程硕士学位授权一级学科点下设立的信息无障碍辅助技术目录外二级学科。2014 年，中医（针灸推拿）获批临床医学硕士专业学位授权点，实行单考单招政策，这是我国第一个面向视力残疾人的硕士专业学位授权点，也是在全国首次实行残疾人研究生教育单考单招政策，是我国残疾人教育史上的标志性事件。同年，北京联合大学还申请并获批教育（特殊教育方向）硕士专业学位授权点。学院教师自主研发的盲人考试计算机辅助系统与经络腧穴语音模型，极大地提高了残疾学生的学习能力和教学质量；学院教师作为首席专家申报的"汉语盲文语料库建设研究"课题获 2013 年国家社会科学基金重大项目；2015 年，学院教师主持完成国家语委、中国残疾人联合会"十二五"重大课题"国家通用盲文标准修订"并顺利通过鉴定。学院学生在 2008 年、2012 年和 2016 年三届残奥会上取得 4 金 4 银并破两项世界纪录的辉煌成绩。

2015 年研究生入学考试
视障考生单考单招考场

残疾人信息无障碍
研究中心揭牌仪式

残疾人大学生艺术团成立五周年演出

2008 年残奥会获奖的 4 名学生

随着学院的发展，现有办学条件已远远不能满足首都残疾人群体对高素质教育日益增长的需要。学院建筑面积未达到国家规定的办学条件和建设标准；校园内宿舍楼、教学楼等主要建筑均为 20 世纪 50 年代建筑，已接近使用年限，2003 年学院宿舍楼经北京房屋安全鉴定总站鉴定为危险房屋；现有建筑布局分散、功能不完备、设施不全，供残疾人学生使用的教学和生活支持性设备及无障碍设施远不能满足实际需要。这些方面制约了学院的发展。建设一个设施完备、功能齐全的校舍迫在眉睫。学院自 2002 年起，开始研讨对蒲黄榆校区的改造，经过论证，最终决定尽量保留原有建筑，对其进行适当改造，拆除布局分散的部分原有建筑，集中建设教学楼和学生宿舍，调整校园整体布局，以适应残疾人教育教学和人才的培养。2007 年，北京市将特殊教育学院原址改扩建工程定为市重点工程，并启动前期准备工作。

为保证工程的顺利进行，学院按照上级领导的要求，多方寻找、反复比较，最终确定北京军区八大处招待所为周转办学地。学院租用北京军区八大处招待所两座楼作为办公和学生住宿等用途。2008 年初，经过近一个月的艰苦搬迁，学院安全顺利地将教学、工作和生活的主体部分迁至八大处。2008 年 1 月到2011年3月，学院在此办学三年多。

2008年12月18日，学院改扩建工程奠基。建设项目东至蒲黄榆一里，南至北京市供电局家委会，西至蒲黄榆西里，北至北京丰台职业中心学校，规划建设用地面积为25 985平方米，建设教学设施面积30 621平方米，包括教学楼20 058平方米和学生公寓10 563平方米。2009年10月，工程开始动工建设。2010年6月10日，综合教学楼和学生宿舍楼主体结构封顶，并于2011年5月基本竣工。学院于当年迁回蒲黄榆校区办学。本次改扩建工程调整了原有房屋布局，改造了教学设施，使学院成为北京市第一所采用全空间无障碍设计的高等教育学府。

蒲黄榆校区改扩建工程破土动工　蒲黄榆校区改扩建工程结构封顶仪式

改扩建后的蒲黄榆校区　教学楼内

2010年12月，根据市编办文件精神和北京联合大学制定的

《关于取消特殊教育学院法人设置并入校本部工作方案的决定》，将特殊教育学院取消法人设置并入校本部。2010 年 12 月 31 日之后，特殊教育学院调整为学校处级非法人学院体制运行。

2015 年，北京联合大学进行校区调整，盆儿胡同 55 号出借，北京市丰台区职业教育中心学校方庄中心校区西校区划归北京联合大学，蒲黄榆校区校园面积向北增加近 20 亩（相当于 1.3 万余平方米），建筑面积增加约 1 万平方米。当年 8 月，原在盆儿胡同 55 号办学的继续教育学院迁入蒲黄榆校区办学。2016 年 3 月，原丰台区职业教育中心学校方庄中心校区西校区正式划入特殊教育学院，学校基建处对蒲黄榆校区进行了梳理和规划，确定了东楼、操场、园林、道路等改造项目。2016 年 10 月 20 日，北京联合大学发文“京联党〔2016〕145 号”，整合学校继续教育及培训资源，将校培训中心并入继续教育学院，将继续教育学院调整至北四环校区东院办公，在蒲黄榆校区保留必要的培训场所和工作用房。

至 2017 年年底，蒲黄榆校区占地面积 3.8 万余平方米，总建筑面积约 4.6 万余平方米。特殊教育学院已成为一所培养残疾人高等教育和特殊教育师资的残健融合、综合性的学院，有教职工 99 人，在校学生 814 人，开设硕士专业 3 个、本科专业 6 个、高职专业 3 个，专业涉及教育学、工学、医学、艺术学、农学 5 个学科。在新一届党委的带领下，学校的特殊教育学院进入了一个新的发展时期，在特殊教育领域发挥着越来越重要的作用，获得各级领导和社会各界越来越多的关注。

资料主要来源：

①北京联合大学档案馆馆藏档案

②《北京联合大学志（1978—2000）》

丰台区永外蒲黄榆二巷北口

③《北京联合大学志（2001—2010）·学校篇》
④《北京联合大学年鉴（2012）》
⑤《北京联合大学年鉴（2013）》
⑥《北京联合大学年鉴（2014）》
⑦《北京联合大学年鉴（2015）》
⑧《北京联合大学年鉴（2016）》

感谢：
北京市档案局
北京市教育委员会档案室
首都医科大学档案馆

（整理：王岩　审核：姜素兰）

丰台区南苑东高地

——北京航空学院第三分院校址（1978 年—1985 年 5 月）

北京联合大学航天工程学院院址（1985 年 5 月—1991 年 12 月）

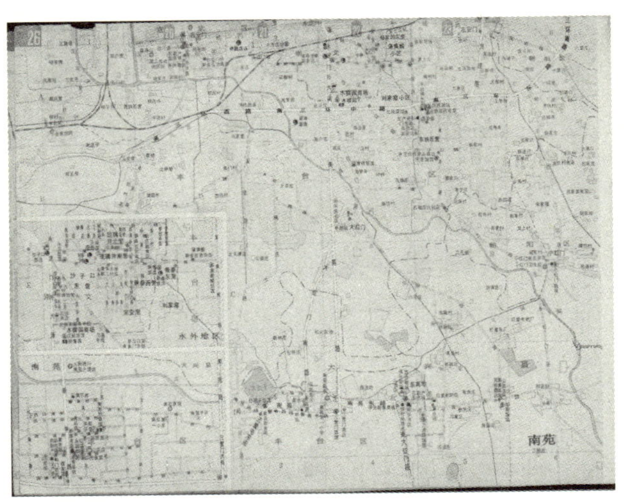

20 世纪 80 年代初南苑地区地图

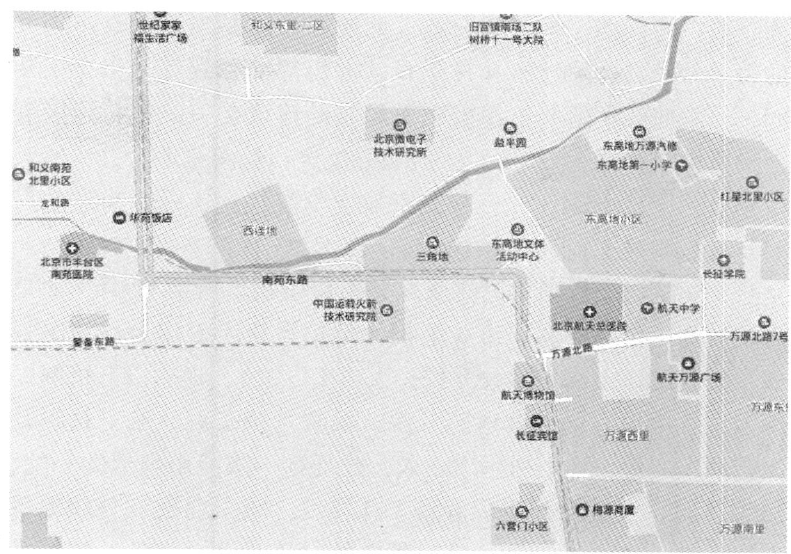

校址对应现今地图（百度网截图）

北京市丰台区南苑东高地，1978年时七机部一院[1]（以下简称“一院”）位于此。当年年底，北京市创办大学分校，将北京航空学院第三分院（以下简称“北航三分院”）校址选于研究院内。后北航三分院先后更名为北京联合大学航天工程学院、北京航空航天大学分校，仍在此办学，直至1992年分院被撤销。

1978年，为适应国家政治经济形势变化、解决高等教育供需矛盾，中国共产党北京市委员会、北京市人民政府决定依靠地方财政和北京地区高等学校办学资源，利用部分中小学校址

[1] 七机部全称第七机械工业部，简称七机部。1982年，更名为航天工业部。1988年，与航空工业部合并为航空航天工业部。1993年，航空航天部撤销，成立中国航天工业总公司及国家航天局。1999年，中国航天工业总公司改组为中国航天科技集团和中国航天科工集团。七机部一院今名为中国运载火箭技术研究院（又名中国航天科技集团有限公司第一研究院）。

和企业厂房创办一批大学分校。北航三分院是当年北京市创办的大学分校之一。当年9月7日，七机部邯郸教育工作会议期间，一院向陆平副部长和市高教局领导建议在一院南苑地区开办一所大学。11月21日，一院领导决定：在南苑地区办一所大学分校，全部走读，分校与北京航空学院挂钩，专业为航空材料及机械制造工程，招生100名。11月23日，李明实院长与北京航空学院周天行副书记商谈有关办学问题。当年11月，北京市委教育工作部向北京市委呈报大学扩大招生工作会议情况报告，附《北京市高等学校分校扩大招生方案》，提出以七机部一院为主管单位，创办北航三分院，设置系统工程、航空材料及工艺两个专业，计划招生100人，校址选于南苑东高地的一院。12月5日，一院召开建校筹备工作会议，成立北航三分院筹备工作小组。分院设三处一室，教务处、政治处、总务处和院办公室。

东高地位于北京市丰台区东南部，其建设始于建国初期，因位于三角地以东，地势较高，故称东高地。其东南与大兴接壤，西与南苑毗邻，北与和义相接，以南大红门路为界，路东为居住区，路西为科研生产区。经过半个世纪的改建和新建后，已形成布局合理的航天城。

1978年，北航三分院首届招收了两个专业共105人。1979年1月24日，北航三分院召开成立大会并举行首届学生开学典礼。七机部部长程连昌、北京市国防工业办公室副主任林巍、北京航空学院副院长王明敬、一院院长李明实、副院长张镰斧等出席了大会。

1979年，招收3个专业共97人；1980年，仅1个专业招生，招收35人；1981年和1982年，因分院归属未定、校舍紧张停止招生；1983年3月30日，一院党委常委决定：北航三分院继续招生，同时承担干部正规培训任务，教育经费每年 20 万元，请航天部拨给，当年分院招收了 1 个专业 47 人；自 1984 年起，招生人数逐年增加，从 1984 年的 69 人增至 1992 年的 145 人，招生专业也从 1987 年起增至 3 个。1983 年 1 月，北航三分院首届学生毕业。分院于 1 月 22 日举行了首届毕业典礼。1978 年建校至 1986 年 5 月学校没有系的设置，只按学科和专业设置了基础课教研室、马列主义理论教研室、计算机教研室、电测教研室、机械教研室和体育教研室。

1984 年 7 月 16 日，航天部基建局批准北航三分院教学楼基建计划，投资 177 万元，建筑面积 5294 平方米。1985 年，一院拨给分院 30. 5 亩（相当于 2 万余平方米）地，分院自当年 6 月开始动工基建，至 1992 年，先后建成了教学楼、办公楼、汽车库、学生食堂、学生宿舍楼，扩增了管道。1992 年学生运动场兴建完工，占地 1. 5 万平方米。

1985 年 1 月 11 日，北京市人民政府关于成立北京联合大学的请示获得教育部批复，同意组建北京联合大学。3 月 6 日，按照市政府文件《北京市人民政府关于建立北京联合大学的通知》（京政发〔1985〕38 号），将调整后的 12 所大学分校组建成北京联合大学，北航三分院不在其中。航天工业部第一研究院于 1985 年 3 月 26 日向北京市人民政府致函（院技字〔1985〕271 号），申请北航三分院加入北京联合大学。5 月 14 日，北京市人民政府复函同意。并指出，北航三分院定名为北京联合大学航天工程学院；学院仍由航天工业部第一研究院主办，其领导班子、师资队伍由研究院负责配备，基建投资和事业经费继续由航天工业部第一研究院自筹解决，日常工作由航天工业部第一研究院负责管理；航天工程学院的教学业务，包括审定招生计划、检查教学质量、授予学位、评定职称、教学研究、学术交流以及改革试验等由北京联合大学统一协调管理；学院的毕业生每年应根据需要分配给北京市一部分。5 月 25 日，学院正式启用“北京联合大学航天工程学院”校名。

1985 年，航天工程学院占地 30.5 亩（相当于 2 万余平方米）。自 1985 年 6 月起，陆续建设了教学楼、办公楼、汽车库、学生食堂、学生宿舍楼和运动场。其中，教学楼于 1985 年 6 月开工，建筑面积 5294 平方米，工程总造价 177 万元，于 1986 年 2 月竣工；办公楼于 1987 年 12 月开工，建筑面积 780 平方米，工程总造价 27 万元，于 1988 年 11 月竣工；汽车库于 1988 年 8 月开工，建筑面积 371 平方米，工程总造价 12 万元，于 1988 年 12 月竣工；学生食堂于 1988 年 10 月开工，建筑面积 730 平方米，工程总造价 65.3 万元，于 1990 年 8 月竣工；学生宿舍楼于 1990 年 8 月开工，建筑面积 3642 平方米，工程总造价 178 万元，于 1992 年 7 月竣工；学生运动场于 1992 年完工，占地 22 亩（相当于近 1.47 万平方米）。

1986 年 5 月 30 日，一院批复同意学院提出的教学机构调整方案。学院既负责大学、中专的教学和管理，又负责党政干部的培训。实行一个单位挂三块牌子（北京联合大学航天工程学院、中共航天部一院党校、北京第一航天工业学校），一套领导班子和管理机构。管理机构设办公室、教务处、总务处、政治处。教学机构设基础课教学部、电子工程系、机械工程系、管理工程系、马列主义理论教研室。教学辅助机构设图书馆、实习车间。1991 年 12 月 12 日，经国家教委同意从北京联合大学划出，改名为北京航空航天大学分校。1992 年，北京航空航天大学分校撤销。当年，学院占地面积 62 亩（相当于约 4.13 万平方米），建筑面积约 1.7 万平方米，固定资产 1.157 万元，有实验室 25 个，图书馆使用面积 600 平方米，馆藏图书 5 万余册、期刊762种、报刊45种。1992年，学院有教职工272人。在校学生750名，岗位职务培训和继续工程教育900名。

资料主要来源：

①《北京联合大学志（1978—2000）》
②北京市档案馆馆藏档案
③《北京地区普通高等学校概况》

（整理：王岩　审核：姜素兰）

石景山区西黄村

——北京钢铁学院第二分院校址（1978 年—1983 年）

北京钢铁学院分院校址之一（1983 年—1986 年）

北京钢铁学院分院校址（1986 年—1994 年）

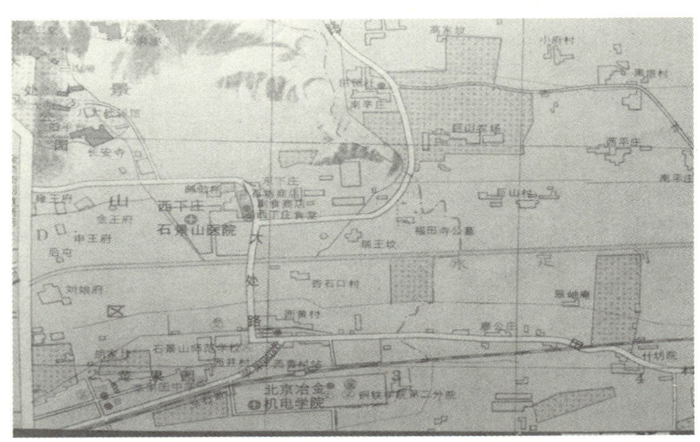

北京钢铁学院第二分院校址位置图

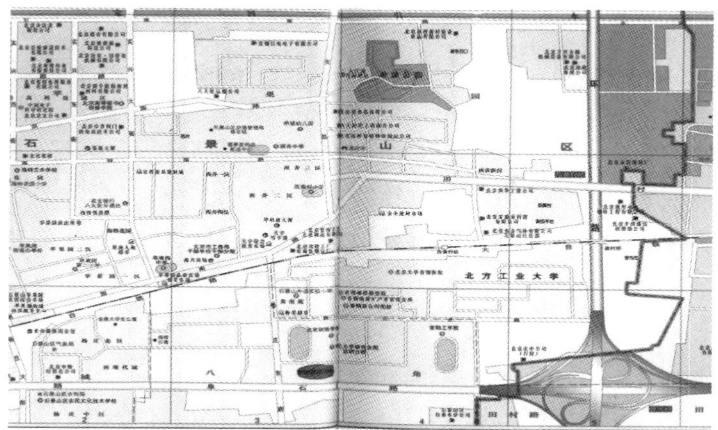

晋元桥西北侧 2005 年地图

晋元桥西北侧 2018 年地图（百度网截图）

北京市石景山区西黄村，1978 年时北京冶金机电学院（以下简称“冶金机电学院”）在此办学。当年年底，北京市创办大学分校，将北京钢铁学院第二分院（以下简称“钢铁学院二分院”）校址选在学院内。后钢铁学院二分院与北京钢铁学院第一分院合并为北京钢铁学院分院（以下简称“钢铁学院分院”），合并后搬入一分院在明光村的校址办学，此处开始基建，重建新校舍。1986 年，钢铁学院分院迁回西黄村。现地址名称为石景山区晋元庄路 6 号，位于京西五环路晋元桥西北侧。

1978 年，为适应国家政治经济形势变化、解决高等教育供需矛盾，中国共产党北京市委员会、北京市人民政府决定依靠地方财政和北京地区高等学校办学资源，利用部分中小学校址和企业厂房创办一批大学分校。钢铁学院二分院是当年北京市创办的大学分校之一。1978 年 11 月，北京市委教育工作部向北京市委呈报大学扩大招生工作会议情况报告，附《北京市高等学校分校扩大招生方案》，提出由首都钢铁公司为主管单位，校址选于石景山首都钢铁公司，设置轧钢专业和自动化专业，计划招生 200 人。

1978 年 12 月 14 日，北京市革命委员会印发《关于成立北京大学第一分校等 33 所高等学校分校的通知》（京革发〔1978〕536 号），决定成立北京大学第一分校等 33 所高等学校分校。钢铁学院二分院为 33 所分校中的一所。

钢铁学院二分院在北京冶金机电学院院内办学，得到了冶金机电学院的大力支持。由于分院条件差，学生在校外饭馆吃饭，不但不能按时吃饭，而且花钱不少，吃得还不好。学生既不能好好休息，又直接影响了身体健康。在冶金机电学院的大力支持下，由分院承担管理费，学生在北京冶金机电学院食堂吃饭，以此解决了吃饭的大事。学院的体育活动场地也是借用冶金机电学院的操场。在北京钢铁学院和北京冶金机电学院的大力支持下，钢铁学院二分院积极组织全校师生开展各项群体活动，并于 1979 年被评为北京市高校群体先进单位。这不仅增强了学生的身体素质，促进了学习任务的完成，而且增进了同学之间的团结和友谊，活跃了院内生活，使全校呈现出一派朝气蓬勃的崭新景象。

至1981年初，钢铁学院二分院有学生278人，教职员工57人。分院只有两名体育教师，体育教学任务大部分由北京钢铁学院教师承担。

1982年12月22日，中国共产党北京市委员会、北京市人民政府同意并转发市委大学工作部和市高教局《关于大学分校调整和建设问题的请示报告》（京发〔1982〕60号）。钢铁学院二分院不在拟保留的13所大学分校之列。按照文件精神，其原则上在现有学生毕业后停办，或主管部门认为确实还需要办的，在报经市委、市人民政府批准后，改为由主管部门自办。

1983年4月，依据“高教字〔1983〕026号”和“市高教计字〔1983〕051号”文件精神，钢铁学院二分院与一分院合并为钢铁学院分院。合并后，钢铁学院分院由首都钢铁公司自办和管理，业务上接受市高教局领导，面向社会招生，直接为首钢培养高级工程技术人才和管理人才。当年，钢铁学院二分院学生迁至北京钢铁学院一分院校址上课，并于当年招生200人。随后，北京钢铁学院分院于石景山区西黄村〔1〕进行基建，建设新校舍。

1985年，经国务院批准，北京冶金机电学院更名为北方工业大学。

1986年，石景山区西黄村新校舍一期工程完成，钢铁学院分院迁入西黄村办学。分院对内称首钢大学，对外仍称钢铁学院分院。1992年9月11日，北京市人民政府关于市属高校布局调整方案中指出，钢铁学院分院暂时挂靠在北京联合大学。

---

〔1〕 有些资料记载为石景山区杨庄，均指同一地址。

1994 年，按照文件国家教委“教计〔1994〕60 号”，钢铁学院分院更名为首钢工学院。1999 年起，首钢工学院停止本专科层次培养，开始办高等职业技术教育。之后，位于学院西北角的北京钢铁学校并入首钢工学院，学院办学面积扩大。现首钢工学院办学地址为石景山区晋元庄路 6 号，北方工业大学办学地址为石景山区晋元庄路 5 号。

钢铁学院分院新校舍大门

校址现貌（2018 年摄）

资料主要来源：

北京市档案馆馆藏档案

（整理：王岩、罗明书　审核：姜素兰）

原房山县马厂

——北京农业大学分校（华北农业大学分校）校址（1979 年—1983 年）

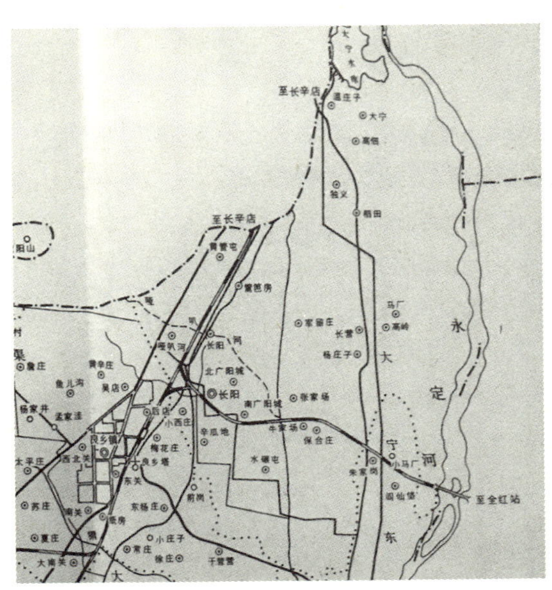

1980 年马厂位置示意图

1978 年，在北京市房山县长阳中柬友好人民公社马厂村北有一所北京市农业学校（以下简称“市农校”）。当年年底，北京市创办大学分校，将华北农业大学分校（华北农业大学更名为北京农业大学后，华北农业大学分校更名为北京农业大学分校）校址选于此。现此处为北京农业职业学院主校区（南校区）的办学地址，地址名称为北京市房山区长阳镇稻田南里5号。

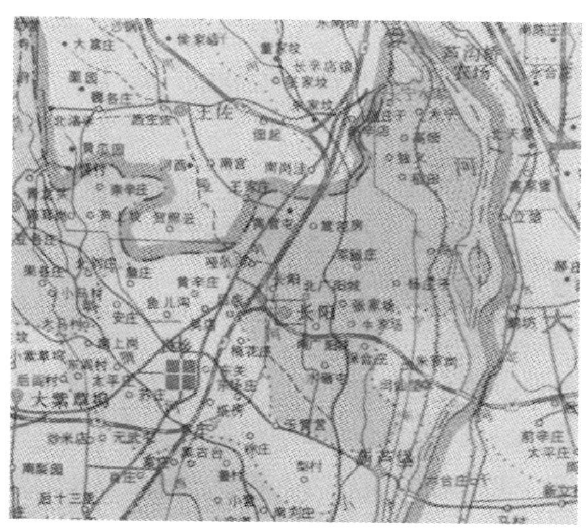

1990 年马厂位置示意图

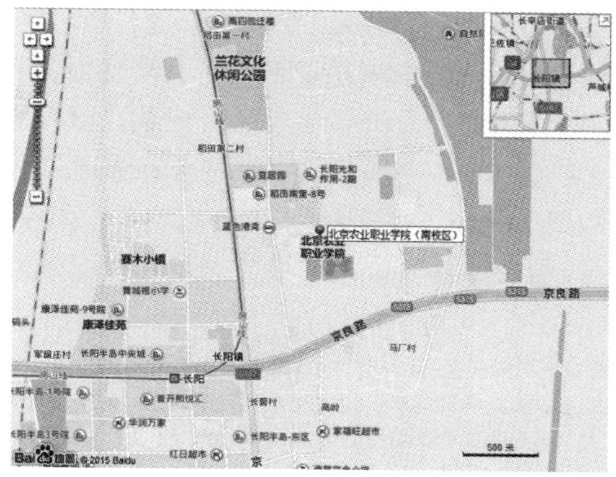

现校址位置示意图（转自北京农业职业学院网站）

北京农业职业学院主校区校门（2018 年摄）

在 1978 年 11 月，北京市委教育工作部报送北京市委的大学扩大招生工作会议情况报告[1]中，附《北京市高等学校分校扩大招生方案》，提出由农林局为主管单位、依靠华北农业大学的支持创办华北农业大学分校，设置农学、蔬菜、果林、畜牧、农业经济管理 5 个专业，计划招生 500 人，校址选于位于良乡的北京农业技术学校内，实行学生全部住读。

现在的房山区，自 1958 年以来，其下辖范围和名称经过了几次调整。据《北京市房山县地名录》记载，原有房山县和良乡县隶属河北省，1958 年划归北京市并合并为周口店区（同时有 27 个村划归丰台区、97 个村划归门头沟区），1960 年北京市撤周口店区改为房山县，1986 年北京市撤房山县和燕山区，建

〔1〕报告报送的时间是 1978 年 11 月 29 日，国务院《关于华北农业大学搬回马连洼并恢复北京农业大学的通知》批复时间也是 1978 年 11 月 29 日，故报告提及的是华北农业大学。华北农业大学更名为北京农业大学后，华北农业大学分校暂未更名，在 1978 年 12 月 14 日北京市革委会关于成立北京大学第一分校等 33 所高等学校分校的通知中，所附印模仍为华北农业大学分校。

立房山区。在招生方案中使用的办学地址所在学校名称和所属地使用了习惯叫法，并非调整后的名称。北京农业技术学校始建于1958年，1960年从北京茶淀农场迁入马厂，1965年更名为市农校，1969年停办，1972年复校，1978年开始正规招生。市农校所在的马厂，1958年以前属良乡县，1978年属房山县，位于县东北隅，原为明朝时的牧马场，于清代成村，名马厂村，是县内最东边的一个村，其西南与高岭紧相毗连，西北2.5公里是稻田，东2公里即永定河，据志书记载，1978年当属县内长阳中柬友好人民公社。市农校1978年时位于马厂村北、长阳农场东北，隶属北京市人民政府农林办公室（以下简称“市农林办”）管辖。

1979年1月，分校在市农校内成立，为市属大学。分校成立了领导小组，刘宗藩（市农校校长、党委书记）为负责人，成员有吴汝焯（北京市农业大学党委副书记、副校长）、罗玉深（市农校副校长、党委副书记）、何義凯（市农校副校长、党委副书记）。在1980年北京市委《关于北京市大学分校领导体制若干问题的规定》中明确，北京农业大学分校主管部门是市高教局，协作部门是市农林办。

分校于1979年1月招生，开设了农学、果树、蔬菜、畜牧、农业经济管理5个专业，学制4年。2月3日新生入学，实际报到了333人。分校的教学工作由本校（北京农业大学）承担，本校教师来分校兼课，其他工作由市农校相应部门承担。分校成立了教务处负责管理日常教学工作，建立了团委，市农校抽出辅导员组成学生工作组负责学生政治思想工作，除此之外别无其他机构。

1980年4月，吴汝焯调回本校工作，北京农业大学副校长朱振声兼任分校领导小组成员，北京农业大学派王秉寅协助领导小组工作。当年 8 月，分校成立了党支部，王秉寅任党支部书记。1980 年后，分校成立了教学、学生管理联合机构，负责教学及学生的思想工作，后由何義凯、王秉寅主持分校日常工作。

1982 年 12 月 22 日，中国共产党北京市委员会、北京市人民政府同意并转发市委大学工作部和市高教局《关于大学分校调整和建设问题的请示报告》（京发〔1982〕60 号）。北京农业大学分校不在保留的分校之中，在现有学生毕业后停办。

1983 年 1 月，首届毕业生毕业，毕业时有 330 人参加分配，其中结业 2 人；未参加分配的 3 人中，病故 1 人，入学后考分不够录取标准退学 1 人，随父母去香港 1 人。毕业生中，农学专业 75 人，果树专业 84 人，蔬菜专业 38 人，畜牧专业 59 人，农业经济管理专业 74 人。市高教局委托北京农业大学学位委员会为够条件者颁发了农学学士学位证书。分校于当年 3 月停办撤销，由王秉寅负责物资设备清理移交工作，6 月移交工作结束。

1990 年时，北京市农业学校校园占地面积 13 万平方米，建筑面积 4 万余平方米，有教学楼、实验楼、图书楼、电教楼、食堂兼大教室和 3 栋学生宿舍楼。附设用作学生实习基地的实验农场有耕地 530 亩，包括田头果园、菜园、苗圃、鸡场、畜牧场。开设农学、蔬菜、果树、林业、畜牧、水利、农村经济管理 7 个专业。

2001 年 6 月，北京市农业学校和北京市农业管理干部学院合并组建北京农业职业学院，并于 2002 年 4 月正式挂牌，马厂校址为其办学地址之一。2004 年底，北京农业职业学院合并了原北京市城乡建设学校及原北京市八一农业机械化学校，一校四址办学，该处校址为其主校区（南校区）。随着当地的建设，地址名称变更为北京市房山区长阳镇稻田南里 5 号。

资料主要来源：

①北京市档案局馆藏档案
②《北京市房山县地名录》
③《北京市房山区地名志》

（整理：王岩　审核：姜素兰）

原燕山区凤凰亭北里 2 号

（房山区燕山凤凰亭北里 2 号）

——北京化工学院第二分院（1978 年—1982 年）

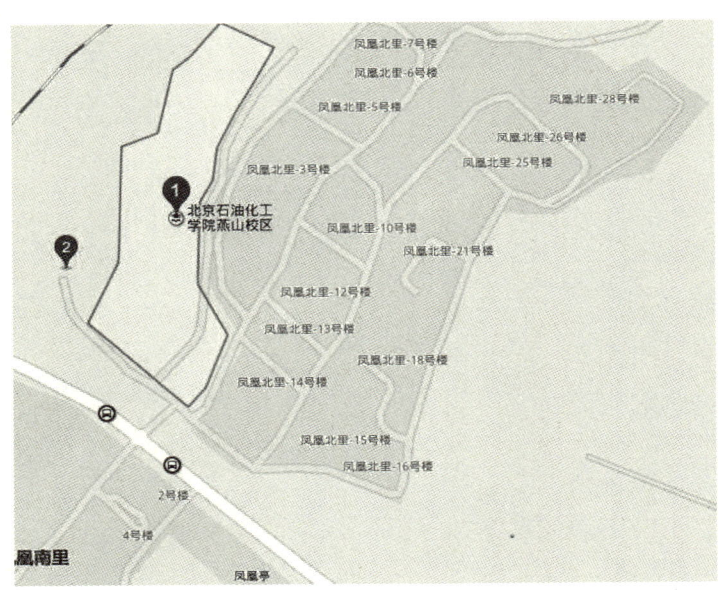

现校址位置示意图（百度网截图）

北京市燕山区凤凰亭北里 2 号（现址名为房山区凤凰亭路 7 号），1978 年至 1982 年，是北京化工学院第二分院（以下简称“化工学院二分院”）的校址。化工学院二分院建立以前，在此办学的有北京石油化工学校、北京石油化工专科学校（以下简称“石化专科学校”）和“七·二一”工人大学，现该址为北京石油化工学院的燕山实习校区。

该校址坐落于今房山区燕山脚下的石油化工区，属向阳街道凤凰亭社区，一条贯穿东西的环厂柏油公路——凤凰亭路将整个社区分为两大部分，凤凰亭北里现为一座拥有 28 栋楼房的居民区。凤凰亭北里和凤凰亭路都得名于社区内一座清雍正皇帝批准建造的重檐攒尖的白色大理石砌碑亭，其因相传曾引来天边的凤凰在此栖息并给当地人带来吉祥和好运，而留下一个美丽的名字——凤凰亭。

凤凰亭

1978 年年底，建立化工学院二分院时，凤凰亭北里校址占地 50 亩（相当于 33 000 余平方米），校舍建筑面积 3030 平方米，包括一栋北京石油化工总厂（以下简称“石化总厂”，1979 年 1 月更名为燕山石油化学总公司，简称“燕化公司”，1984 年更名为北京燕山石油化工公司）提供的 2040 平方米的教学楼、当年石化总厂投资扩建的 600 平方米的食堂、280 平方米的实验室和 110 平方米的浴池。其中，教学楼原为北大教改楼，建于 1974 年。除此之外，另有一栋用作分析化学实验室的木板房，是当年秋季交付使用的。

1978 年至 1982 年间，该校址上共存续过北京石油化工学校、石化专科学校、“七·二一”工人大学（1980 年 9 月更名为燕山石油化学总公司职工大学）和化工学院二分院 4 所学校。化工学院二分院的创办和发展与另外 3 所学校有着密不可分的渊源。1978 年 5 月，北京石油化工总厂申请成立中等专业学校北京石油化工学校的请示获得北京市批复，北京石油化工学校将在此办学，开设石油化工和电器仪表两个专业，实际招收了 38 名化工工艺专业学生。同年 6 月，石化总厂上报《关于创办北京石油化工专科学校的报告》，拟以中专学校为基础，创办具有石油化工特点的大学专科性质的高等学校，于 9 月获批参加当年全国高等学校统一招生，实际招收了 45 名化工机械专业专科学生，12 月获教育部批准以石化中专为基础改建，面向北京市招生。同年 11 月，石化总厂“七·二一”工人大学，设仪表及自动化专业，招生 55 名。

1978 年 11 月 29 日，北京市委教育工作部向北京市委报送《关于大学扩大招生工作会议情况的报告》，汇报了 11 月 15 日开始的大学扩大招生工作会议情况，经过反复商讨最后落实 25 所高校办分校 36 所，报告附《北京市高等学校分校扩大招生方案》。方案中提出，化工学院二分院主管部门为石化总厂，由石化总厂自办，校址设在石化区，开设石油化工专业，计划招生 80 人。同年 12 月 7 日，石化总厂下发《关于创办北京石油化工学院的通知》，根据北京市扩大招生精神，经研究决定建立北京石油化工学院，在国务院尚未批准之前，按北京市指示先定名为化工学院二分院，学制 4 年，设化工机械和化学工程两个专业；12 月 14 日，北京市革命委员会印发《关于成立北京大学第一分校等 33 所高等学校分校的通知》（京革发〔1978〕536 号），决定成立北京大学第一分校等 33 所高等学校分校，其中包括化工学院二分院。

按国务院批转教育部《关于办好七·二一大学几点意见》的要求，石化专科学校、“七·二一”工人大学和化工学院二分院合并办学，为一套班子，一个机构，三块牌子，在凤凰亭同一教学楼内开展教学。

1978 年 12 月 2 日，市委大学部召开会议，宣布各大学分校领导班子、化工学院二分院领导小组由张万欣、张凤吉、王焕恺组成；同月 4 日，石化总厂党委决定，化工学院二分院成立领导小组，石化总厂党委副书记林源兼任院党委书记，副厂长张万欣兼任院长，小组成员张凤吉、王焕恺负责日常管理工作。由于是在厂区内办学，场地狭小，条件相对简陋，学校只有 200 米土质田径场一块、土质篮、排球场各两块及几组单双杠。实验室建设要从零起步，教学楼内一间约 30 平方米的教室也被用作图书资料室，配置两张办公桌和 5 个书架，以作为藏书及读者借还书的场所。经过短期筹备，1979 年初，化工学院二分院开学，共招收了化工机械专业学生 35 名，化学工程专业学生 34 名。分校开学后，石化专科学校的学生全部转入化工学院二分院。建校初期，学校有教职工 36 人，其中教师约 20 人，部分教师曾在北京石油学院（2005 年更名为中国石油大学）、清华大学任教，具有一定教学经验，大多数教师是从燕化公司各厂、院抽调的工程技术人员。

早期的办公室

1978 年至 1981 年，化工学院二分院连续招收四届本科生，石化专科学校暂停招生。1981 年，全校教职工增加到 147 人，其中教师 54 人。由于办学规模的扩大，原有教学设施不能满足办学需要。在燕化公司的大力支持下，学院进行了校园基础建设。1979 年，学院建成 150 平方米的车库和 115 平方米的仓库，以及 3 栋用于实验和维修的木板房。1980 年后，学院开始在凤凰亭小学后面山沟里建设 1100 平方米的临建平房。1981 年，3700 平方米的新教学楼交付使用。学校陆续建成了有机化学、无机化学、物理、机械等实验室。1979 年初，图书资料室临时搬入学校新建食堂，于 1981 年 7 月又迁入办公楼，面积为 284 平方米；1982 年，图书资料室（后更名为图书馆）面积增加至 670 平方米，设有期刊阅览室和社科书、科技书两个书库。

1981 年交付的教学楼

1982 年 12 月 22 日，中国共产党北京市委员会、北京市人民政府同意并转发市委大学工作部和市高教局《关于大学分校调整和建设问题的请示报告》（京发〔1982〕60 号）。化工学院二分院不在保留的分校之中，在现有学生毕业后停办。自 1983 年起，北京石油化工专科学校恢复招生。1990 年，石化专科学校搬入新建成的大兴校区，将后落成的教学楼移交给了北京燕山石油化工公司，将此处作为燕山实习校区。1992 年 12 月，中石化总公司获批于 12 月 31 日在北京石油化工专科学校的基础上建立北京石油化工学院，此处成为北京石油化工学院的燕山实习校区。

校址现貌（2018 年摄）

校址现貌（2018 年摄）

资料主要来源：

《北京石油化工学院志（1978—2007）》

（整理：王岩、文松　审核：姜素兰）

通州区原次渠镇

（后属通州区台湖镇）

——北京联合大学机械工程学院实习工厂地址（2000 年—2002 年）

北京联合大学实习工厂地址（北京第三开关厂）（2002 年—2008 年）

北京联合大学实习工厂地址（次渠校区）（2008 年至今）

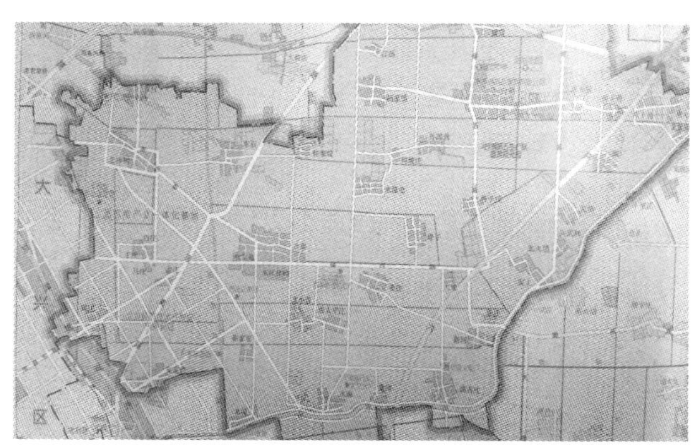

2005 年次渠镇位置示意地图

原次渠镇位于北京市东南，通州区西南，现属通州区台湖镇，紧靠京沪高速公路，北接朝阳，靠近垡头工业区。

1989 年之前，北京第三开关厂隶属于北京市机械局，1989

年划归到北京联合大学机械工程学院，位于北京市朝阳区团结湖东里。

1990 年，北京联合大学机械工程学院的金工实验室与北京第三开关厂加工车间合并，由白家庄西里 12 号搬迁到团结湖东里，作为学生金工实习车间。又称为北京联合大学机械工程学院实习工厂。

1997 年，北京第三开关厂规划到北京市通州区次渠镇建厂，团结湖东里被卖出，临时搬迁到北京市朝阳区平房村，租用临时厂房，金工实验室随之搬迁过去。

2000 年，北京第三开关厂搬迁到北京市通州区次渠镇工业开发区新建成厂址，金工实验室也成为北京第三开关厂的一个车间，接待学生金工实习。又称为北京联合大学实习工厂（北京第三开关厂）。

2002 年，北京第三开关厂归北京联合大学管理。

2004 年，北京第三开关厂总占地面积 4.6 万平方米，总建筑面积 1.6 万多平方米，拥有固定资产 1500 万元，有职工 373 人。

2008 年，金工实验室由北京第三开关厂搬迁回北京联合大学机械工程学院，成立金工实习中心。此处为北京联合大学实习工厂（次渠校区）的地址。

资料主要来源：

《北京联合大学志（1978—2000）》

（整理：李伟华、安传钢、李静文　审核：姜素兰）

昌平区石牌坊南

——北京联合大学国际语言文化学院院址（2003 年 3 月—2008 年 4 月）

北京联合大学网通软件职业技术学院院址（2005 年 5 月—2008 年 4 月）

北京联合大学应用科技学院院址（2008 年 4 月—2018 年 3 月）

北京联合大学广告学院院址（2010 年 7 月—2015 年 12 月）

北京联合大学广告艺术学院院址（2016 年 1 月—2016 年 8 月）

校区主楼

2003 年考察昌平校区

北京市昌平区石牌坊南，作为北京联合大学的校址，始于2003 年。2003 年 3 月，原挂靠于北京联合大学的国际语言文化学院重组后正式并入北京联合大学，并迁移至北京市昌平区石牌坊南，开始在此地办学。

国际语言文化学院本科设有英语和日语专业，专科（高职）开设了商务英语、商务日语、应用西班牙语等专业，目的是为国家培养了一批既懂外语，又能掌握一定的商务方面专业知识的复合型和应用型人才。学院每年根据国家的招生计划，从参加国家高等学校统一入学考试的学生中按国家规定的分数段录取本、专科学生。截至 2008 年 3 月，学院有在编人员 21 人，非在编人员 3 人，共计 24 名教职工，另有外聘教师 27 名。学院的学生工作由学生工作办公室和团委全面负责。

2005 年 5 月，网通软件职业技术学院迁入此地。2003 年 4 月 10 日，学校与网通北京分公司、禾光永业科技有限责任公司签订合作办学协议，计划合作建立北京联合大学网通软件职业技术学院。2003 年 9 月 2 日，市教委发布《关于同意筹建北京联合大学网通软件技术学院的通知》（京教计〔2003〕90号），同意学校与中国网络通信有限公司、禾光永业科技有限责任公司合作，筹建北京联合大学网通软件职业技术学院，12月学院正式成立。2004年7月至2005年7月，学院租赁北京财贸职业学院的涿州校区办学。2005年5月，根据发展的需要，经多方协调后，迁到昌平区石牌坊南。2008年，北京联合大学与网通北京分公司、禾光永业科技有限责任公司解除合作关系。截至2008年，学院有教职工48人，兼职人员2名。2007年在校生730人，毕业生343人。

截至2007年，两所学院在此地使用的占地面积为84 582平方米。2007年3月，学校党委和行政研究决定成立应用科技学院，并下发《关于成立应用科技学院（筹）的通知》（京联党〔2007〕8号）。2008年4月，网通软件职业技术学院与国际语言学院合并成立应用科技学院，继续在此地办学。新成立的应用科技学院，同时吸收了信息学院、管理学院、东方信息技术学院的高职专业。

应用科技学院是北京联合大学一所专门从事高等职业教育的学院。在此租地办学，租地面积13.33万余平方米，建筑面积5万余平方米（包括教学楼、学生公寓、食堂、图书馆、塑胶体育场等）。截止到2012年，学院有本专科在校学生3297余名。专业建设方面，计算机信息管理专业是教育部高职高专教育教学改革试点专业；金融保险专业是北京市高职高专教育教学改革试点专业；软件技术、电子商务、国际商务、金融保险专业是学校重点建设专业；电子商务、国际商务、计算机多媒体技术是校级示范专业，电子商务专业是北京市级优秀教学团队，经济管理系综合实践教学团队是校级优秀教学团队。

2017年，学院设有5个教学系部，1个校级研究机构，1个

应用科技学院挂牌仪式

院级研究中心；设有15个专科专业、10个专升本专业；有在校生2841人，招生1147人，毕业学生1501人；教职工127人，其中专任教师114人。

2010年7月，广告学院迁入北京市昌平区石牌坊村南。

广告学院是学校下属的二级学院，以培养广告传媒与艺术专业人才为主，具有鲜明学科特色和专业优势。2015年12月，根据《中共北京联合大学委员会北京联合大学关于成立艺术学院的通知》（京联党〔2015〕88号），广告学院数字媒体艺术、绘画、表演3个本科专业与师范学院艺术设计系合并成立艺术学院；2016年9月，艺术学院迁回北四环东路办学。

广告学院迁入昌平校区后，党政机构进行了调整，调整后设有党院办公室、教学科研办公室、学生工作办公室、行政后勤办公室、保卫办公室。图书馆、档案工作、后勤服务工作划归学校统一管理。截至2015年底，广告学院设有教学部分4个，校级院馆科研机构2个，交付及职能科室4个；正式在编教职工共86人，专任教师66人。

随着广告学院的迁入，学校对此地的教学设施进行了统一改建，对实践教学环节进行有机整合，充实了多媒体教学设备，为学生创造了良好的实践教学环境。根据办学的需要，学校在校区内陆续新建了图书馆、教学楼、篮球场等；重建了广告艺术实验实训中心的天光画室、绘画作品展厅、体能训练室、实验剧场等实训场地；在中区主流的三层，建设了“学生活动中心”，约600平方米，可容纳近300人。2012年，学校对校区的体育馆大门、图书馆前台、广告学院的工作室进行了修缮、改造。2013年，校区内育慧苑超市扩大店面。2014年，广告学院的实践教学中心完成AVID高清网络非编实验室、工艺美术传习工坊、教务处项目盈余自主学习室及广告学院教学建设与改革项目——广告学院摄影摄像实验室建设；学校完成艺术实训室、美术系4间画室实践教学设备的更新。应用科技学院2014年建设316个移动商务实验室，完成12间机房的布线工程，更新340余台电脑及其桌椅。

2015年12月31日，根据《中共北京联合大学委员会北京联合大学关于成立艺术学院的通知》（京联党〔2015〕88号），广告学院数字媒体艺术、绘画、表演3个本科专业与师范学院艺术设计系合并成立艺术学院，在广告学院原有办学点办学；2016年9月，艺术学院迁回北四环东路办学。2018年3月，经校五届党委第二次常委会研究决定，应用科技学院迁至朝阳区安外北苑6号院甲1号办学（北京联合大学北苑校区）。至此结束了北京联合大学在此办学的历史。

图书馆

实训楼

餐厅

资料主要来源：

①《北京联合大学志（2001—2010）·学校篇》

②《北京联合大学年鉴（2013）》

③《北京联合大学年鉴（2015）》

（整理：张宇、姚志敏　审核：姜素兰、丛森）

平谷区迎宾路 7 号

——北京联合应用技术学院（平谷）院址（2000 年—2004 年 5 月）

北京联合大学平谷学院院址（2004 年 5 月—2011 年 7 月）

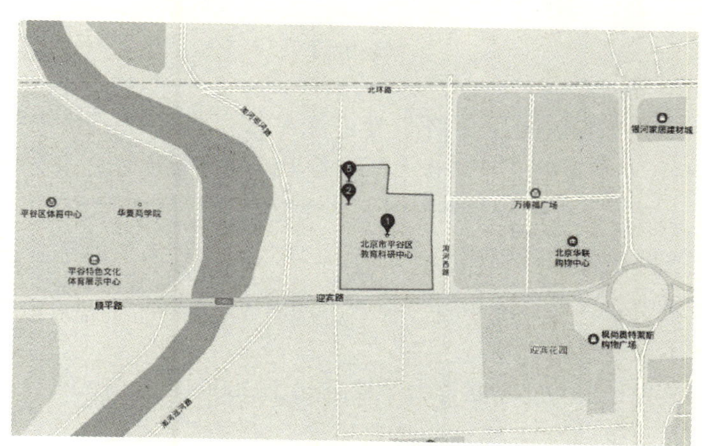

校址位置示意地图

学院大门

北京市平谷区迎宾路 7 号，曾为北京联合应用技术学院（平谷）及后来的北京联合大学平谷学院的办学地址，为学校的平谷校区。该地址位于平谷区岳各庄北，平谷区迎宾环岛以西、与顺平路相接的迎宾路以北，距离环岛约 500 米。现平谷区教育科研中心、平谷区教育研修中心等单位位于此处，但地址名称已不是迎宾路 7 号。

该校址成为北京联合大学校址始于 2000 年，北京联合大学应用技术学院（平谷）从北京师范大学附属平谷中学[1]校址迁来此处办学，所用校舍为原平谷成人中专的校舍，并与平谷第二职业学校共用一处校园办学。

北京联合大学应用技术学院（平谷）于 1994 年初，由平谷

〔1〕 北京师范大学附属平谷中学创建于 1994 年，前身为平谷县第五中学。1998 年晋升为区级重点中学；2000 年，与北京师范大学实现联合办学，以“理事会领导下的校长负责制”为管理模式，同时更用现名。

县〔1〕人民政府与北京联合大学联合建立，为平谷县培养经济和社会发展急需的人才。学院的基本建设、教学设施等硬件及办学经费由平谷县人民政府每年从县财政中拨款提供，北京联合大学负责学院的教学管理工作，师资从学校现任教师中聘任。学院成立大会于1994年召开，但由于当时郊区分校处于调整时期，暂未正式发文。当年招生40人，为计算机应用（专科）专业。1995年8月，市高教局发文，批复学院成立。9月12日，学院挂牌并举行开学典礼。1998年1月，北京联合大学将建材轻工学院并入校本部，将电子自动化学院与建材轻工学院合并，重组为信息学院和应用技术学院。应用技术学院分管平谷该学院，并设立了北京联合大学应用技术学院平谷校区。

2000年，北京联合大学应用技术学院（平谷）迁入本校址办学。2002年1月，北京联合大学校本部进行学院调整，在原应用技术学院的基础上成立了管理学院，但北京联合大学应用技术学院（平谷）继续保留。

2004年3月，北京联合大学与平谷区人民政府签订《北京联合大学与平谷区人民政府合作办学协议》。根据协议，北京联合大学平谷学院属合作双方共有，北京联合大学负责学生的专业教育、教学管理等，平谷区政府负责学院的办学、发展用地，校园建筑及教学实验基础设施、设备等硬件投入。学院的决策机构为由平谷区政府、北京联合大学及北京联合大学平谷学院共同组成的管理委员会，负责确定学院建设发展中的方针、大事。管理委员会人员包括：平谷区主管教育的副区长、区教委主任各1人，学校领导1人、学院院长及主管教学副院长各1人，共计5人。管理委员会主任由平谷区政府人员担任，学校

〔1〕 2002年4月更名为平谷区。

委派人员任副主任。学院实行党总支领导下的院长负责制，学校选派1名主管教学的副院长常驻平谷。学院办学模式为：专业不固定，按社会需要灵活设置专业；不设专职教师，所需教师全部由北京联合大学选派；除简单常规实验设备外，原则上不建实验室，由北京联合大学提供实验条件；学生全部自费；学院设少量固定编制，由平谷区解决，其他工作人员由平谷区和北京联合大学共同解决。

2004年5月，市教委发布《关于同意北京联合大学应用技术学院（平谷）更名的批复》（京教人〔2004〕20号），同意北京联合大学应用技术学院（平谷）更名为北京联合大学平谷学院（以下简称“平谷学院”），列入北京联合大学二级学院序列，为北京联合大学下属的不具有独立法人资格的二级学院。同年9月，学院举行揭牌仪式暨新学期开学典礼。学院设置了电子信息、生物工程、新医药、新材料、光机电一体化、汽车制造、体育休闲、旅游会展和信息咨询等专业。2004年，学院首批招收220人。

学院揭牌仪式暨开学典礼

平谷学院宿舍楼

平谷学院将平谷区政府拨款主要用于专业教学设施、设备等基本条件建设，以及学生副食补贴、招生录取、学籍管理、教学管理等方面。所收学费根据学校与平谷区政府的责任和义务及办学成本分配，平谷校区支配50%，所办专业的相关学院支配50%。为保证学生正常上课秩序、改善教学条件，学校投入部分经费用于学院购置、更新教学设备。

从2005年起，学院独立使用智慧园办学。2004年至2010年，平谷区政府逐步改善了学院的教学和办公环境。2004年10月，学院完成大门改造、甬路铺设、校园照明设施改造，培训实习楼前绿化；11月，学院完成西部300多米围墙扩建，铺设水泥地面3000多平方米、上下管道300多米，规划出篮球场地两个，羽毛球场地两个；2006年4月至6月，进行操场改建工程，建成操场为高标准400米跑道的塑胶操场，占地面积20 000平方米，建有篮球场、足球场、羽毛球场；2005年5月，完成了数字图书馆建设，图书内容涉及政治、哲学、艺术、宗教等十大门类，拥有独立的服务器和交换机，可使校园内5000余个信息点通过内网同时阅读；2007年，学院完成旅游模拟、金融保险、语音机房、网络机房、商务谈判、软件调试苹果机房等12个高标准实训室的建设。至2010年底，学院图书馆馆藏图书6万册、数字图书38万册。

至2011年，平谷学院有在校生786人，其中三年级（毕业班）253人，一、二年级共有在校生533人。开设国际商务、电子商务、金融保险、旅游管理、广告设计与制作、计算机应用技术、计算机网络技术7个专业。

由于北京地区生源减少，该校招生计划也逐年递减，平谷学院的办学规模难以保证。经与平谷区政府协商，决定双方终止合作办学。2011年3月11日，校党委第301次常委会通过了终止办学的决定及后续相关工作安排。学校决定成立平谷学院整体工作领导小组和工作小组，负责落实平谷学院终止办学后相关工作。根据平谷学院在读一、二年级学生修读专业情况，旅游管理专业学生转入旅游学院，广告设计与制作专业学生转入广告学院，其他专业学生全部转入应用科技学院。平谷学院教师的安置工作由平谷区政府妥善安排，学校不负责接收。在合作期间，由学校投入的教学设备、图书资料、网络设施、安防设施及其他各种设施，按照国有资产管理办法，同时根据平谷学院今后发展的需要，由双方具体协商解决。

2011年7月，平谷校区校址不再使用。

平谷区迎宾路7号

2018年探访原校址

资料主要来源：

①《北京联合大学志（2001—2010）·学校篇》
②北京联合大学档案馆馆藏档案
③平谷区档案馆馆藏档案

（整理：王岩　审核：姜素兰）

河北省赤城县后城公社北湾村

——北京第二医学院第二分院校址（1978 年—1982 年）

校址今位置示意地图（百度网截图）

河北省赤城县后城公社北湾村，北京市 1978 年创办北京第二医学院第二分院（以下简称“二医二分院”）时，将校址选于此。

赤城县地处河北省张家口市东部，因赤城山得名。后城公社现为后城镇，位于赤城县东南部，白河下游，北距县城 55 公里，南与北京市延庆县相邻，到北京市三环路145公里。后城镇原名大屯，始建于白河南岸，因遭洪水冲刷，移址白河北岸。于明朝弘治八年（公元1495年）建城，嘉靖二十九年（公元1550年）重筑。因其筑于滴水崖下，故起名为滴水崖堡，又因在原屯之后，故称后城。后城镇地处山区，南北高，中部低，平均海拔640米，辖38个行政村。北湾村为2014年后城镇列入农村面貌改造提升的9个重点村之一，为张家口市农村面貌改造提升美丽乡村建设试点项目村。

1978年，为适应国家政治经济形势变化、解决高等教育供需矛盾，中国共产党北京市委员会、北京市人民政府决定依靠地方财政和北京地区高等学校办学资源，利用部分中小学校址和企业厂房创办一批大学分校。1978年11月，北京市委教育工作部向北京市委报送《关于大学扩大招生工作会议情况的报告》，汇报了11月15日开始的大学扩大招生工作会议情况，经过反复商讨，最后落实25所高校办分校36所，报告附《北京市高等学校分校扩大招生方案》。二医二分院为计划创办的分校中的一所。方案中提出，二医二分院主管部门是二办，校址设在赤城后城北湾，开设医学专业，计划招生30人，学生住读，自办。根据文件精神，二医二分院的教学工作由北京第二医学院[1]负责，分院将主要依靠本院的教学资源办学。

同年12月14日，北京市革命委员会印发《关于成立北京大学第一分校等33所高等学校分校的通知》（京革发〔1978〕536号），决定成立北京大学第一分校等33所高等学校分校，其

---

〔1〕 北京第二医学院创建于1960年9月12日，1985年8月22日更名为首都医学院，1994年2月5日经教育部批准，更名为首都医科大学。2001年2月12日，北京联合大学中医药学院与北京医科高等专科学校、北京职工医学院并入首都医科大学。

中包括二医二分院。

1982 年 12 月 22 日，中国共产党北京市委员会、北京市人民政府同意并转发市委大学工作部和市高教局《关于大学分校调整和建设问题的请示报告》（京发〔1982〕60 号）。二医二分院不在保留的分校之中，在现有学生毕业后将停办。文件提出，调整后停办的分校，要善始善终，把现有学生培养到毕业，并做好结束工作。领导关系维持现状不变，教学工作仍请大学本校负责到底，保证将现有学生培养成才。分校停办后，现有教职员工，原则上按现在的管理体制，由各自的主管局在本系统内妥善安排；设备物资凡属地方教育经费购置的，由市高教局收回，统一调配使用；结余经费由市高教局按市财政局的有关规定处理；校舍由北京市人民政府统一调整。

资料主要来源：

①北京联合大学档案馆馆藏档案

②北京市档案馆馆藏档案

（整理：王岩　审核：姜素兰）

河北省廊坊市广阳区云鹏道 58 号

（东方大学城）

——北京联合大学廊坊分校地址（1999 年—2009 年 7 月）
北京联合大学东方信息技术学院院址（2001 年 5 月—2009 年 7 月）

东方大学城位于河北省廊坊市广阳区云鹏道 58 号，地处河北省廊坊经济技术开发区内，与北京西隔 30 公里相望，始建于 1999 年 10 月。北京联合大学的廊坊分校和东方信息技术学院曾在此办学。

随着高等教育的大众化和普及化，北京联合大学的生源不断扩充。为解决教学行政用房相对紧张的困难，北京联合大学决定在河北省廊坊市建立廊坊分校。

1999 年 2 月，受学校党委委托，曹传福等人到外企服务总公司联谊中心（位于廊坊市）商谈合作办学事宜。4 月至 5 月，校党委书记熊家华、副校长高林分别到外企联谊中心考察。后经校党委讨论，决定与对方合作办学，建立北京联合大学分校。并决定从 1999 级开始，把信息学院计算机专业的两个本科班、两个专科班放到分校学习，进行办学试点。5 月 24 日，副校长高林代表联合大学，与廊坊爱心日语学校（该学校依托外企服务总公司办学），在外企联谊中心签订合作办学协议。根据此协议由外企服务总公司出资在外企联谊中心建设教学楼 1 座（四层5000平方米)、计算机室2间、语音室2间。7月，党委副书记韩宪洲带领曹传福等人到廊坊武警学院商讨聘请管理干部和任课教师事宜。武警学院选派4名教员负责分校外语和体育两门课教学，其余课程由学校教师自行承担。至此，分校开学的基础工作基本落实。1999年9月14日，信息学院计算机专业1999级新生156人入驻分校学习，是北京联合大学廊坊分校的第一批学生。从2001年开始，校本部（当时有信息学院和应用技术学院）一年级全体新生，应用文理学院、职业技术师范学院、商务学院、生物化学工程学院、旅游学院等5个学院部分大一新生，共3500名学生在廊坊分校就读。

对分校的办学，学校党委有具体要求。在《关于加强联大分校建设意见》中，学校提出，分校要以全面提高大学生整体素质为目标，以搞好学风建设、打好基础为重点，以东方大学城为后勤保障，将分校办成新生教育管理和提高基础课教学质量的办学基地。在《关于加强北京联合大学分校工作的几点意见》中，进一步提出了分校的办学指导思想、工作任务和目标、领导体制和运行管理机制等。分校办学的指导思想是：在校党委的领导下，坚持以讲团结、顾大局、齐心办好分校为基础；以讲政策、促发展、发挥联大整体优势为前提；以讲统一、严管理、推进素质教育、提高教育质量为目标；以讲成本、出效益、资源共享为手段，在分校建立行政管理统一、各学院教学相对独立的办学管理机制；建立能融合各学院优势，突出基础教学任务、强化学风建设的运行机制，把分校办成加强学生素质教育、提高基础课教学质量的办学基地。2002年，学校在工作要点中，对分校进一步提出了明确要求：稳定规模、继续试点、加强管理、提高质量。据此，分校在对前一阶段工作总结的基础上，形成了新一阶段工作的指导思想：以教学为中心，

河北省廊坊市广阳区云鹏道 58 号

以培养学生“三个养成”为重点，通过“教、学、管”三位一体的运行模式，使学生把良好的学风、班风和良好的基础科学习成绩带回学院，把优秀学生干部、入党积极分子和一批党员带回各学院；使在分校学习的同志经过第一线锻炼，把工作经验和收获带回校本部和各学院。

经过不断探索与总结，分校逐渐形成了明确的工作思路：通过两级管理队伍建设，明确任务、分工负责，实施部门首长负责制，涉及几个部门的任务，确定主负责部门，其他部门协助，不搞“齐抓共管”。通过一系列规章制度建设，进行程序化、制度化管理。做到工作秩序、管理有规范、忙而不乱、杂而有序。倡导“服务、协调、合作”的分校作风，以及“团结、进取、奉献”的分校精神。加强与各学院的沟通，尊重各学院意见，尽可能发挥学院的作用；加强与校本部各职能部门的交流沟通，尽可能多地争取各部门的理解和支持。

分校自 1999 年建立，到 2009 年 7 月撤销，共 10 年时间。这期间，不管是在办学试点与探索阶段（1999 年—2001 年），还是在逐步规范与提高阶段（2002 年—2009 年），在学校和分校党委领导下，全体教职员工兢兢业业，奋发图强，克服自身困难，全身心地投入工作，花费了大量的心血和精力，涌现出一批优秀教师和先进工作者。在办学条件十分困难的情况下，他们注重抓基础教学，规范教学管理，保证了教学质量；积极开展学生教育管理工作，创造出许多适合分校特点的教育管理方法，特别是在一年级学生中发展党员的经验，为各学院的学生党建工作提供了借鉴；建立了党委中心组学习制度、重大事项决策制度、大额度资金使用审批制度、财务管理工作制度、教学工作和学生工作以及后勤管理工作一系列制度等，使日常工作有章可循、规范运行；努力改善办学环境，从最初临时租用的几十间房屋，发展成后来有固定校舍、教学设施配套，有一定后勤保障的办学实体，基本满足了办学需要。分校累计为北京联合大学各学院培养一年级学生 1 万多人，圆满地完成了办学任务。

分校在十年的办学过程中，初进东方大学城时的条件非常艰苦，其中之一是基础设施跟不上。东方大学城成立伊始，由于其面积过大，一些基础设施并不完善，特别是供暖设施尚未完全建好，所以到了冬天廊坊分校办公区域非常寒冷，教师们不仅要穿上军大衣，还得在腿上盖上一件大衣才能办公。当时，学校为教师办公室、学生教室都准备了电暖气，为了让学生上课更暖和一些，教师们都把办公室的暖气拿到教室让学生使用，中午再拿回办公室取暖。2001 年 8 月，廊坊分校在东方大学城东门拥有独立的校区，里面有 4 栋教学楼，但是到了 2001 年 9 月 24 日新生开学上课的第一天，由于种种原因，大学城为北京联合大学专建的 4 栋教学楼没有完全完工。为此，分校决定采取特殊手段保障正常上课。23 日晚，分校领导班子召集班主任会议，公布 24 日各班上课地点，要求组织学生 24 日举牌引导教师到安排的教室上课。以后，每天晚上都要根据随时完工的可用教室和第二天的课程调整上课地点。于是，从 9 月 24 日开学上课的第一天起连续 20 天，校园里出现了这样的动人场面：早上 8 点，3 辆班车陆续开进校园，早已列队等候的各班班主任、班长、学委立刻举起昨天晚上刚刚做好的指示牌：“×××老师，您辛苦了，请随我们到×××教室上课!”班主任和学生第一次见到上课的教师，大家互致问候，热情相拥进入教室。现在回想起来，那 20 多天的工作是辛苦的，没有办公室（办公室已用作临时教室），教职工背着书包办公。全体工作人员白天在校园内、在教室里巡视，晚间留在分校，为第二天正常上课忙碌着。

河北省廊坊市广阳区云鹏道58号

由于大家的辛勤工作，在特殊时期，强化服务意识，凝聚联大整体意识，弥补了硬件条件的不足，保障了教学的正常进行，为分校以后的全面工作打下了良好的基础。

廊坊分校距离北京城区60多公里，教师和学生往返北京的交通不便。为了保障教师到分校上课，分校租用了3辆教学班车，每天往返廊坊和北京；为了保障学生每周安全返京（返校），分校联系了大学城车队和校本部车队为学生发班车，保障学生的出行安全。当时分校各学院的负责老师形成了一个习惯，就是“送班车，接班车”，看看学生谁这周回家了、周日返校没有，如果有没跟着班车回来的，负责老师和班主任就会联系学生，看看是不是出了什么问题，可以说老师跟学生之间的感情非常深厚，很多学生离开廊坊分校多年后，还会回到校园看望老师。

除了路途遥远之外，影响分校交通的还有天气的因素，东方大学城处于河北廊坊的雾区，每到大雾弥漫和雨雪天气，京津塘高速就会封路，影响老师到校上课。记得有一个大雪天，由于京津塘高速路天津段封路，大量车辆拥堵在廊坊一线，我们的班车停在离廊坊出口3公里处无法行动。分校领导和综合办公室的同志们踏雪步行来到班车现场，在查看了周围环境条件以后决定，立即调用分校值班小汽车走田间小路赶到现场，首先把第一二节课有课的教师接走去上课，然后接第三四节有课的教师，最后是其他同志。还有一个雨雾天气，为了保证教学，班车绕道104国道，在采育镇陷入了泥地里，班车里的老师都下来推车，被飞速的车轮溅了一身泥水，到分校后他们快速脱去脏衣服，去给学生上课。

东方大学城的教学区和生活区实行的是分区管理制度，全体大一新生都居住在东方大学城宿舍区，因为宿舍区的构型为八卦形状，又称为“八卦楼”。在1999年时，分校的办学点在现东方大学城南门，而学生宿舍在现大学城的东北方向，相距5公里，城内并没有交通设施，给老师开展工作带来了困难，在这种情况下，在分校工作的老师都将家里的自行车通过班车运到廊坊分校，或者到廊坊市区收购二手自行车。每天骑车往返于学生宿舍和教学区，一天往返了20余次是非常常见的，特别是有时候学生在深夜生病或者有其他事情时，老师们也是骑着车快速到位，曾经有位老师在送学生就医返回自己宿舍时，由于非常疲倦，摔倒在马路上。

特别是2003年“非典”时期，北京周边的香河等一些市县开始“严禁外埠车辆通行”；位于廊坊的“大学城”周边乡村用大喇叭提醒村民“为防非典，不要和大学城师生来往”；为防止北京人进入，高速出口经常被当地村民设上围挡，对北京的防范意识之强不言而喻。东方大学城也实行封闭式管理，当时，分校还有部分外地学生居住在学生宿舍，面对日益严重的疫情，有的学生开始紧张恐慌，个别学生在宿舍哭着想退学回家。面对这种情况，分校要求全体辅导员、班主任每天都到宿舍给学生做体温监控，消毒通风，行政机关24小时值班，并配备了5套防护服以备不时之需。一天晚上11点左右，有一名学生发烧了，当时在宿舍区值班的老师和司机没有退却，在第一时间穿上安全防护服，把学生送往医院。后续又发生了5起学生发烧事件，老师们都冲在前面，把学生当作自己的孩子一样照顾。

在分校的各专职班主任中有一批曾任教官、学员队长、部门部长等职的退休武警学院退役军官。在各学院班主任办公室里，你可以看到他们戴着老花镜在工作，被学院负责人称为“顾问”和“参谋长”。在宿舍和教室里，他们经常与学生促膝长谈，被学生称为“司令辅导员”“爷爷班主任”。在军训的操场上，你可以看到他们笔直的身姿、规范的动作、响亮的口号，纠正学生的每一个动作。在元旦晚会上，他们一身戎装，在全校师生员工中展示现代军人的风采。他们不断研究探索北京联合大学一年级学生的特点，把部队学员思想工作和当代大学生的特点有机结合，创造出符合地方院校学生特点的工作经验。“爱心、恒心、责任心”是他们对自己工作的要求，“知生、育生、为学生”是他们工作的真实写照。他们的工作得到全校师生的交口称赞，许多同志多次被评为分校优秀班主任和优秀共产党员，每年都有一批回北京的学生，利用休息日再回到分校看望他们的班主任，汇报他们离校后的收获和体会，回忆在分校期间班主任对他们的谆谆教导。

通过全体工作人员和教师的共同努力，在分校形成了良好的学风和教风，为学生大二回本校以后的学习、生活奠定了较好的基础。

在北京联合大学廊坊分校的十年岁月中，在分校工作的教职工们同吃同住，结下了深厚的友谊。即使到现在，当初曾在分校工作过的同志们在校园里遇到，还会彼此亲切地称呼一句“老狼”（所谓的“老狼”即分校地处廊坊，“狼”“廊”同音）。“老狼”见面，分外热情，互致问候后，不由自主地回忆起在分校共同办学的日日夜夜。

曾在廊坊东方大学城内办学的还有北京联合大学另一所学院——北京联合大学东方信息技术学院（曾名北京联合大学东方大学城信息技术学院）。学院是由东方（华北）大学城开发有限公司参与投资，由该公司与北京联合大学合作办学建立的。北京联合大学信息学院（以下简称“信息学院”）具体负责落实筹备工作。2001 年 5 月，信息学院成立“东方大学城信息技术学院筹备组”，开始筹备建院工作。5 月 30 日，与东方（华北）大学城开发有限公司合作办学的签字仪式在东方大学城举行。根据协议，东方大学城信息技术学院由信息学院承办，办学地点设在东方大学城，计划开设自动化技术、计算机应用技术和通信技术 3 个高职专业，2001 年计划招收高职学生 135 人。

2001 年 6 月 15 日，北京市教委发文“〔2001〕58 号”，批准学院成立。成立时，学院名为“北京联合大学东方大学城信息技术学院”。11 月，信息学院筹备组完成筹备和交接工作后撤销。由北京联合大学与东方（华北）大学城开发有限公司共同派人组成“北京联合大学东方大学城信息技术学院董事会”，其领导体制是董事会领导下的院长负责制。院领导班子成员的任免需经董事会讨论后由学校任免，院人事工作由学校统一管理。

学院以北京地区招生为主，同时面向河北等周边省市。2001 年刚建立时，学院开设了计算机科学与技术、电子信息工程、计算机网络技术、软件技术、计算机通信、体育场馆管理 6 个专科专业，当年共招收学生 137 人。建院初期，学院仅有两名肩负院领导工作的在编教师，师资力量主要来源于校本部各学院，同时聘请周边中石化廊坊管道学院、华北航天学院、中国人民解放军导弹学院、中国人民解放军武警学院等院校教师。从 2002 年起，学院拓宽办学渠道，不仅招收专科生，还招收了本科生、高职生，并与北京市计算机工业学校签署合作办学协议，为其培养中专生，每年接纳 260 人左右，学院提供师资负责教学，同时负责学生的管理和食宿。至 2004 年，学院有在校生 1437 人，其中与北京计算机工业学校合作办学的中专生达到 797 人。2004 年 3 月，学院向市教委申报设立“体育场馆信息管理专业”的报告获得批准，教育部将“体育场馆信息管理专业”列入 2005 年新增招生专业。

2004 年 1 月，北京联合大学东方大学城信息技术学院被列入学校直属学院，为学校二级公办学院，所有制形式、管理体制不变，仍为董事会领导下的院长负责制，同时更名为“北京联合大学东方信息技术学院”。2006 年，北京联合大学进行学科专业整合，决定从 2007 年起东方信息技术学院停止招生。当年，学院取消本科招生，仅招收高职高专学生，保留软件技术、计算机网络技术、计算机通信、体育场馆管理 4 个高职专业，同时取消各类合作办学。2009 年 7 月，北京联合大学对所属院校进行整体调整，撤销东方信息技术学院建制。学院原有正式教职工 14 人并入学校，外聘教职工 22 人终止聘用合同。学院撤销时，原在校学生已全部毕业。

当年撤销的还有同在大学城内办学的廊坊分校。至此，东方大学城不再是北京联合大学的一个办学地点。

东方大学城中心的拱门

宿舍区（1999年—2009年）

校区2号教学楼的3层大厅，学生们在这里排演节目

校园内

资料主要来源：

《北京联合大学志（2001—2010）·学校篇》

（整理：高蕾、王岩　审核：姜素兰）

参考文献

[1] 徐永利、柳贡慧主编：《心中的记忆——纪念北京联合大学（大学分校）建校30周年》，北京出版社2008年版。

[2] 北京联合大学师范学院：《与改革开放同行——建院30周年回顾》，北京联合大学师范学院2008年版。

[3] 李德良：《流年往事——李德良回忆录》，九州出版社2012年版。

[4] 北京联合大学编：《谭元堃文集》，北京出版社2013年版。

[5] 墨非编著：《流传在老北京胡同里的趣闻传说》，中国华侨出版社2015年版。

[6] 林乎加：《大学办分校的前前后后》，北京市党委宣传部2008年版。

[7] 徐永利、张楠主编：《北京联合大学志（2001—2010）·学校篇》，北京大学出版社2014年版。

[8] 徐永利、张楠主编：《北京联合大学志（2001—2010）·学校篇》，北京大学出版社2014年版。

[9] 熊家华主编：《北京联合大学志（1978—2000）》，科学出版社2006年版。

[10]《北京联合大学年鉴》编纂委员会：《北京联合大学年鉴（2012）》，北京大学出版社2014年版。

[11]《北京联合大学年鉴》编纂委员会：《北京联合大学年鉴（2013）》，北京大学出版社2014年版。

[12]《北京联合大学年鉴》编纂委员会：《北京联合大学年鉴（2014）》，北京大学出版社2016年版。

[13]《北京联合大学年鉴》编纂委员会：《北京联合大学年鉴（2015）》，北京大学出版社2017年版。

[14]《北京联合大学年鉴》编纂委员会：《北京联合大学年鉴（2016）》，北京大学出版社 2018 年版。

[15] 廖叔俊、庞文弟主编：《北京市高等教育的沿革和重大历史事件》，中国广播电视出版社 2006 年版。

[16] 陈大白主编：《北京高等教育文献资料选编（1977—1992）》，首都师范大学出版社 2008 年版。

[17] 陈大白主编：《北京高等教育文献资料选编（1993—1999）》，首都师范大学出版社 2008 年版。

[18] 北京教育学院编：《北京教育学院志（1953—2008）》，北京出版社 2008 年版。

[19] 北京高等教育志编纂委员会：《北京普通高等教育志（上卷）》，华艺出版社 2004 年版。

[20] 北京高等教育志编纂委员会：《北京普通高等教育志（中卷）》，华艺出版社 2004 年版。

[21] 北京市民政局编：《北京市行政区划》，中国社会出版社 2003 年版。

[22] 北京市测绘设计研究院编：《北京城市地图集》，湖南地图出版社 2005 年版。

[23] 北京市民政局、北京市测绘设计研究院编：《北京市行政区划地图集》，湖南地图出版社 2005 年版。

[24] 房山县人民政府：《北京市房山县地名录》。

[25] 房山区地名志编辑委员会编：《北京市房山区地名志》。

[26] 王学珍等：《北京大学纪事（1898—1997）· 下册》，北京大学出版社 1998 年版。

[27] 北京建筑工程学院：《北京建筑工程学院（1936—1992）》。

[28] 北京邮电大学《校史》编委会编：《北京邮电大学四十年（1955—1995）》。

[29]《北京科技大学（北京钢铁学院）纪事》编辑组编：《北京科技大学（北京钢铁学院）纪事（1952—2012）》，科学出版社 2013 年版。

[30]《北京信息科技大学年鉴》编委会编：《北京信息科技大学年鉴 2011》，光明日报出版社 2012 年版。

[31]《北京信息科技大学年鉴》编委会编：《北京信息科技大学年鉴2013》，光明日报出版社2015年版。
[32] 申建军主编：《北京航空航天大学校志（1952—1992）》，北京航空航天大学出版社2000年版。
[33] 首都师范大学志编写组编：《首都师范大学志（1954—2003）》，首都师范大学出版社2006年版。
[34] 国家教育委员会高校学生司、中国国土资源开发利用促进会编：《中国高等院校 北京分册》。
[35] 北京市高等教育局研究室：《北京地区普通高等学校概况》。
[36] 北京市高等教育局编：《北京高等学校概况》，北京工业大学出版社1992年版。
[37] 北京市教育志编纂委员会编：《北京市普通教育年鉴（1949—1991）》，北京出版社1992年版。
[38] 北京联合大学：《媒体档案（1978—2004）》。
[39] 周万祥主编：《北京化工学院志——北京化工大学（1958—1992）》，化学工业出版社1996年版。
[40] 对外经济贸易大学校志编委会编：《对外经济贸易大学校志》，对外经济贸易大学出版社2001年版。
[41] 李荣发主编：《北京工业大学志（1960—1998）》，北京工业大学出版社2000年版。
[42]《北京石油化工学院三十年校庆丛书》编委会编：《北京石油化工学院志（1978—2007）》，中国石化出版社2008年版。
[43] 北京教育志编纂委员会编：《北京市普通教育年鉴（1949—1991）》，北京出版社1992年版。
[44] 王彬、徐秀珊主编：《北京地名典》，中国文联出版社2001年版。
[45] 中国地图出版社编著：《北京市地图册》，中国地图出版社2005年版。
[46] 测绘出版社编：《北京市实用地图册》，测绘出版社1994年版。
[47] 地质出版社地理图书编辑室编：《新北京地图册》，地质出版社2002年版。
[48] 杨小燕、杨洪泉主编：《北京地区司机行车地图册》，中国地图出版社

2004 年版。

[49] 对外经济贸易大学校志编委会编:《对外经济贸易大学校志（2000—2010）》，对外经济贸易大学出版社 2011 年版。

[50] 对外经济贸易大学校志编委会编:《对外经济贸易大学校志（1954—1994）》，对外贸易教育出版社 1994 年版。

[51]《首都经济贸易大学志》编纂委员会:《首都经济贸易大学志（1956—2014）》，首都经济贸易大学出版社 2016 年版。

[52] 王彬、徐秀珊主编:《北京地名典（修订版）》，中国文联出版社 2008 年版。

[53] 地图出版社编制:《北京市区地图册》，地图出版社 1982 年版。

[54] 中国地图出版社编制:《北京市区地图册》，中国地图出版社 1987 年版。

[55] 北京市高等教育局、国家测绘科技情报研究所编:《北京普通高等学校分布图》，测绘出版社 1990 年版。

[56] 林业主编:《北京教育 60 年（1949—2009 大事记）》，北京工艺美术出版社 2009 年版。

[57] 张延生主编:《北京商学院志（1950—1998）》。

[58] 张铃、周志成主编:《老兵心声》，北京出版社 2011 年版。

后　记

北京联合大学伴随着改革开放的步伐，一路走来，风雨兼程，为北京的经济文化建设培养了大批应用型人才。从 1978 年大学分校成立，到 1985 年组建北京联合大学，至今，40 年的办学历程中，大学分校及北京联合大学经历了几十次调整、整合，先后拥有过几十个办学地址。本书以校址为线索，记载校址的变迁及其背后的故事，以此献给北京联合大学 40 年华诞，感念前人，激励来者。

在校党委书记韩宪洲的亲自指导下，《校址的故事》编纂工作由档案（校史）馆牵头，在不同校址工作过的多位同志积极参与编写，主动提供史料，本着真实、全面、准确的原则，从搜集线索、查询资料、撰写到审核、定稿，历时两年多，记录了大学分校时期至今的校址变迁。编写过程中，编纂小组成员分赴老校址寻踪追迹，挖掘馆藏档案，赴国家档案局、北京市档案馆、北京市方志馆、国家图书馆、首都图书馆、平谷区档案馆等地，查询校核确认每个信息点，力求做到严谨细致、精益求精。编纂工作得到了北京科技大学、北京化工大学、北京服装学院、北京建筑大学、中国石化北京燕山分公司等 30 多家分校母体和校址原使用单位的大力支持，项目的前期启动及相关申报工作得到时任校纪委书记张楠的关心和指导，在此一并致谢。

《校址的故事》是北京市政治文明研究基地 2018 年项目

《从“校址的故事”映衬校史文化传承研究》的阶段性成果；是2018年中国高等教育学会档案工作分会高校档案科研重点研究项目《从北京地区大学分校的合并调整研究大学的功能定位及文化传承与创新》的阶段性成果；是校党委宣传部2017年度教职工政治理论学习特色项目“校址的故事（大学分校）”阶段性成果；是校党委组织部2017年至2018年基层党支部活动立项创新案例阶段性成果，以上项目均已结项，并获得嘉奖。该编著也是2018年至2019年校党委组织部基层党支部立项《立德树人，增强校史在思想政治教育中的实效性》的研究成果之一。

如今，随着北京城市的建设与发展，许多曾经的校址已不复存在。受多方因素限制，临时办学地址未收集在本书。由于校址较为分散，时间相对久远，查询考证难度较大，导致本书收集的资料有所遗漏缺失，加之编者水平有限，疏漏和不妥之处在所难免，恳请广大读者谅解并予以批评指正。

编　者

2018年11月